D1797660

DEUTSCHER PREIS
FÜR WIRTSCHAFTS
KOMMUNIKATION

WIRTSCHAFTS
KOMMUNIKATION
2010 / 2011

WIRTSCHAFTS KOMMUNIKATION 2010 / 2011

DER GOLDENE FUNKE
10 JAHRE ZÜNDENDE IDEEN

Nomos
Edition Reinhard Fischer

INHALT

BESTE KOMMUNIKATION IM EVENT MARKETING 118

BESTE INTERNE KOMMUNIKATION 136

BESTE PUBLIC RELATIONS 166

BESTE MARKENPOLITIK 184

SONDER PREIS 202

FACHTAGUNG 208

FÖRDERER & SPONSOREN & PARTNER 222

DANKSAGUNG & IMPRESSUM 228/229

RAINER BRUEDERLE

BUNDESMINISTER FUER WIRTSCHAFT UND TECHNOLOGIE

Geboren am 22. Juni 1945 in Berlin; verheiratet.

Abitur. Studium von Publizistik, Jura, Volkswirtschaft und Politischen Wissenschaften an der Johannes Gutenberg Universität Mainz, 1971 Examen als Diplomvolkswirt.

Beruflicher Werdegang: Verschiedene Lehraufträge im Bereich Wirtschaftspolitik

1975 Leiter des Amtes für Wirtschaft und Verkehrsförderung der Stadt Mainz

1977 Direktor des Amtes für Wirtschaft und Liegenschaften

1981 Hauptamtlicher Beigeordneter der Stadt Mainz, zugleich Wirtschaftsdezernent

Seit 1973 Mitglied der FDP, 1981 bis 1983 Bezirksvorsitzender der FDP Rheinhessen-Vorderpfalz, zehn Jahre stellvertretender Vorsitzender im FDP-Kreisverband Mainz

Seit 1983 Landesvorsitzender der FDP Rheinland-Pfalz und Mitglied des Bundesvorstandes der FDP

Seit 1995 Stellvertretender Bundesvorsitzender; Vorsitzender des Liberalen Forums Informationsgesellschaft der FDP

1987 bis 1998 Abgeordneter des Landtages von Rheinland-Pfalz

1987 bis 1994 Staatsminister für Wirtschaft und Verkehr des Landes Rheinland-Pfalz

1994 bis 1998 Staatsminister für Wirtschaft, Verkehr, Landwirtschaft und Weinbau des Landes Rheinland-Pfalz

1988 bis 1998 Stellvertretender Ministerpräsident des Landes Rheinland-Pfalz

Seit 1998 Mitglied des Bundestages

1998 bis 2009 Stellvertretender Vorsitzender der FDP-Fraktion

Seit 28.10.2009 Bundesminister für Wirtschaft und Technologie

KOMMUNIKATION UEBER OFFENE MAERKTE

Wirtschaften ist ohne Kommunikation undenkbar. Schon auf den Marktplätzen des Mittelalters wurden nicht nur Waren, sondern auch Informationen und Meinungen ausgetauscht. Das gilt umso mehr für die modernen Marktplätze: die Einkaufszentren, die Börsen und nicht zuletzt das Internet.

Gelungene Kommunikation zwischen Menschen setzt immer Freiheit heraus. Hier besteht der fundamentale Zusammenhang zur Sozialen Marktwirtschaft. Nur in unserer freiheitlichen Wirtschafts- und Gesellschaftsordnung können Konsumenten, Sparer, Unternehmer und Mitarbeiter dezentral und ohne Zwang – durch Kommunikation über offene Märkte – ihre vielfältigen Pläne aufeinander abstimmen und Wohlstand schaffen. Wohlstand, Freiheit und Kommunikation gehören zusammen.

Gute Kommunikation ist ein entscheidender Faktor für den Erfolg von Unternehmen in der Marktwirtschaft. Das gilt nach innen wie nach außen. Eine wertschöpfende Unternehmenskultur, die den Mitarbeiter zu hoher Leistungsmotivation, Initiative und Engagement befähigt, ist eine Unternehmenskultur der Kommunikation, der Integration und des Miteinanders. So kann erreicht werden, dass sich jeder einzelne Mitarbeiter mit den gemeinsamen Unternehmenszielen identifiziert. Die Kommunikation nach außen prägt das Bild bei Kunden, Lieferanten und Investoren und kann in einer immer komplizierter werdenden Welt das Vertrauen in die Leistungsfähigkeit des Unternehmens stärken. Auch das ist zentral für den Markterfolg von Unternehmen. Es erhöht zugleich die Akzeptanz der Sozialen Marktwirtschaft in der Öffentlichkeit.

Die wissenschaftliche Erforschung der Bedingungen und Möglichkeiten erfolgreicher Wirtschaftskommunikation ist deshalb von hoher praktischer Relevanz. Seit 10 Jahren werden die wirksamsten und innovativsten Kommunikationskonzepte deutscher Unternehmen durch Studierende der Studiengänge Wirtschaftskommunikation, Kommunikationsdesign und Internationale Medieninformatik der Hochschule für Technik und Wirtschaft Berlin ausgezeichnet. Ich wünsche dem Verein zur Förderung der Wirtschaftskommunikation und den diesjährigen Preisträgern, dass aus dem Zusammentreffen von Theorie und Praxis viele kommunikative Funken überspringen – für eine gelungene Kommunikation zu Mitarbeitern, Kunden und der Öffentlichkeit.

Ihr

KLAUS WOWEREIT

REGIERENDER BUERGERMEISTER VON BERLIN

Klaus Wowereit studierte bis 1979 Jura in Berlin. Im selben Jahr begann seine politische Karriere als Mitglied der Bezirksverordnetenversammlung der SPD; seit 1995 ist er Mitglied des Berliner Abgeordnetenhauses. Seit 2001 wählten ihn die Berliner wiederholt als regierenden Bürgermeister. Klaus Wowereit ist Bevollmächtigter der BRD für kulturelle Angelegenheiten im Rahmen der deutsch-französischen Zusammenarbeit.

DIE TROPHÄE
BEKOMMT
EINEN NAMEN

„Der Goldene Funke" hat gezündet! Zum 10. Mal verleihen Studenten der Hochschule für Technik und Wirtschaft Berlin den „Deutschen Preis für Wirtschaftskommunikation" (DPWK). Zum Jubiläum dieses studentischen Projekts gratuliere ich im Namen des Senats und persönlich ganz herzlich.

Im Jahre 2001 hatten Studenten der damaligen FHTW den Gedanken, im Rahmen ihrer Ausbildung einen solchen Preis auszuloben und die Kommunikation in Unternehmen und Verbänden auf den Prüfstand zu stellen. Die Idee fand viele Befürworter, bot sich doch hier Chance, Theorie und Praxis in idealer Form zu verbinden. Studenten des zweiten Studienjahres machten sich an die Umsetzung. Es spricht für den Erfolg des Projekts, dass der Stafettenstab seither immer weitergereicht wurde und der DPWK mittlerweile zu einem Markenzeichen der Hochschule für Technik und Wirtschaft geworden ist. Waren es im ersten Jahr 126 Unternehmen, die Konzepte und Konzeptionen einreichten, so beteiligten sich im Jubiläumsjahr 2010 bundesweit 1.500. Allein das spricht Bände!

Der DPWK ist in einem Jahrzehnt nicht nur zu einem renommierten Preis geworden, um den sich regelmäßig namhafte Großunternehmen und Mittelständler aus den verschiedensten Branchen bewerben. Der DPWK entwickelte sich zu einem Gradmesser für gelungene innerbetriebliche Kommunikation, für zündende Marketingstrategien, für beste Öffentlichkeitsarbeit, für Markenpolitik und vieles mehr.

In jedem Jahr kam etwas Neues hinzu. In diesem Jahr erhält der Preis ein neues Aussehen und die Trophäe bekommt einen Namen: „Goldener Funke". Aus vielen Funken kann ein brillantes Feuerwerk werden. Das wünsche ich dem DPWK für die Zukunft.

Bei allem Neuen ist es aber auch gut, wenn bewährtes beibehalten wird: Die enge Verbindung von Theorie und Praxis, das Zusammenwirken von Unternehmen und Bildungseinrichtungen, das Prinzip, jungen Leuten zu vertrauen und ihnen Verantwortung zu überlassen – um nur einiges zu nennen.

Das vorliegende Jubiläumsbuch spricht für sich, es spricht für die Wettbewerbsteilnehmer und es spricht für die Kompetenz der studentischen Juroren. Ich freue mich, dass auch 2010 wieder einige Funken in Berlin bleiben. Mögen es im kommenden Jahr noch mehr werden.

Mit meinem Glückwunsch an die Preisträger dieses Jahres verbinde ich die besten Wünsche für die Umsetzung der preisgekrönten Strategien und natürlich auch für eine erfolgreiche Weiterführung des Wettbewerbs im kommenden Jahr.

PROF. DR. MANFRED BRUHN

ORDINARIUS FUER BETRIEBS WIRTSCHAFTSLEHRE

Prof. Dr. Manfred Bruhn; Ordinarius für Betriebswirtschaftslehre, insbesondere Marketing und Unternehmensführung am Wirtschaftswissenschaftlichen Zentrum der Universität Basel und Honorarprofessor an der Technischen Universität München.

Studium der Betriebswirtschaftslehre in Münster/ Westfalen, Abschluss Diplom-Kaufmann 1973, Promotion 1977, Habilitation 1985. Von 1983 bis 1995 Inhaber des Lehrstuhls für Marketing und Handel an der European Business School, Private Wissenschaftliche Hochschule (Oestrich-Winkel/D). Seit 1995 Inhaber des Lehrstuhls für Marketing und Unternehmens-führung der Universität Basel.

Seit 2005 Honorarprofessor an der Technischen Universität München. Herausgeber der Schweizerischen Zeitschrift für betriebswirtschaftliche Forschung und Praxis „Die Unternehmung". Leiter des Masterprogramms (MAS) „Marketing und Betriebswirtschaft" in Deutschland und in der Schweiz. Mitglied in verschiedenen nationalen und internationalen Gremien.

Zahlreiche Publikationen zu den Schwerpunkten Strategische Unternehmensführung, Dienstleistungsmanagement, Relationship Marketing, Kommunikationspolitik, Markenpolitik, Qualitätsmanagement, Nonprofit-Marketing.

DIESER KOMMUNIKATIVE FUNKE HAT DAS POTENTIAL NEUES ZU SCHAFFEN UND GROSSES AUSZULOESEN

Die Kommunikation ist permanent unterschiedlichsten Trends ausgesetzt, sie ist lebendig. Für Marketingforscher und -praktiker ist es daher zwingend notwendig, diese neuen Trends aufzunehmen und in ihrer Kommunikationsarbeit umzusetzen. Gegenwärtig zeichnet sich die Kommunikationsumwelt durch die stetig wachsenden Dialog- und Informationsbedürfnisse verschiedener Interessensgruppen von Unternehmen aus. Dieses veränderte Verhalten der Interessensgruppen erfordert eine angepasste Marketingstrategie, die Social Media und Mobile Marketing in den Kommunikationsmix einbindet. Auch der Deutsche Preis für Wirtschaftskommunikation hat sich diesen Veränderungen gestellt und wir dürfen auf die sechs Kategorien gespannt sein

Der Deutsche Preis für Wirtschaftskommunikation wird in diesem Jahr zum zehnten Mal vergeben. Zu diesem 10-jährigen Jubiläum erhält die Trophäe des Deutschen Preises für Wirtschaftskommunikation erstmalig einen Namen: Der Goldene Funke. Dieser kommunikative Funke hat das Potenzial, Neues zu schaffen und Großes auszulösen. Dem Deutschen Preis für Wirtschaftskommunikation ist es mit diesem Jahrbuch gelungen, ein Zeichen hierfür zu setzen. Das Jahrbuch ist der Träger der Erinnerung an den Deutschen Preis für Wirtschaftskommunikation, das die erfolgreichen Kommunikationsmaßnahmen des Jahres ausführlich präsentiert. Zusätzlich wird das Jahrbuch durch Beiträge namhafter Autoren und Kommunikationsexperten bereichert, die in ihren Artikeln auf vielfältige Weise die Wirtschaftskommunikation beleuchten. Mit dem vorliegenden 10. Jahrbuch des Deutschen Preises für Wirtschaftskommunikation wird eine Erfolgsgeschichte fortgeschrieben.

Ich wünsche dem Deutschen Preis für Wirtschaftskommunikation, dass sich der Erfolg der vergangenen zehn Jahre auch in Zukunft fortsetzt! Allen Lesern dieses Jahrbuchs wünsche ich viel Spaß und zahlreiche Impulse bei der Lektüre und hoffe, dass der Funke überschlägt!

PROF. DR. MICHAEL HEINE
PRAESIDENT DER HTW BERLIN

Prof. Dr. Michael Heine absolvierte ein Studium der Volkskwirtschaftslehre, Wirtschaftspädagogik und Politologie an der Freien Universität Berlin. Dem Studienabschluss folgte 1985 die Tätigkeit als wissenschaftlicher Mitarbeiter und Promotion im Bereich Volkswirtschaftslehre ebenfalls an der FU. Danach war Michael Heine im Referat Grundsatzangelegenheiten der Berliner Senatsverwaltung für Wirtschaft und Technologie tätig. 1994 wurde er als Hochschullehrer in den Studiengang Betriebswirtschaftslehre der FHTW (jetzt HTW) Berlin berufen. Dort hatte Michael Heine auch verschiedene Funktionen in der Akademischen Selbstverwaltung inne, zuletzt das Amt des Dekans im Fachbereich Wirtschaftswissenschaften I. Seit 1.Oktober 2006 ist Prof. Dr. Michael Heine Präsident der HTW Berlin.

EXAKT 10 JAHRE

Wer hätte gedacht, dass es eine Gemeinsamkeit zwischen dem Deutschen Preis für Wirtschaftskommunikation und der Reality-Show Big Brother gibt?! Das Geheimnis ist schnell gelüftet: Beide gibt es seit exakt zehn Jahren.

Zehn Jahre sind lange genug für ein von Studierenden getragenes interdisziplinäres Projekt – in der Unterhaltungsbranche gelten bekanntlich ganz andere Spielregeln - um nicht nur aus dem Gröbsten heraus zu sein, sondern auch schon die eine oder andere Kinderkrankheit überstanden zu haben und allmählich eine kleine Persönlichkeit zu entwickeln. Beim Deutschen Preis für Wirtschaftskommunikation fällt auf, dass die Kinderkrankheiten erfreulicherweise ausgeblieben sind und dass bereits im zarten Alter von zehn Jahren ein höchst markantes Profil erkennbar ist.

Denn mit der Vergabe der inzwischen renommierten Auszeichnung nach kritischer Prüfung der Kommunikationsstrategien und –konzepte von Unternehmen stellt das Projektteam nicht nur eindrucksvoll unter Beweis, dass es schon während des Studiums in der Lage ist, wissenschaftliche Theorie und berufliche Praxis auf hohem Niveau miteinander zu verbinden. Den Studierenden der Studiengänge Wirtschaftskommunikation, Kommunikationsdesign, Modedesign und Internationale Medieninformatik ist es vielmehr gelungen, das Konzept von Jahr zu Jahr qualitativ und quantitativ weiterzuentwickeln. Die Bewertungskriterien wurden verfeinert, die Kategorien des Preises ausdifferenziert, neue Ideen integriert und die Organisationsstrukuren optimiert, all dies mit gebotener Behutsamkeit und unter sorgfältiger Auswertung der Erfahrungen des jeweiligen Vorjahres. Zu guter Letzt wurde auch der alles krönende und für die Wahrnehmung des Deutschen Preises für Wirtschaftskommunikation in der Öffentlichkeit enorm wichtige abschließende Event von Mal zu Mal attraktiver und professioneller ausgestaltet.

Deshalb war es für mich als Präsidenten der Hochschule eine uneingeschränkte Freude, die Entwicklung dieses Projekts zu verfolgen. Dies um so mehr, als dass es in seiner Kombination von wissenschaftlicher Grundlage, Praxisbezug und Interdisziplinarität die Stärken einer Fachhochschule besonders trefflich zur Geltung bringt. Dafür möchte ich nicht nur den Studierenden im Projektteam, sondern auch den Professorinnen und Professoren sowie dem Verein zur Förderung der Wirtschaftskommunikation, die den Deutschen Preis für Wirtschaftskommunikation seit vielen Jahren begleiten, herzlich danken. Ich bin sicher, dass das Interesse der Unternehmen an der renommierten Auszeichnung auch in Zukunft ungebrochen sein wird. Dafür werden das unveränderte Interesse an dem Dialog zwischen Hochschule und Wirtschaft sorgen sowie die weiter zunehmende Bedeutung von Kommunikation.

Die diesjährigen Preisträger beglückwünsche ich herzlich zu ihrem Erfolg.

Prof. Dr. Michael Heine
Präsident der HTW Berlin

PROF. DR. REINHOLD ROSKI
PROFESSOR FUER WIRTSCHAFTSKOMMUNIKATION

Er studierte Mathematik wirtschaftswissenschaftlicher Richtung mit dem Hauptfach Statistik und promovierte in Betriebswirtschaftslehre.

Er leitete von 1987 bis 1999 im Gabler Verlag, einem Unternehmen der Bertelsmann-Gruppe, den Programmbereich Wissenschaft und war für eines der renommiertesten deutschsprachigen Fachverlagsprogramme verantwortlich.

Von 2000 bis 2002 war er Professor für Allgemeine Betriebswirtschaftslehre mit Schwerpunkt Marketing an der Berufsakademie Berlin. Seit 2002 ist er Professor für Wirtschaftskommunikation mit den Schwerpunkten Medienmanagement und Empirie an der HTW Berlin, wo er den Deutschen Preis für Wirtschaftskommunikation als Projekt betreut.

Er veranstaltet zahlreiche Tagungen und Vortragsreihen:

„Medien Dialog Berlin", „Deutsches Pflege Forum", „QualitätsForum Gesundheit".

Am Berliner Institut für Akademische Weiterbildung (BIfAW) der Hochschule für Technik und Wirtschaft (HTW) Berlin leitet er die postgradualen Masterstudiengänge Master of Business Administration (MBA) in Diversity Management, in Health Communication Management und in Public Communication Management.

Er engagiert sich in zahlreichen Projekten zum Thema Gesundheitskommunikation und ist Herausgeber der Zeitschrift „Monitor Versorgungsforschung" sowie des Buches „Zielgruppengerechte Gesundheitskommunikation: Akteure - Audience Segmentation – Anwendungsfelder".

DIE BESTEN: ZEHN JAHRE DEUTSCHER PREIS FUER WIRTSCHAFTS KOMMUNIKATION

„Wir vergeben einen Preis." Mit der Idee fing alles an – und ein bisschen unverschämt war das schon. Die Idee entstand im Zuge der Etablierung des neuen Studiengangs Wirtschaftskommunikation an der der Hochschule für Technik und Wirtschaft Berlin. Eine zunächst kleine Gruppe von Studierenden der Wirtschaftskommunikation begeisterte sich für das Projekt und machte sich ans Werk – zusammen mit einem Professor des Studiengangs Wirtschaftskommunikation und in Zusammenarbeit mit den Studiengängen Kommunikationsdesign, Internationale Medieninformatik; getragen vom gemeinnützigen Verein zur Förderung der Wirtschaftskommunikation e.V. Das war der Anfang.

Zehn Jahre später ist der Preis bereits seit langem Leuchtturmprojekt der Hochschule. Es gibt nicht mehr nur einen Preis, sondern der Preis besteht aus mehreren Themen-Kategorien, in denen die Auszeichnungen für die verschiedenen Kommunikationsdisziplinen verliehen werden. Die Preistrophäe hat in diesem Jahr übrigens erstmals einen Namen: Der Goldene Funke 2010. Auch die Marke und das Design des Preises wurden damit überarbeitet und weiter poliert. Auch das haben die Studierenden selbst gemacht.

In jedem Jahr scannen die Studentinnen und Studenten im Zuge der Ermittlung der Preisträger die Kommunikation der wichtigsten 1.500 Unternehmen im deutschen Markt und beurteilen sie auf der Basis der aktuellen wissenschaftlichen Erkenntnisse. Zusätzlich gibt es einen Sonderpreis für eine Non-Profit Organisation aus den Bereichen Kultur, Soziales, Wissenschaft oder Politik und deren exzellente Kommunikation. Die Unternehmen der Short List und die Preisträger der zehn Jahre können sich sehen lassen. Wer hier bei den Besten dabei ist, kann zu Recht stolz auf seine exzellente Kommunikation sein.

Jedes Jahr erscheint begleitend ein aufwendig gestaltetes Jahrbuch wie dieses, das neben den Finalisten des Preises aktuelle Fachbeiträge versammelt. An den zehn Bänden lassen sich die wichtigen Konzepte und Strategien der Unternehmenskommunikation im deutschen Markt und die Entwicklung der Wirtschaftskommunikation der „Nuller-Jahre" dieses Jahrhunderts nachzeichnen.

Neben der festlichen abendlichen Gala der Preisverleihung wurde tagsüber die Fachtagung etabliert, die mit Vorträgen von Experten aus ganz Deutschland jeweils ein aktuelles Kommunikationsthema bearbeitete. Die Zahl der Teilnehmer der Tagung stieg von Jahr zu Jahr und viele gestandene Kommunikationspraktiker sind immer wieder Gäste der Studierenden in dieser „Kommunikationsakademie".

Neu in diesem Jahr ist der „Monitor Wirtschaftskommunikation", eine systematische Befragung der 1.500 wichtigsten Unternehmen im deutschen Markt zum Thema Wirtschaftskommunikation. Diese Panelbefragung wird im jährlichen Rhythmus stattfinden. Sie liefert repräsentative Zahlen, Daten und Fakten zur Analyse des Fachgebietes und der Bedeutung der Wirtschaftskommunikation in den Unternehmen, die im Laufe der Jahre eine einmalige Längsschnitt-Analyse ergeben werden. So etwas gab es in dieser Qualität bisher nicht. Der Studiengang setzt Standards und definiert das Fach.

Eigentlich ist es unglaublich, dass das von Studentinnen und Studenten in einem Hochschulprojekt geleistet werden kann – das muss ich als langjährig zuständiger Professor des Projektes einfach einmal sagen. Aber es passt. Denn der Preis ist eine logische Konsequenz aus dem Studium, aus der wissenschaftlichen Beschäftigung mit Wirtschaftskommunikation. Insbesondere die große Unabhängigkeit von geschäftlichen oder persönlichen Interessen aller Art und die klare Orientierung am State-of-the-Art machen die Überzeugungskraft des Deutschen Preises für Wirtschaftskommunikation aus. Dies ist

die fachliche, konzeptionell-intellektuelle Seite des Projektes. Aber es braucht auch sehr viel sorgfältige Organisation, großen Einsatz und einfach sehr viel Arbeit. Dieser Aufgabe stellen sich ein Jahr lang 50 Studentinnen und Studenten der Wirtschaftskommunikation, des Kommunikationsdesigns und der Internationalen Medieninformatik.

Die Studierenden erfahren, erfühlen und erleiden dabei die typischen praktischen Probleme, Wege und Umwege, mit denen man bei den Aufgaben der Kommunikation in der Wirtschaftspraxis konfrontiert wird. Und man muss zugeben, sie werden mit diesen Herausforderungen exzellent damit fertig – sie profitieren sogar davon.
Zum einen ist der Studienfortschritt natürlich am besten, wenn man von den besten praktischen Konzepten, Strategien und Maßnahmen des Jahres lernen kann. Wenn man Konzepte prüft, Strategien evaluiert, seine Urteile in der gemeinsamen Diskussion begründet. Wenn echte Praxis-Lösungen als Fallstudien zur Verfügung stehen, mit vielfältigen, ansonsten nur betriebsintern zur Verfügung stehenden Informationen. Hier wird das Studium durch die Beurteilung lebendiger, hochaktueller Fälle bereichert, wie das sonst gar nicht möglich ist.

Zum anderen werden die so genannten Soft Skills und Führungsfähigkeiten trainiert: Disziplin, Höflichkeit, Freundlichkeit, Motivation, sprachliche Kompetenz, Selbstständigkeit, Teamfähigkeit, Übernahme von Verantwortung, Mut, die Initiative zu ergreifen, Durchsetzungsvermögen und die Fähigkeiten zur Konfliktlösung. All diese durch Erfahrung trainierbaren, aber kaum theoretisch erlernbaren sozialen Fähigkeiten werden ein Jahr lang in Ernstfall-Situationen geübt, getestet und durch eine Fülle unterschiedlicher Erfahrungen bereichert.

Jeder, der schon einmal mit 50 gleichberechtigten Kollegen und einer Vielzahl von Partnern zusammengearbeitet hat, kann ermessen, wie komplex, vielfältig und intensiv dieses Projekt abläuft und welchen Erfahrungsschatz die Studierenden am Ende angesammelt haben. Übrigens stellt sich dabei immer wieder heraus, dass Kommunikation auch intern der entscheidende Faktor ist.

Die Studierenden zeichnen sich dabei insbesondere durch ihre ruhig-beharrliche und systematische Vorgehensweise sowie ihre große soziale Kompetenz aus. Man erkennt das ja immer besonders gut in kritischen Situationen, von denen es natürlich auch in diesem Jahr etliche gegeben hat. Wie hier ohne die beliebten Schuldzuweisungen, die man aus Unternehmen so gut kennt, gemeinsam diskutiert und um Ergebnisse gerungen wurde, davon könnten sich manche langjährigen Kommunikationspraktiker eine Scheibe abschneiden. Diese Studentinnen und Studenten wissen, worauf es ankommt: Sie sind die Besten – man müsste einen Preis dafür vergeben!

DANIELA HENSEL
PROFESSORIN (VERTR.) FUER CORPORATE DESIGN

Daniela Hensel ist Kommunikationsdesignerin und Markenberaterin. Seit dem Wintersemester 2008/2009 unterrichtet sie als Vertretungsprofessorin an der HTW im Studiengang Kommunikationsdesign Corporate- und Editorial Design. Sie ist Mitinitiatorin der Initiative „Die Diagonale", die sich mit Kreativ- und Innovationprozessen beschäftigt.

Daniela Hensel studierte Kommunikationsdesign an der Fachhochschule Mainz und der Ecole des Art Décoratifs in Straßburg. Als Designerin arbeitete sie bei MetaDesign und war später Brandmanagerin bei Capitalism21 und Creative Director bei der Design- und Markenagentur Schindler Parent Identity, wo sie die Erscheinungsbilder von Marken wie DaimlerChrysler und CosmosDirekt maßgeblich prägte.

WIE KANN DAS FUNKTIONIEREN?

Etwa 40 Studierende aus verschiedenen Studiengängen erarbeiten innerhalb von zwei Semestern ein Event. Sie bilden eine Jury, verleihen am großen Abend die Preise, kümmern sich um die Gäste, steuern die Filmeinspielungen und verteilen nach der Verleihung die Jahrbücher. Vor diesem Abend jedoch steht eine endlose Liste von Dingen, die bis dahin erledigt sein wollen: Plakate, Finanzpläne, Onlineportale, Animationen, Bühnendramaturgie, Sponsoringkonzept, wöchentliche Sitzungen etc. 40 Studierende und eine kleine Hand voll Lehrender. Wie kann das funktionieren?

Im September 2008 wurde ich gebeten, das Projekt „Deutscher Preis für Wirtschaftskommunikation" im Studiengang Kommunikationsdesign zu übernehmen. Aus der Praxis weiß ich, dass bei Projekten solcher Komplexität selbst renommierte Agenturen ins Schleudern geraten können. Nach meiner anfänglichen Skepsis förderten meine Erkundungen über dieses Projekt unter anderem Folgendes zutage: Der jährlich ausgerichtete Preis zeigt einen deutlichen Trend nach oben: Von Jahr zu Jahr wird die Zahl der Einreichungen höher und die Veranstaltungen werden immer größer. Wie geht das?
Gleich zu Beginn des Semesters veranstaltet der Verein des Deutschen Preises für Wirtschaftskommunikation, bestehend aus Studenten und Absolventen aus den vorhergehenden Jahrgängen, ein Einführungswochenende für alle neuen Studierenden. Hier werden Aufgaben erklärt, Teams gebildet, die Führungskräfte demokratisch gewählt, Kommunikationsprozesse besprochen und Brandbooklets verteilt. Neben allen wichtigen organisatorischen Details, die an diesem Wochenende geklärt werden, passiert vor allem eines: Es entsteht ein Team. Am Abend, wenn wir Dozenten schon lange nicht mehr dabei sind, beginnt beim inoffiziellen Beisammensein die eigentliche Teambildung.

„Wenn du ein Schiff bauen willst, so trommle nicht Männer zusammen, um Holz zu beschaffen, Werkzeuge vorzubereiten, Aufgaben zu vergeben und die Arbeit einzuteilen, sondern lehre die Männer die Sehnsucht nach dem weiten, endlosen Meer!"
Dieses Zitat von Antoine de Saint-Exupéry kommt mir während dieses Projektes immer wieder in den Sinn.

Im Vergleich zu Projekten in der Wirtschaft sitzen hier alle in einem Boot. Hier gibt es keine Praktikanten und keine Vorstände, keine Agentur und keine Auftraggeber. Jede Rolle ist mit Aufgaben verbunden und nicht mit Hierarchien. Alle wissen, wo die Reise anfing und wo sie hingehen soll.

Das darf natürlich nicht darüber hinwegtäuschen, dass es auch Phasen gibt, in denen Termine nicht eingehalten werden und manch Studierende/r für eine gewisse Zeit abtaucht. Und trotzdem – am Ende siegt das Team und die Motivation, bei diesem Projekt etwas ganz Besonderes auf die Beine stellen zu wollen. Hier entsteht eine faszinierende Dynamik, die viel von dem Unwissen und der Unerfahrenheit der Studierenden wieder wett macht.

DAS WEITE, ENDLOSE MEER…

Die Studierenden aus dem Studiengang Kommunikationsdesign erwartet jedes Jahr die Herausforderung, eine visuelle Leitidee zu entwickeln, die zum einen ein konsistentes Erscheinungsbild schafft und zum anderen auf unterschiedliche Medien übertragbar sein muss. Auch hier braucht es eine Idee, die weit über Holz und Werkzeug für den Schiffsbau hinausgeht. Diese Idee muss das Potenzial haben, eine Geschichte erzählen zu können. Sie muss als Animation, als Klang, aber auch auf einem Plakat anwendbar sein.

Jedes Jahr haben sich die Teams Leitideen ausgedacht, die immer wieder spannend inszeniert wurden. Zum 10-jährigen Jubiläum des Deutschen Preises für Wirtschaftskommunikation konnten wir gleich zwei Fliegen mit einer Klappe schlagen. Der neu eingeführte Name der Trophäe „Der goldene Funke" wurde gleichzeitig unsere visuelle Leitidee. Der Funke steht für Kreativität und Innovation und die Impulse, die daraus entstehen können. Während das neue Logo den Ursprung des Funkens visualisiert, erzählt die diesjährige Leitidee von seiner Reise.

Solche Leitideen sind nicht nur wichtig für ein stimmiges Gesamtergebnis, sondern vereinfachen die Kommunikation innerhalb eines Teams erheblich. Sie ist Identität und Visionsgeber in einem und sie befähigt Nichtdesigner in den Kreativprozess einzusteigen und sich einbringen zu können.

Das Projekt ist für uns alle eine wunderbare Möglichkeit Denkschranken und gewohnte Arbeitsteilungen über Bord zu werfen. Die Studierenden dieses Projektes werden später in der Arbeitswelt viel von dem, was sie hier in den letzten zwei Semestern gelernt haben, einbringen können. Eines haben sie aber vor allem gelernt: Der Erfolg eines Projektes steht und fällt mit der Kommunikation innerhalb eines Teams, der Motivation eines jeden Einzelnen und der gemeinsamen Vision. Das finden sie in keinem Lehrbuch und in keiner Vorlesung wieder.

RUECKBLICK DEUTSCHER PREIS FUER WIRTSCHAFTS KOMMUNIKATION 2001-2010

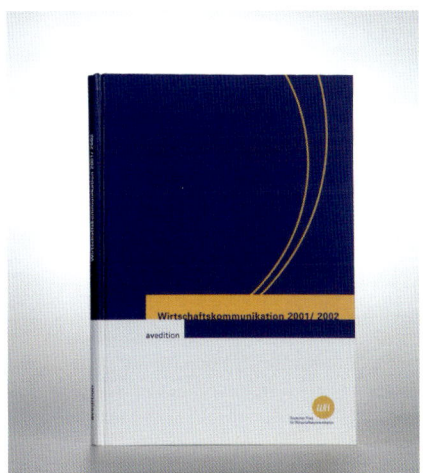

WIRTSCHAFTSKOMMUNIKATION 2001/2002

2001

WIRTSCHAFTSKOMMUNIKATION 2002...2003

2002

WIRTSCHAFTSKOMMUNIKATION 2003...2004

2003

WIRTSCHAFTSKOMMUNIKATION 2004...2005
ANDERE WEGE GEHEN

2004

WIRTSCHAFTSKOMMUNIKATION 2005...2006
PRÄDIKAT: AUSGEZEICHNET!

2005

WIRTSCHAFTSKOMMUNIKATION 2006...2007
ENERGIE FAKTOR WK

2006

WIRTSCHAFTSKOMMUNIKATION 2007...2008
ANTRIEB VORSPRUNG WACHSTUM

2007

WIRTSCHAFTSKOMMUNIKATION 2008...2009
DIE ZEICHENSETZER!

2008

WIRTSCHAFTSKOMMUNIKATION 2009...2010
ABENTEUER BOTSCHAFT
REPUTATION MANAGEMENT - MAGAZIN

2009

ANDREAS KOESTER
1. VORSTANDSVORSITZENDER DES VEREINS ZUR FOERDERUNG DER WIRTSCHAFTSKOMMUNIKATION

NICOLE SCHEPLITZ
VORSTAND FINANZEN DES VEREINS ZUR FOERDERUNG DER WIRTSCHAFTSKOMMUNIKATION

JULIANE WERNER
2. VORSTANDSVORSITZENDE DES VEREINS ZUR FOERDERUNG DER WIRTSCHAFTSKOMMUNIKATION

DAS ZIEL IST DER WEG - ZEHN JAHRE DEUTSCHER PREIS FÜR WIRTSCHAFTSKOMMUNIKATION

Zehn Jahre - im Rückblick sind sie besonders schnell vergangen. Wenn man so lange in einem Unternehmen verbracht hat, ist man gefestigter Mitarbeiter und ebenso fest hat einen der Unternehmensalltag im Griff. Große Überraschungen werden immer seltener. Man kennt die Kollegen und weiß, wer für was zu begeistern ist und mit wem man wie kommunizieren kann. Wenn sich in Unternehmen zu wenig verändert, besteht die Gefahr, dass sich stabile Strukturen zu verknöcherten Gebilden entwickeln. Damit dies nicht passiert, ist es hilfreich, wenn sich Unternehmen nicht nur auf das Tagesgeschäft beschränken, sondern neue Ideen der Kommunikation von außen aufneh-

men. Durch Austausch und Kommunikation mit dem erweiterten Unternehmensumfeld lebt ein Unternehmen. Der Zufluss von neuen Ideen und Ansätzen verhindert das „Schmoren im eigenen Saft".

Wir als Verein zur Förderung der Wirtschaftskommunikation haben uns zur Aufgabe gemacht, den Austausch zwischen Wissenschaft und Wirtschaft gemeinnützig zu unterstützen. Wir finden, dass sich das Projekt Deutscher Preis für Wirtschaftskommunikation zu diesem Zweck hervorragend eignet. Unsere „Wissenschaftler" der Wirtschaftskommunikation, des Kommunikationsdesigns und der Medieninformatik sind jung und lebendig. Sie haben Ideen, Ideale und vor allem Potenziale. Sie sprühen vor Energie und Tatendrang und sie brennen darauf,

23

HTW Berlin » Organisation » Verein zur Förderung der Wirtschaftskommunikation e.V.

sich auszuprobieren. Anspruchsvoll wie die Studierenden sind, wissen sie jedoch auch, was ihnen bisher noch fehlt und was sie liebend gerne hätten: Erfahrung.

ERFAHRUNG UND INNOVATIONSKRAFT – EIN SPANNUNGSFELD

Das Projekt Deutscher Preis für Wirtschaftskommunikation lebt in einem Spannungsfeld. Erfahrene Unternehmen, die Hochschule für Technik und Wirtschaft Berlin und der Verein zur Förderung der Wirtschaftskommunikation ermöglichen den Studenten, ihre Energien freizusetzen und Erlerntes auszuprobieren: Die Unternehmen stellen sich mit ihren Kommunikationsmaßnahmen der unabhängigen Jury, ohne Scheu vor neuen Sichtweisen und klaren Worten. Die größte und vielfältigste Hochschule Berlins unterstützt die praxisnahe Lehre und repräsentiert die Studierenden mit ihren Fähigkeiten.

Wir als gemeinnütziger Verein sind rechtlicher, finanzieller und ideeller Träger des Projektes Deutscher Preis für Wirtschaftskommunikation. Wir möchten, dass der Funke überspringt, zwischen Wissenschaft und Wirtschaft – und natürlich umgekehrt. Über 50 ehrenamtliche Mitglieder, die das Projekt selbst durchlaufen haben und dies auch anderen Studenten ermöglichen möchten, engagieren sich im Verein. Wir unterstützen die Projektteilnehmer vor allem durch kontinuierlichen Wissenstransfer und Weitergabe der bisherigen Erfahrungen. So sehen wir mit Freude, dass das Projekt seit zehn Jahren erfolgreich funktioniert. Dies ist nur dadurch möglich, dass alle Beteiligten mehr wollen als stabile Strukturen und ein funktionierendes Tagesgeschäft. Wir sind froh über Unternehmen, die genauso innovativ und neugierig sind wie die Studenten mit ebenso großer Lust auf Austausch. Schließlich sind Wettbewerbe und Auszeichnungen auch ein Zeichen für eine starke und lebendige Branche. Hier werden Trends diskutiert, gesetzt oder verworfen. Nur Unternehmen, die sich dem kritischen Blick von außen oder einem unabhängigen Wettbewerb wie unserem stellen, können auch gestalten.

VERÄNDERUNG UND KONTINUITÄT

Als der Preis vor zehn Jahren ins Leben gerufen wurde, ging es vor allem um den Stellenwert einer einheitlichen, professionellen und differenzierenden Kommunikation von Unternehmen. Integrierte Kommunikation war das Schlagwort über viele Jahre und spiegelte sich auch im alten Design des Preises wider, welches durch drei gleich ausgerichtete Dreiecke als Symbol für die beteiligten Studiengänge im Logo gekennzeichnet war. Es gab wenige Kategorien und nur wenige Vorreiterunternehmen stellten sich der außergewöhnlichen Jury. Heute hat sich nicht nur das Design mit funkenversprühendem Logo geändert, inzwischen wurden auch die Anzahl der Kategorien und Ansätze weiterentwickelt.

Der Preis verändert sich rasch und damit auch das Projekt für die Studierenden. Ein Projektdurchlauf dauert gerade einmal ein Jahr. Innerhalb von zwei Semestern und damit genau neun-

Monaten durchlaufen die 40 Studierenden sämtliche Projektphasen – vom Kennenlernen bis zur Projektnachbereitung. Dabei gleicht kein Jahr dem anderen: Jahr für Jahr ein neues Motto mit umfassendem Design. Neue Fachtagungsthemen, neue Schirmherren, neue Sponsoren, neue Jahrbuchinhalte und vor allem neue Teilnehmer. Dabei sind nicht nur Unternehmen mit ihren Kommunikationsmaßnahmen gefordert, sondern mit Unternehmungen, Regionen, Städten und Non-Profit Organisationen die gesamte Bandbreite der Wirtschaftskommunikation. Das Projektumfeld ändert sich ebenso schnell: Die Studiengänge wurden vom Diplomstudium auf das europaweit einheitliche Bachelor-/Master-System umgestellt. Die frühere „Fachhochschule für Technik und Wirtschaft" wurde in die „Hochschule für Technik und Wirtschaft" umbenannt und bezog den neuen Campus Wilhelminenhof in Oberschöneweide. Und neue Studiengänge bereichern das interdisziplinäre Projektteam.

Veränderungen in der Wirtschaftskommunikation haben große Auswirkungen auf die inhaltliche Dimension des Projektes. Im Jahr 2000 von einer Hand voll Studenten ins Leben gerufen, hatte der Deutsche Preis für Wirtschaftskommunikation das Ziel, den damals neuen Studiengang bekannt zu machen. Zehn Jahre danach sollte sich dieser innovative Studiengang vor dem Hintergrund steigender Bedeutung der Wirtschaftskommunikation als Erfolgsgeschichte herausstellen. Überwältigend viele Bewerber versuchen in unserer bekannten Fachrichtung, einen Studienplatz zu bekommen und Stellenausschreibungen umwerben speziell diese breit ausgebildeten Fachkräfte der Wirtschaftskommunikation. Die Wirtschaft hat die Bedeutung und den Nutzen der Kommunikation als essentiellen Unternehmensprozess erkannt und rechnet ihm hohe Bedeutung zu.

Zehn Generationen von Studierenden haben bisher auf unterschiedlichste Art ihre Potenziale ausgeschöpft, Erfahrungen gesammelt und sind an und mit dem Projekt gewachsen. Gleichgeblieben ist in den vergangenen zehn Jahren nur das Ziel: Der Weg zum Deutschen Preis für Wirtschaftskommunikation.

KAY NEUMANN UND NICOLE WITZMANN
PROJEKTKOORDINATION

ZEHN JAHRE ERFAHRUNG

Das Jahr 2010 ist etwas ganz Besonderes. Der Deutsche Preis für Wirtschaftskommunikation findet zum zehnten Mal statt. Zehn Jahre liegen hinter uns, in denen das Projekt immer weiter gewachsen ist, immer größer, immer besser wurde. Zehn Jahrgänge von Studenten, die aus Fehlern lernten und Probleme lösten. Zehn Jahre Erfahrung, aus der wir als Projektteam schöpfen konnten, die uns begleitete und uns Sicherheit gab.

Doch für uns war es das erste Mal. Das erste Mal den Deutschen Preis für Wirtschaftskommunikation organisieren. Das erste Mal zehnjähriges Jubiläum!!!!!

Wie alle Projektteams in den vorhergehenden Jahren wollten auch wir noch einen draufsetzen. Doch wie macht man das bei einem Projekt, das seine Grenzen fast erreicht hat?!
Man besinnt sich auf die Anfänge und deshalb stand zu Beginn unserer Arbeit das große Ziel, in diesem Jahr wieder zu den Wurzeln des Projektes zurückzukehren. Die Wurzeln des Deutschen Preises für Wirtschaftskommunikation waren und sind Studenten und Studentinnen, die praxisnah Wirtschaftskommunikation ausprobieren und auszeichnen wollen. Diese Wurzeln wollten wir mit Authentizität ins Licht rücken und damit einen Gegenpol zur zunehmenden Professionalität des Projektes schaffen. Das war jedoch nicht immer leicht, denn über viele kleine Herausforderungen verliert man schnell den Blick für das große Ganze.

Doch wir haben es gemeinsam geschafft, uns diesen zu bewahren. Zwei Semester voll harter Arbeit und Stress, aber auch Spaß und Erfolgen liegen hinter uns. Eine Erfahrung, die uns keiner mehr nehmen kann. Mit Ehrgeiz und Eigenmotivation meisterten wir Studenten und Studentinnen immer wieder neue Herausforderungen. Tatkräftige Unterstützung bekamen wir dabei von unserem Projektbetreuer Prof. Roski, der nun schon seit Jahren Teams kommen und gehen sieht und sich trotzdem immer wieder neu für das Projekt begeistert. Besonders wichtig war in diesem Jahr auch Hilfe kreativer Art, die wir bei Frau Hensel und Frau Matthes fanden. Alle drei bildeten gemeinsam mit dem Verein zur Förderung der Wirtschaftskommunikation e.V. eine Bank, die einen Vorrat an Know-How und Erfahrung bereithielt, welchen wir gerne in Anspruch nahmen. Auf diesem Weg vielen Dank für die Zeit und die guten Ratschläge, mit denen der Tag der Wirtschaftskommunikation 2010 seinem 10-jährigen Jubiläum gerecht werden konnte.

Nach einem Jahrzehnt wird es Zeit für einige Neuerungen, deshalb war die Verleihung des Deutschen Preises für Wirtschaftskommunikation dieses Jahr erstmalig den Goldenen Funken der Wirtschaftskommunikation gewidmet. Mit neuem Namen und neuem Corporate Design auf ins neue Jahrzehnt. Der Tenor bleibt derselbe. Deutsche Unternehmen werden für ihre hervorragende Kommunikationsleistung ausgezeichnet. Auch in diesem Jahr hatten wir wieder die Ehre, unseren Preis an außergewöhnlich zündende Kampagnen der Wirtschaftskommunikation zu vergeben. Wir gratulieren herzlich allen Finalistenunternehmen und besonders den diesjährigen Gewinner des Deutschen Preises für Wirtschaftskommunikation zu diesem Erfolg.

Um eine solche Veranstaltung verwirklichen zu können, ist selbst ein großes und motiviertes Projektteam auf Unterstützung angewiesen. Deshalb freuen wir uns, dass wir auch in diesem Jahr wieder auf die Hilfe von Förderern und Sponsoren zurückgreifen konnten. Ein besonderer Dank geht an die Hochschule für Technik und Wirtschaft Berlin. Der Deutsche Preis für Wirtschaftskommunikation fing hier als kleines Projekt an und fand dabei immer wieder Verständnis und Unterstützung bei den Verantwortlichen der HTW Berlin. Heute ist der Deutsche Preis für Wirtschaftskommunikation eines der Vorzeigeprojekte der Hochschule. Dies ist vor allem Verdienst der Studenten und Studentinnen, die Jahr für Jahr das Projekt zu dem machen, was es ist.

Auch wir haben in diesem Jahr unser Bestes gegeben, um diese Tradition fortzuführen. Wir haben unseren ersten Deutschen Preis für Wirtschaftskommunikation gemeistert.

Ein gelungenes erstes Mal zehnjähriges Jubiläum!

DAS TEAM

Ralitsa Auzyak

Stan Boltianski

Martin Diebel

Brian Ehlers

Irene Gelfert

Axel Goldammer

Laila Goubran

Matthias Graf

Steven Hager

Markus Hieke

Maria Hinz

Leopold Hoepner

Gesa Junne

Sabrina Kaufmann

Sebastian Kluge

Carl Leria de la Rosa

Felicitas McKinnon

Andreas Naber

Kay Neumann

Maren Pautsch

Kim Pham Hoang

Daniela Precup

Christopher Radtke

Kristin Reinicke

Christian Rietz

Eva Maria Rinn

Daniel Rubach

Nadezhda Rusanova

Christian Schießler

Shenja Schittkowski

Julius Seltenheim

Olaf Steingräber

Steven Strehl

Luise Thiem

Michelle Uhlig

Francis Weber

Christin Wessely

Stefan Wittke

Nicole Witzmann

Maria Elisabeth Zimpel

PROJEKT KOORDI NATION Nicole Witzmann / Kay Neumann /

UNTER NEHMENS KONTAKT Stefan Wittke / Ralitsa Auzyak / Stan Boltianski / Gesa Junne / Sabrina Kaufmann / Felicitas McKinnon / Maren Pautsch / Eva Maria Rinn /

PUBLIC RELA TIONS Christian Rietz / Axel Goldammer / Irene Gelfert / Matthias Graf / Maria Hinz /

EV ENT Christin Wessely / Martin Diebel / Steven Hager / Sebastian Kluge / Maren Pautsch / Daniela Precup / Nadezhda Rusanova / Olaf Steingräber / Michelle Uhlig /

KOMMU NIKATIONS DESIGN Markus Hieke / Andreas Naber / Laila Goubran / Leopold Hoepner / Carl Leria de la Rosa / Kim Pham Hoang / Christopher Radtke / Daniel Rubach / Shenja Schittkowski / Luise Thiem / Francis Weber / Maria Zimpel /

FINAN ZEN Steven Hager / Gesa Junne / Andreas Naber /

IT Steven Strehl / Brian Ehlers / Timo Kuhn / Christian Schießler / Julius Seltenheim /

MODE Kristin Reinicke

UNTERNEHMEN: UEBERSICHT VON A BIS Z

ABB AG
Kallstadter Straße 1
68309 Mannheim
www.abb.de

Leistungsspektrum
» Energietechnik
» Automationstechnik

Unternehmensphilosophie
ABB ist führend in der Energie- und Automationstechnik. Als globaler Technologieführer ermöglichen wir unseren Kunden, eine zuverlässige Energieversorgung zu gewährleisten, die industrielle Produktivität zu steigern und gleichzeitig die Umweltbelastung zu reduzieren.

Unternehmensverantwortung
Wir begreifen Nachhaltigkeit als zentrale Aufgabe, etwa in der Entwicklung umweltschonender Technologien, aber auch in der Qualifizierung junger Menschen – mit einer Ausbildungsquote von sechs Prozent im Jahr 2009.

Unternehmensziele
ABB wird als globaler Technologieführer anerkannt, im Hinblick auf Markteinfluss, Wachstum, Profitabilität, Wertschöpfung, Nachhaltigkeit und ethisches Verhalten. Unser Claim lautet „Power and Productivity for a better world."

Marktstrategie
ABB bietet Produkte und Systeme für Versorgungsunternehmen, die Prozess-, Fertigungs- und Konsumgüterindustrie sowie Großhandelskunden. Unser Portfolio hilft, Energie effizient zu nutzen, den CO_2-Ausstoß zu minimieren und das Klima zu schützen.

AUDI AG
85045 Ingolstadt
Deutschland
www.audi.de

Leistungsspektrum
Der Audi-Konzern hat im Jahr 2009
rund 950.000 Automobile der Marke
Audi verkauft und ist in weltweit mehr
als 100 Märkten tätig

Unternehmensphilosophie
Die AUDI AG steht für Sportlichkeit,
Hochwertigkeit und Progressivität –
kurz: für „Vorsprung durch Technik".
Getreu diesem Markenslogan stellt
Audi fortschrittlichste Technik in den
Dienst des Menschen.

Unternehmensverantwortung
Audi nimmt seit langem auf vielen
Ebenen seine gesellschaftliche
Verantwortung wahr – im Sinne einer
lebenswerten Zukunft für künftige
Generationen. Umweltschutz, Ressourcenschonung, internationale
Wettbewerbsfähigkeit und eine
zukunftsfähige Personalpolitik bilden
deshalb die Geschäftsgrundlage für
den nachhaltigen Erfolg von Audi.

Unternehmensziele
Audi sichert „Vorsprung durch Technik"
– durch Innovationskraft, Weltoffenheit
und Verantwortungsbewusstsein.

B.Z. Ullstein GmbH
Neues Kranzler Eck
Kurfürstendamm 21/22
10874 Berlin
www.bz-berlin.de

Leistungsspektrum
» B.Z. am Sonntag
   Größte und traditionsreichste
   Tageszeitung Berlins
» B.Z. Website
   www.bz-berlin.de.
» B.Z. als App
   für mobile Leser

Unternehmensphilosophie
Die größte und traditionsreichste
Zeitung Berlins spiegelt seit über
133 Jahren Tag für die Tag die Seele
der Hauptstadt wider: Die B.Z. präsentiert Nachrichten, Reportagen,
Sport und Kultur aus Berlin – schnell
und auf den Punkt.

Unternehmensverantwortung
Für die B.Z. es nicht nur eine Frage
der gesellschaftlichen Verantwortung,
sondern auch der journalistischen
Glaubwürdigkeit, sich für ein nachhaltiges Wirtschaften, die Sicherung
sozialer und ökologischer Standards,
sowie für die Gesellschaft als Ganzes
zu engagieren

Unternehmensziele
Ziel der B.Z. Ullstein GmbH ist es,
nicht nur ihre Marktführerschaft innerhalb des Berliner Zeitungsmarkts
zu behaupten und auszubauen,
sondern auch ihren Online-Auftritt als
das Hauptstadt-Portal zu etablieren.

Marktstrategie
In Deutschlands am härtesten um-
kämpften Zeitungsmarkt will die B.Z.
durch Qualitätsjournalismus und
glaubwürdigen Boulevard mit starkem
regionalen Bezug ihre Stellung als
größte und reichweitenstärkste Zeitung behaupten. Ergänzt wird diese
durch Portale für Internet-, Mobile-,
App- sowie U-Bahn-Nachrichten.

Berlin Partner GmbH
Ludwig Erhard Haus
Fasanenstraße 85
10623 Berlin
www.berlin-partner.de

Leistungsspektrum
Wirtschaftsförderung mit Ansiedlungs-
und Außenwirtschaftsunterstützung,
Standortsicherung und -entwicklung
sowie Hauptstadt-Marketing

Unternehmensphilosophie
Berlin Partner versteht sich als
Möglich-Macher, als unternehmerisch
denkender Unterstützer von Unternehmen in jeder Phase. Unternehmen, die sich als Berlin-Partner
engagieren, profitieren von den
Services, Erfahrungen, Kontakten und
Netzwerken unserer Gesellschaft.

Unternehmensverantwortung
Die Berlin Partner GmbH ist die
zentrale Anlaufstelle in Berlin, die aus-
wärtige Unternehmen bei der Ansied-
lung betreut. Ansässige Unternehmen
werden in allen Fragen der Außen-
wirtschaft, bei Standortsicherung
und –entwicklung begleitet. Sie ist vom
Berliner Senat mit dem Hauptstadt-
und Standortmarketing beauftragt und
bietet ihren Kunden ein großes Portfolio an Serviceangeboten, Beratungs-
und Informationsleistungen.

Unternehmensziele
Die Schaffung neuer und die Sicherung
vorhandener Arbeitsplätze, die Stei-
gerung der Wettbewerbsfähigkeit der
Unternehmen sowie die Stärkung und
Profilierung des Wirtschaftsstandortes
Berlin.

Marktstrategie
Berlin Partner bietet Wirtschafts-
förderung mit Ansiedlungs- und
Außenwirtschaftsunterstützung sowie
Hauptstadtmarketing aus einer Hand.
Als Public Private Partnership wird die
Wirtschaftsförderungsgesellschaft
von mehr als 160 privaten Unternehm-
en unterstützt.

Bundesverband der Deutschen
Volksbanken und Raiffeisenbanken
Schellingstraße 4
10785 Berlin
www.bvr.de

Leistungsspektrum

» Das Angebot einer breiten Palette
  an Finanzdienstleistungen – von der
  Zukunftsvorsorge bis zu speziellen
  Fragen der Unternehmensfinan-
  zierung – kommt aus einer Hand in
  enger Zusammenarbeit mit leistungs-
  fähigen Spezialinstituten im genossenschaftlichen FinanzVerbund.
» Als regionaler Partner vor Ort stehen
  die Volksbanken Raiffeisenbanken
  den Kunden persönlich zur Seite.
» Die ganzheitliche Beratung und die
  Produkte werden individuell auf die
  jeweilige Lebensphase angepasst.

Unternehmensphilosophie

Die Volksbanken Raiffeisenbanken
zeichnet sich durch ihre genossenschaftliche Idee aus. Damit steht
der Mensch mit seinen individuellen
Bedürfnissen, Wünschen und Zielen
im Mittelpunkt all ihres Denken und
Handelns.

Unternehmensverantwortung

Mit dem Ursprungsgedanken einer
Selbsthilfeeinrichtung mittelständi-
scher Unternehmen fühlen sich die
Volksbanken Raiffeisenbanken noch
heute verbunden.

Cognis GmbH
Rheinpromenade 1
40789 Monheim am Rhein
www.cognis.com

Leistungsspektrum

» Care Chemicals: Roh- und Wirkstoffe
  für die Kosmetik-, Wasch- und
  Reinigungsmittelindustrie
» Nutrition & Health: Inhaltsstoffe
  für den Ernährungs- und Gesund-
  heitsmarkt
» Functional Products: Produkte für
  industrielle Märkte wie Farben und
  Lacke, Schmierstoffe, Agrar und
  Bergbau.

Unternehmensphilosophie

Cognis ist ein führender, weltweit
tätiger Anbieter von innovativen
Produkten der Spezialchemie und
Inhaltsstoffen für Nahrungsmittel mit
Fokus auf die Trends Wellness und
Sustainability.

Unternehmensverantwortung

Alle Aktivitäten von Cognis basieren
auf den Prinzipien nachhaltiger Entwicklung: das Erreichen einer Balance
zwischen wirtschaftlichen, ökologischen und gesellschaftlichen Ansprüchen, ohne künftige Generationen zu
gefährden.

Unternehmensziele

Mit seinem Anspruch „We know how"
will Cognis mehr bieten als Spezial-
chemikalien, nämlich integrierte
Lösungen und Marketingkonzepte. So
unterstützt Cognis Markenartikelher-
steller, neue Produkte zu entwickeln
und zu vermarkten.

Marktstrategie

Der Wunsch nach Gleichgewicht von
Körper und Seele sowie von Ökonomie,
Ökologie und sozialer Verantwortung
hat die Trends Wellness und Sustainability hervorgebracht. Cognis hat
diese Trends zur Säule seiner Strategie
gemacht.

.comdirect

comdirect bank AG
Pascalkehre 15
25451 Quickborn
www.comdirect.de

Leistungsspektrum

Die comdirect bank bietet Brokerage,
Banking und Beratung unter einem
Dach. Brokerage: Wertpapiere investieren und handeln. Banking: Alles
rund um die täglichen Finanzgeschäfte.
Direktbankfähige Beratung für Baufinanzierung und Anlageberatung.

Unternehmensphilosophie

Leitidee ist die Fokussierung auf die
Bedürfnisse moderner Anleger:
Die comdirect bank kennt ihre Kunden, sie weiß, welche Produkte für
sie richtig sind und sie stellt ihnen bei
schwierigen Entscheidungen einen
persönlichen Berater zur Seite.

Unternehmensverantwortung

Wachstum bedeutet für die comdirect
bank auch wachsende gesellschaftliche
Verantwortung. Mit der Gründung der
Stiftung Rechnen und ihrem Engagement für das Rechnen leistet sie einen
signifikanten Beitrag in einem gesellschaftlich hochrelevanten Themenbe-
reich.

Unternehmensziele

Die comdirect bank ist Marktführer
unter den Online Brokern in Deutschland und die führende Direktbank für
moderne Anleger. Mit ihrer Wachs-
tumsstrategie, dem Programm „com-
plus", will die Direktbank auch künftig
nachhaltig wachsen und dabei noch
profitabler werden.

Marktstrategie

Die comdirect ist in einem wettbewerbsintensiven Umfeld tätig. Mit
einem großen Produktangebot sowie
transparenten, günstigen Konditionen
und unabhängiger Beratung gelingt
es der Direktbank, sich erfolgreich
gegen herkömmliche Bankmodelle
durchzusetzen.

Deutsche Post DHL

Deutsche Post AG
Konzernzentrale
Charles-de-Gaulle-Str. 20
53113 Bonn
www.dp-dhl.de

Leistungsspektrum
Brief- und Logistikunternehmen

Unternehmensphilosophie
Das Leitbild besagt, dass der Konzern DIE Post für Deutschland bleiben will und anstrebt, DAS Logistikunternehmen für die Welt zu werden.

Unternehmensverantwortung
Living Responsibility: Mit seinen weltweiten Programmen in den Bereichen Klimaschutz, Katastrophenhilfe und Bildung übernimmt der Konzern gesellschaftliche Verantwortung.

Unternehmensziele
Wir wollen unseren Kunden, Mitarbeitern und Investoren ermöglichen, erfolgreicher zu sein.
Wir zeigen stets Respekt, ohne Kompromisse bei den Resultaten einzugehen.
Wir machen das Leben unserer Kunden einfacher.
Wir wollen einen positiven Beitrag für unsere Welt leisten.

Marktstrategie
Die Deutsche Post DHL, eines der größten Logistikunternehmen der Welt, bietet ihren Kunden einfach zu handhabende Standardprodukte und maßgeschneiderte, innovative Lösungen – vom Dialogmarketing bis zur industriellen Versorgungskette. Das globale Netzwerk ist auf Service, Qualität und Nachhaltigkeit ausgerichtet.

Deutsche Telekom AG
Friedrich-Ebert-Allee 140
53113 Bonn
www.telekom.com

Leistungsspektrum
Weltweiter Mobilfunk-, DSL- und Festnetzprovider
Telekommunikationsdienstleistungen für Privat- und Geschäftskunden
Provider von Internetdienstleistungen

Unternehmensphilosophie
Unsere Vision: "Deutsche Telekom – ein internationaler Marktführer für vernetztes Leben und Arbeiten."

Unternehmensverantwortung
Mehr bewegen: Die Deutsche Telekom will im Bereich Corporate Responsibility (CR) international führend werden. Mit klaren Handlungsschwerpunkten für die gesellschaftliche Verantwortung des Unternehmens.

Unternehmensziele
Deutsche Telekom – ein internationaler Marktführer für vernetztes Leben und Arbeiten.

Branchenumfeld
Mit der Strategie „Verbessern – Verändern – Erneuern" baut die Deutsche Telekom ihr Geschäft um und strebt einen breiteren Umsatzmix an.
1. Verbesserung der Performance im Mobilfunk
2. Vorsprung auf integrierten Märkten
3. Netze und Prozesse für die Gigabit-Gesellschaft
4. Vernetztes Leben vom Handy bis zum Fernseher
5. Vernetztes Arbeiten mit führenden ICT-Lösungen

DZ BANK AG
Dt. Zentral-Genossenschaftsbank
Platz der Republik
60265 Frankfurt am Main
www.dzbank.de

Leistungsspektrum
Die DZ BANK ist das Spitzeninstitut des genossenschaftlichen FinanzVerbundes mit seinen 1.200 Volksbanken und Raiffeisenbanken. Gemessen an der Bilanzsumme ist die DZ BANK das fünftgrößte Finanzinstitut Deutschlands.

Unternehmensphilosophie
Leitlinie unseres Handelns ist das Subsidiaritätsprinzip. Die genossenschaftliche Idee ist Teil unserer Identität und Motor unseres Erfolgs, seit mehr als 125 Jahren. Denn eines steht für uns fest: Zusammen geht mehr.

Unternehmensverantwortung
Als „good corporate citizen" engagieren sich die DZ BANK und ihre Stiftung in vielfältiger Weise für Bildung, Kultur, Umweltschutz und Wissenschaft. Weitere Informationen dazu unter www.nachhaltigkeit.dzbank.de

Unternehmensziele
Wer 30 Mio. Kunden Tag für Tag das Beste bietet, muss Tag für Tag sein Bestes geben. Gemeinsam mit den Genossenschaftsbanken werden wir unsere Position als führender Allfinanz-Anbieter in Deutschland ausbauen und mittelfristig ein maßgeblicher Marktteilnehmer in Europa sein.

Marktstrategie
Als Zentralbank stärken wir die Position der Volksbanken und Raiffeisenbanken im Wettbewerb. Als Geschäftsbank betreuen wir überregional Unternehmen und Institutionen und agieren als international ausgerichtetes Finanzinstitut.

EASTPAK
Vogelsanger Str. 195a
50825 Köln
www.eastpak.com

Leistungsspektrum
Herstellung und Vertrieb von Taschen,
Accessoires und Bekleidung

Unternehmensphilosophie
EASTPAK steht für den urbanen,
authentischen Lebensstil, inspiriert
durch Actionsport, Mode, Kunst und
Musik.Mit der 30-jährigen Garantiegabe
liefert EASTPAK ein Produktversprechen und setzt damit Maßstäbe für ein
sinnvolles Preis-Leistungs-Verhältnis.

Unternehmensverantwortung
EASTPAK ist als Street-Fashion-Brand
ein prägender Bestandteil der heuti-
gen Lifestyle- und Jugendkultur und
übernimmt in verschiedenen Bereichen
durch Eventsponsoring, Kooperations-
maßnahmen und dem Garantiewesen
Verantwortung.

Unternehmensziele
Im Bereich der Corporate Social Responsibility ist die Übernahme sozialer
Verantwortung zu einem originären Ziel
geworden. Dass hierbei gleichzeitig ein
echter gesellschaftlicher Mehrwert und
ein direkter Nutzen für die Markenkommunikation erreicht werden kann,
macht CSR zu einem sinnvollen und
nachhaltigen Inhalt auf regionaler,
nationaler und auch internationaler
Ebene.

Marktstrategie
Mit der 30-jährigen Garantiegabe liefert
EASTPAK ein Produktversprechen für
Daypacks, Reisegepäck und Acces-
soires und setzt damit Maßstäbe für ein
sinnvolles Preis-Leistungs-Verhältnis.
Ihr Vermächtnis liegt in der praktischen
unzerstörbaren Qualität der Produkte,
gepaart mit coolem, innovativem
Design und einer beeindruckenden
Funktionalität. EASTPAK ist eine Marke
für urbanen Lifestyle.

ECM Allianz Deutschland GmbH
Cicerostr. 26
10709 Berlin
www.ecm-jetzt.de

Leistungsspektrum
» Dokumentenmanagement
» E-Mail-Management
» Rechtssichere Archivierung /
  Compliance

Unternehmensphilosophie
Sieben der führenden deutschen Hersteller von ECM-Software (=Enterprise
Content Management) haben sich in
Berlin zur ECM Allianz Deutschland
zusammengeschlossen, um als Initiative „ECM jetzt!" eine Dachkampagne
unter dem Motto „Effizienz ist einfach"
zu starten.

Unternehmensverantwortungen
ECM-Software leistet durch die Steigerung der Produktivität im Bereich
Unternehmensorganisation einen
entscheidenden Beitrag zur Wettbewerbsfähigkeit. Durch ihr Engagement
trägt die Initiative zur Sicherung des
Innovations- und IT-Standorts Deutschland bei.

Unternehmensziele
Als Zusammenschluss voneinander
unabhängiger Softwarehersteller arbeitet die ECM Allianz daran, dass ECM-
Systeme von Business-Entscheidern
als ergebnisrelevante Applikationen
erkannt und die zahlreichen Mehr-
werte stärker genutzt werden.

Marktstrategie
Heute wird an jedem fünften Büroarbeitsplatz Software eines Mitglieds der
ECM Allianz eingesetzt. Dabei ist noch
reichlich Wachstumspotenzial vorhanden: Gartner prognostiziert für ECM-
Software in EMEA ein Umsatzpotenzial
von 2 Mrd. US-Dollar bis zum Jahr 2012.

FlexiTel TelefonService GmbH
Lützowstr. 105 / 106
10785 Berlin
www.flexitel.de

Leistungsspektrum
» Premium-Dienstleister
» Finanz- und Versicherungsleistungen
» Vertriebs- und Servicecalls
» Gesundheitsbereich

Unternehmensphilosophie
Kompetenz multiplizieren. Gemeinsam
Erfolge realisieren." Wir vertrauen auf
die anspruchsvolle Kommunikation im
Sinne von fachlicher und sozialer Kom-
petenz von Mensch zu Mensch. Deshalb
leben wir eine sinn- und wertorientierte
Unternehmenskultur, die unsere
Mitarbeiter in den Mittelpunkt unseres
Handelns stellt.

Unternehmensverantwortungen
Teamgeist, Fairness, Beständigkeit und
Verantwortungsbewusstsein prägen
unser Handeln in allen Bereichen. Eine
hohe soziale Verantwortung übernehm-
en wir vor allem für unsere Mitarbeiter.

Unternehmensziele
Wir stellen auch zukünftig unsere
Mitarbeiter in den Mittelpunkt unserer unternehmerischen Aktivitäten
und handeln nach dem Prinzip der
höchsten Wertschätzung. Wir wollen
weiterhin mit zukunftsorientiertem und
leidenschaftlichem Handeln, das von
einer maximalen Orientierung an den
Anforderungen, am Nutzen und am
Erfolg unserer Auftraggeber und deren
Kunden geprägt ist, überzeugen.

Marktstrategie
Wir wollen als Premium-Dienstleister
auch außerhalb der ERGO Versicherungsgruppe neue Geschäftsfelder
generieren. Der Einstieg ins Online-
Business bietet dabei eine besondere
Herausforderung, um mit den Kunden
auch zukünftig offen, ehrlich und transparent zu kommunizieren.

Fressnapf Tiernahrungs GmbH
Westpreußenstraße 32-38
47809 Krefeld
www.fressnapf.com

Leistungsspektrum
„Fach-Discounter" mit dem Besten aus zwei Welten: Riesiges Sortiment und Beratungskompetenz eines Zoofachhändlers. Gleichzeitig große Verkaufsflächen und aggressive Preise eines Discounters. Mit „Fressnapf XXL" greift das Unternehmen den Trend zum Erlebnis-Shopping auf und präsentiert das Abenteuer Tierwelt zum Anfassen.

Unternehmensphilosophie
Fressnapf ist Europas führender Anbieter für Tiernahrung und -zubehör. Als Multi-Channel-Retailer vertreibt Fressnapf seine Waren über den stationären Handel, über den Fressnapf-Katalog und den Online-Shop.

Unternehmensverantwortungen
Im Zentrum der Geschäftstätigkeit von Fressnapf steht das Wohlergehen aller Haustiere in Europa. Fressnapf unterstützt mit beträchtlichen Geld- und Sachspenden den Deutschen Tierschutzbund und andere Tierschutzorganisationen.

Unternehmensziele
Mit einer Vielzahl von Services – von Tierarztpraxen bis zu Hundefriseuren – entwickelt sich Fressnapf zum Komplettanbieter und Problemlöser für alle Belange rund ums Thema Heimtier.

Marktstrategie
Mit einem Umsatz von 1,1 Milliarden Euro ist Fressnapf der Marktführer im Bereich Heimtierbedarf. Fressnapf setzt seinen Fokus künftig auf die Internationalisierung und wird seine Position in den 11 Auslandsmärkten zügig ausbauen.

ING-DiBa AG
Theodor-Heuss-Allee 106
60486 Frankfurt am Main
www.ing-diba.de

Leistungsspektrum
Die ING-DiBa bietet als Direktbank das gesamte Produktportfolio einer traditionellen Bank an (Sparbereich, Wertpapiergeschäft, Baufinanzierung, Konsumentenkredite und Girokonten).

Unternehmensphilosophie
„Die ING-DiBa lebt Fairness auf vielerlei Weise. Als Verbraucherbank ist sie ein fairer Partner für die Kunden. Als Arbeitgeber kümmert sie sich um die Belange der Mitarbeiter. Und als „guter Bürger" gibt sie mit dem Programm „FAIRantwortung" einen Teil des wirtschaftlichen Erfolges an die Gesellschaft zurück", so Ben Tellings, CEO ING-DiBa.

Unternehmensverantwortung
Die ING-DiBa hat 2005 das Corporate Responsibility Programm FAIRantwortung gegründet, das die Worte Fairness und Verantwortung mit Leben füllt. FAIRantwortung ruht auf fünf Säulen: Mitarbeiter, Basketball, Bildung Verbraucherschutz und Umwelt.

Unternehmensziele
Primäres Ziel von FAIRantwortung ist es, das ehrenamtliche Engagement der ING-DiBa Mitarbeiter zu fördern. Auf diesem Weg sollen die Kernbotschaften der Unternehmensstrategie nachhaltig und produktiv verankert sowie die positive Identifikation der Mitarbeiter mit ihrem Unternehmen gestärkt werden.

Marktstrategie
Die ING-DiBa setzt auf Einfachheit und Klarheit in allen Bereichen. Durch transparente Produkte offeriert sie ihren Kunden kompetenten Service, fördert aber auch deren Eigeninitiative.

Johanssen + Kretschmer
Strategische Kommunikation GmbH
Berliner Freiheit 2
10785 Berlin
www.jk-kom.de

Leistungsspektrum
J + K bietet strategische Kommunikationsberatung entlang der gesamten Wertschöpfungskette: im Management, in der Konzeption und in der Inszenierung von Kommunikation.

Unternehmensphilosophie
Johanssen + Kretschmer steht für die Überzeugung, dass eine wertorientierte Kommunikation Wertschöpfung schaffen und sichern kann. Dabei ist J + K spezialisiert auf ganzheitliche Kommunikationslösungen an den Schnittstellen von Wirtschaft, Politik und Gesellschaft.

Unternehmensverantwortung
Johanssen + Kretschmer nimmt seine gesellschaftliche Verantwortung in drei Bereichen wahr:
» Ethik in der Beratung
» Soziale Verantwortung
» Ökologie und Klimaneutralität

Unternehmensziele
Johanssen + Kretschmer möchte der präferierte Partner für Corporate Communications sein, wenn es darum geht, sichtbare Veränderungen zu bewirken.

Marktstrategie
Johanssen + Kretschmer steht für ein strategisches Verständnis von Corporate Communications. Strategie wird dabei als permanenter Optimierungsprozess verstanden, der Grundlage und Differenzierungsmerkmal der Beratung von J + K ist.

Lidl lohnt sich.

Lidl Dienstleistung GmbH & Co. KG
Rötelstraße 30
74166 Neckarsulm
www.lidl.de

Leistungsspektrum
» Handel von Konsumgütern
» Unternehmerische Verantwortung
» Soziale Verantwortung

Unternehmensphilosophie
Als international tätiges Unternehmen und wichtiger Arbeitgeber ist sich Lidl seiner Größe und Präsenz in der Öffentlichkeit bewusst, respektiert die Vielfalt der Kulturen und erkennt die Verschiedenheit ihrer Werte und Traditionen an.

Unternehmensverantwortungen
Als international tätiges Unternehmen misst Lidl den Themen Nachhaltigkeit und gesellschaftliche Verantwortung seit vielen Jahren große Bedeutung bei. Sämtliche Aktivitäten sind unter der Dachmarke „Auf dem Weg nach morgen" gebündelt.

Unternehmensziele
Lidl verfolgt seit Jahren ein klares Ziel: den Kundinnen und Kunden Produkte in bester Qualität zum günstigen Preis anzubieten.

Marktstrategie
Kundenorientierung und -zufriedenheit stehen für Lidl an oberster Stelle. Dafür erweitert und verbessert Lidl stetig seine Produktpalette und steht nicht zuletzt auch für Innovation.

Media-Saturn-Holding GmbH
Wankelstraße 5
85046 Ingolstadt
www.media-saturn.com

Leistungsspektrum
Einzelhandel mit Elektronikartikeln, Weißer Ware, Unterhaltungsmedien

Unternehmensphilosophie
Media Markt und Saturn sind die Nummer Eins unter den Elektrofachmärkten in Europa. Basis des Erfolgs sind eine dezentrale Organisation, engagierte Mitarbeiter, maximale Kundennähe und Mut zu Innovation.

Unternehmensverantwortung
Media-Saturn übernimmt gesellschaftliche Verantwortung. Beispiel Umweltschutz: Mitarbeiter werden etwa darin geschult, sparsam mit Energie umzugehen. Die Elektrofachmärkte setzen zudem auf eine große Auswahl an energieffizienten Geräten, um Kunden einen verantwortungsvollen Konsum zu ermöglichen.

Unternehmensziele
Die Elektrofachmärkte von Media Markt und Saturn sind als eigenständige Gesellschaften aufgestellt. Die Geschäftsführer verfügen über ein Höchstmaß an Eigenverantwortung. Das gibt ihnen die Möglichkeit, flexibel auf die Bedürfnisse der Kunden vor Ort einzugehen.

Marktstrategie
Media Markt und Saturn agieren eigenständig am Markt und stehen im Wettbewerb zu einander. Davon profitieren die Kunden: Dank Tiefpreisgarantie erhalten sie stets das beste Angebot zum günstigsten Preis in der Region.

MTU Aero Engines GmbH
Dachauer Straße 665
80995 München
www.mtu.de

Leistungsspektrum
Entwicklung, Herstellung und Instandhaltung von zivilen und militärischen Flugzeugtriebwerken sowie Industriegasturbinen.

Unternehmensvision
Wir gestalten die Zukunft der Luftfahrt.

Unternehmensverantwortung
Die MTU nimmt ihre Verantwortung für Umwelt und Gesellschaft aktiv wahr. Für zukünftige Flugzeugprogramme entwickelt sie Produkte mit deutlich reduziertem Brennstoffverbrauch sowie geringen Lärm- und Schadstoffemissionen.

Unternehmensziele
Die MTU erfüllt die Erwartungen ihrer Kunden mit innovativen und wettbewerbsfähigen Produkten, die für Sicherheit und Zuverlässigkeit stehen. Als Dienstleister ist die MTU schnell, flexibel, kompetent und garantiert höchste Qualitätsstandards.

Marktstrategie
Triebwerkstechnologie ist Hochtechnologie der besonderen Art mit höchsten Ansprüchen an Präzision, Qualität und permanenter Innovation. Die MTU ist in einzelnen Triebwerksbereichen zum weltweiten Technologieführer aufgestiegen.

QUALITY FOR LIFE

NATIONAL-BANK AG
Theaterplatz 8
45127 Essen
www.national-bank.de

Leistungsspektrum
Finanzlösungen im Bereich Kredit-
und Vermögensanlage

Unternehmensphilosophie
Die NATIONAL-BANK ist eine der
führenden privaten unabhängigen
Regionalbanken der Bundesrepublik
Deutschland für anspruchsvolle
Privat- und Firmenkunden.

Unternehmensverantwortung
Neben dem Angebot wettbewerbsfähi-
ger und kundengruppenspezifischer
Finanzlösungen ist die individuelle
und ganzheitliche Beratung sowie der
persönliche Service ein besonderes
Wettbewerbsmerkmal der Bank.

Unternehmensziele
Unser Geschäft ist kundengetragen
und basiert auf der Langjahrigkeit der
Kundenbeziehungen sowie ein Höchstmaß an Kundenzufriedenheit.

Marktstrategie
Unser Marktgebiet ist Nordrhein-Westfalen. Die Unabhängigkeit der Bank
ist eine wesentliche Grundlage ihres
Erfolges. Diese soll auch zukünftig
durch eine breite und auf Langfristigkeit angelegte Aktionärsbasis gesichert
werden.

Otto (GmbH & Co KG)
Wandsbeker Straße 3-7
22172 Hamburg
www.otto.de / www.otto.com

Leistungsspektrum
» Multichannel-Versandhandel
» Sortimentsbreite und -tiefe
» Service- und Beratungskompetenz

Unternehmensphilosophie
OTTO sieht sich als begeisterter
Partner seiner Kunden, als ehrgeiziger
Forscher im Vorantreiben von Innova-
tionen, als partnerschaftlicher Kopf
seiner Mitarbeiter und als bedachter
Manager für nachhaltige Entscheidungen.

Unternehmensverantwortung
OTTO bietet seinen Kunden geprüfte
umweltfreundliche und sozialverträg-
liche Produkte und richtet seine Geschäftstätigkeit an diesen Kriterien aus.

Unternehmensziele
Neben dem Wunsch nach wirtschaft-
lichem Wachstum verfolgt OTTO die
vollkommene Zufriedenstellung seiner
Kunden, seiner Mitarbeiter sowie die
konsequente Ausrichtung auf den
Umwelt- und Ressourcenschutz.

Marktstrategie
OTTO ist der erfolgreichste Onlinehänd-
ler Deutschlands in den Kernsegmen-
ten Fashion und Lifestyle.
Die Grundlage bildet seine Innovations-
kraft am Markt, ein ausgezeichneter
Kundenservice sowie die Schaffung von
Einkaufserlebnissen.

Otto Bock HealthCare GmbH
Max-Näder-Straße 15
37115 Duderstadt
www.ottobock.de

Leistungsspektrum
Orthobionic®: Prothetik und Orthetik
Bionicmobility®: Mobility Solutions
(Rollstühle) und Neurostimulation
Business Service und Patient Care

Unternehmensphilosophie
Unsere Vision ist es, Menschen ein
Höchstmaß an Mobilität zu ermöglichen. Mit technologisch herausragenden Produkten und Dienstleistungen
wollen wir dazu beitragen, dass sie
ihre Bewegungsfreiheit erhalten und
wiedererlangen.

Unternehmensverantwortung
Ganzheitliches Denken ist die Grundlage der gesellschaftlichen Verantwortung. Beispielhaft sind das Science
Center Medizintechnik, das Engagement im Behindertensport sowie das
nachhaltige Energiemanagement.

Unternehmensziele
Der Mensch steht im Mittelpunkt:
Unser Engagement für Menschen mit
eingeschränkter Mobilität folgt der
Maxime „Quality for Life". Die Zufrie-
denheit derer, die unsere Produkte im
Alltag nutzen, ist der Maßstab für unser
Handeln.

Marktstrategie
Orthopädie- und Rehabilitationstech-
nik/ Medizintechnik - Die Marke wird
getragen von Innovationskraft, Tech-
nologieführerschaft, Design, Qualität,
einem breiten Produkt- und Service-
spektrum sowie dem globalen Ver-
triebs- und Servicenetz.

Philips GmbH
Lübeckertordamm 5
20099 Hamburg
www.Philips.de

Unternehmensdarstellung

Royal Philips Electronics mit Hauptsitz in den Niederlanden ist ein Mischkonzern mit einem vielfältigen Angebot an Produkten und Lösungen für Gesundheit und Wohlbefinden. Im Fokus steht dabei, die Lebensqualität von Menschen durch zeitgerechte Einführung von technischen Innovationen zu verbessern. Als weltweit führender Anbieter in den Bereichen Healthcare, Lifestyle und Lighting integriert Philips – im Einklang mit dem Markenversprechen „sense and simplicity" – Technologien und Design-Trends in neue Produkte und Lösungen, die auf die Bedürfnisse von Menschen zugeschnitten sind und auf umfangreicher Marktforschung basieren. Philips beschäftigt in mehr als 60 Ländern weltweit etwa 116.000 Mitarbeiter. Mit einem Umsatz von 23 Milliarden Euro im Jahr 2009 ist das Unternehmen marktführend in den Bereichen Kardiologie, Notfallmedizin und bei der Gesundheitsversorgung zuhause ebenso wie bei energieeffizienten und innovativen Lichtlösungen. Außerdem ist Philips führender Anbieter von Flat-TVs, Rasierern, Kaffeeautomaten und Körperpflegeprodukten für Männer, tragbaren Unterhaltungs- sowie Zahnpflegeprodukten.

Sedus Stoll AG
Brückenstraße 15
79761 Waldshut
www.sedus.com

Leistungsspektrum

Entwicklung, Produktion und Vertrieb kompletter Büroeinrichtungen inkl. Planung, Beratung und Umsetzung

Unternehmensphilosophie

Die Sedus Mission:
Sedus hat sich verpflichtet, Büroarbeit jederzeit zu einem gewinnbringenden Erlebnis zu machen. Zum Wohle der Unternehmen und zum Wohle der Mitarbeiter.

Unternehmensvision

Das Besondere hat ein Lächeln im Gesicht. Sedus.

Unternehmensziele

Büroeinrichtungen herzustellen, die durch ihr Design, die Ergonomie, Ökologie, Langlebigkeit und Qualität höchsten Gebrauchsnutzen bieten und möglichst viele „Places 2.5" umzusetzen.

Branchenumfeld

Sedus ist eines der wenigen deutschen Unternehmen, das absolut unabhängig im globalen Markt der Büroeinrichter agiert. Die Stärken des Unternehmens sind seine innovativen Kräfte und der Mut zu antizyklischen Investitionen.

Deutscher Sparkassen- und Giroverband
Charlottenstraße 47
10117 Berlin
www.dsgv.de

Unternehmensdarstellung

Die dezentrale Sparkassen-Finanzgruppe zählt mit rund 620 Unternehmen und einem Geschäftsvolumen von insgesamt rund 3.600 Milliarden Euro zu den größten Finanzdienstleistungsgruppen der Welt. Der Deutsche Sparkassen- und Giroverband (DSGV) ist der Dachverband der Sparkassen-Finanzgruppe. Als Kern der Gruppe bieten die 438 Sparkassen in ihren 16.000 Geschäftsstellen, zusammen mit den Verbundpartnern (z. B. Landesbanken, DekaBank, LBS, öffentliche Versicherer, Deutschen Leasing), allen Bevölkerungsteilen und Unternehmen eine breite und attraktive Palette moderner Finanzdienstleistungen an. Die Sparkassen beschäftigen rund 251.400 Mitarbeiter, darunter rund 17.900 Auszubildende, und sind damit der größte Arbeitgeber und Ausbilder der deutschen Kreditwirtschaft. Die Marke Sparkasse ist in Deutschland gemäß verschiedener Studien die bekannteste und beliebteste Marke unter den Kreditinstituten. Sie genießt zudem von allen Geldinstituten das höchste Vertrauen und steht für Sicherheit.

Unternehmensverantwortung

Die S-Finanzgruppe übernimmt Verantwortung für gesellschaftliche, soziale und kulturelle Entwicklung. Die Institute begleiten und unterstützen die Menschen auf nahezu allen Ebenen des sozialen Zusammenlebens. Förderschwerpunkte sind Kultur, Soziales und Sport. Auch Forschungs-, Wirtschafts-, Wissenschafts- und Umweltprojekte unterstützen die Institute und ihre Stiftungen. So hat die Gruppe im Jahr 2008 rund 445 Mio. Euro für das Gemeinwohl aufgewendet.

Stadtwerke Uelzen GmbH
Im Neuen Felde 105
29525 Uelzen
www.stadtwerke-uelzen.de

Leistungsspektrum
» Energie- und Wasserversorgung
» Betrieb des Uelzener Badelandes
  (Hallen- und Freibad)
» Betrieb des Öffentlichen Personen-
  nahverkehrs

Unternehmensphilosophie
Wir wollen mehr leisten als
nur Energieversorgung – wir
sind Uelzens Lebensqualitäts-
unternehmen Nummer 1.

Unternehmensverantwortung
Gesellschaftliche und soziale Verantwortung übernehmen wir als Ausbil-
dungsbetrieb, durch den Betrieb des
Freizeitbades, durch den Betrieb des
ÖPNV, durch Sponsoringaktivitäten,
durch die Unterstützung gesellschaftlicher Projekte u.v.m.

Unternehmensziele
Unser Ziel ist es, eine sichere und
nachhaltige Versorgung unserer
Kunden mit Energie und anderen
Dienstleistungen sicherzustellen.

Marktstrategie
Auf dem liberalisierten Energiemarkt
befinden wir uns in stetigem Wettbewerb. Wir verfolgen eine Markenstrategie. Dabei legen wir großen Wert auf
Nachhaltigkeit und eine Steigerung
der Lebensqualität für die Menschen
in Uelzen.

TeamBank AG
Rathenauplatz 12-18
90489 Nürnberg
www.easycredit.de

Leistungsspektrum
easyCredit ist Deutschlands erste und
bis heute einzige Ratenkredit-Produkt-
marke. easyCredit ist der faire Raten-
kreditexperte im Finanzverbund der
Volksbanken Raiffeisenbanken

Unternehmensvision
„Wir sind der verantwortungsbewusste
Partner für faire, sichere und innovative Finanzierungen und Schrittmacher
unserer Branche".

Unternehmensverantwortungen
Wir verstehen uns als ehrbare Kauf-
leute, denen ein zufriedener Nicht-
kunde lieber ist, als ein unzufriedener
Kunde. Mit unseren Werten wollen
wir dies sicherstellen.
» Wir übernehmen Verantwortung
» Wir verdienen uns Vertrauen
» Wir machen es einfach
» Wir begeistern Kunden
» Wir sind die Besten
» Wir sind ein Team
» Wir sind fair

Unternehmensziele
Bis 2013 will die TeamBank die
Marktführerschaft im deutschen
Ratenkreditmarkt erlangen. Die
Marke easyCredit soll die Erreichung
dieses Ziels unterstützen, indem sie
zur attraktivsten Marke im Raten-
kreditmarkt entwickelt wird.

Marktstrategie
Die Ziele sollen mit Hilfe einer wachs-
tumsorientierten Markenstrategie
erreicht werden, die den notwendigen
hausinternen Kulturwandel fördert
und die Kundenberater der ca. 12.000
VR-Bankfilialen und die Vorstände von
920 Genossenschaftsbanken einbindet
sowie die Kaufpräferenz bei den End-
kunden dramatisch erhöht.

Vodafone D2 GmbH
Am Seestern 1
40547 Düsseldorf
www.vodafone-deutschland.de

Leistungsspektrum
Integrierter Kommunikationsanbieter

Unternehmensvision
Wir waren Vorreiter bei der Integration
von Mobilfunk, Festnetz, Datendiensten
und Internet - alles aus einer Hand.
Doch wir wollen mehr: Wir wollen
der beste Kommunikationsanbieter
Deutschlands werden. Kunden sollen
von uns begeistert sein und uns für
unsere Leistung sowie unser Handeln
bewundern.

Unternehmensverantwortungen
Als großes Unternehmen sowie bedeu-
tender Arbeit- und Auftraggeber sind
wir uns unserer Verantwortung gegenüber Mitarbeitern, Umwelt und Gesellschaft bewusst. Wir nehmen diese
Verantwortung ernst und versuchen
sie jeden Tag aufs Neue mit Leben
zu füllen.

Unternehmensziele
Unsere Strategie ist simpel:
Wir machen Kunden zu Fans. Be-
geisterte Kunden bleiben einem
Unternehmen nicht nur länger treu,
sondern sie empfehlen es auch weiter.
Beides sind entscheidende Faktoren,
um in zunehmend gesättigten Märkten
Wachstum zu generieren.

Branchenumfeld
Mit einem Gesamtumsatz von über 42
Milliarden Euro gehört die Telekommunikation zu den bedeutenden
Industrien Deutschlands. Als großer
Spieler in diesem Zukunftsmarkt wollen wir unsere Branche anführen, sie
aktiv gestalten und mit Innovationen
überraschen.

Westfälische Provinzial Versicherung AG Provinzial-Allee 1 48159 Münster www.provinzial-online.de	Wüstenrot & Württembergische AG Gutenbergstraße 30 70176 Stuttgart www.ww-ag.com	ZEUS Zentrale für Einkauf und Service GmbH & Co. KG Franchise-Systemzentrale für hagebaumärkte Celler Straße 47, 29614 Soltau www.zeus-online.de

Leistungsspektrum
» Universalversicherer
» Service
» Kundennähe

Unternehmensphilosophie
Durch die enge Verbundenheit mit der Region kennt die Provinzial die Bedürfnisse ihrer Kunden sehr genau. Ein Garant für diese Kundennähe ist ein dichtes Vertriebsnetz. So wird die Westfälische Provinzial im besten Sinne als „immer da, immer nah" erlebt.

Unternehmensverantwortung
Sowohl besonderes Engagement der Vertriebspartner im geschäftlichen und gesellschaftlichen Leben, als auch die Unterstützung kultureller Einrichtungen in Westfalen oder der Ruf als guter Arbeitgeber zeichnen die Provinzial weiterhin aus.

Unternehmensziele
Das Unternehmensziel ist die Festigung der Marktführerschaft in Westfalen. Kundenbindung durch Intensivierung der Geschäftsbeziehungen im Kundenstamm sowie Neukundengewinnung in ausgewählten Zielgruppen stehen im Fokus der Vertriebs- und Marketing-Aktivitäten.

Marktstrategie
Die Westfälische Provinzial ist als regionaler Marktführer gut aufgestellt. Mit einer spontanen Markenbekanntheit von über 40 Prozent ist die Marktstellung in Westfalen gefestigt. Für den Großteil der Menschen ist die Provinzial die erste Wahl, wenn es um Versicherungen geht.

Leistungsspektrum
» Versicherung
» Bausparen
» Bank

Unternehmensphilosophie
Wüstenrot & Württembergische ist „DER Vorsorge-Spezialist" für Vermögensbildung, Wohneigentum, finanzielle Absicherung und Risikoschutz in allen Lebenslagen.

Unternehmensverantwortung
Durch unseren Beitrag zur bestmöglichen finanziellen Vorsorge breiter Bevölkerungsschichten ermöglichen wir den Menschen hohe Flexibilität bei größtmöglicher Sicherheit und bieten ihnen Verlässlichkeit, Transparenz und Stabilität.

Unternehmensziele
Mit dem Zusammenwachsen von Wüstenrot & Württembergische zu „DEM Vorsorge-Spezialisten" bieten wir finanzielle Rundum-Vorsorge aus einer Hand. Denn aus dem gemeinsamen Leistungsspektrum heraus können wir jedem Menschen seine persönliche Vorsorge-Lösung zusammenstellen.

Marktstrategie
Kein anderer Finanzdienstleister in Deutschland hat BausparBank und Versicherung als gleich starke Säulen so bedarfsorientiert miteinander verbunden.

Leistungsspektrum
» Baumarkt
» Gartencenter
» Zoocenter

Unternehmensphilosophie
Mit knapp 300 Standorten gehören die hagebaumärkte zu den TOP 5 im dt. Branchenranking. Als einziger Anbieter der Branche werden professionell die Chancen des Multichannel-Geschäfts über die Vertriebskanäle Stationärhandel, Internet- und Kataloggeschäft vernetzt genutzt.

Unternehmensverantwortung
Die Positionierung der hagebaumärkte setzt auf die Leistungsfähigkeit der regionalen Unternehmer. Das hagebaumarkt System unterstützt engagierte Standortbetreiber bei der Aufgabe, ihre Märkte langfristig rentabel und wettbewerbsfähig zu betreiben.

Unternehmensziele
Neben der Stabilisierung und dem Ausbau des Marktanteils profilieren sich die hagebaumärkte als Leistungsanbieter, um die Markenbekanntheit bundesweit zu steigern. Eine sich stetig erhöhende Kundenzufriedenheit gewährleistet dabei nachhaltige Kundenbindung.

Marktstrategie
hagebaumärkte positionieren sich als Komplettanbieter. Sie setzen auf ein glaubwürdiges Preis-/Leistungsverhältnis mit Qualität und Kompetenz. hagebaumärkte bieten nicht nur ein Vollsortiment sondern auch Komplettlösungen mit freundlicher, kompetenter Beratung und einem umfangreichen Serviceangebot in einer emotionalen und angenehmen Einkaufsatmosphäre

FINALISTEN & GEWINNER 2010

BESTE KOMMUNIKATION DER CORPORATE RESPONSIBILITY **FINALISTEN** Media-Saturn-Holding GmbH / Johanssen + Kretschmer Strategische Kommunikation GmbH / AUDI AG / B.Z. Ullstein GmbH / ING-DiBa AG / NATIONAL-BANK AG / Lidl Dienstleistung GmbH & Co. KG / comdirect bank AG / EASTPAK **GEWINNER** ABB AG /

BESTE WERBLICHE KOMMUNIKATION **FINALISTEN** Otto Bock HealthCare GmbH / Sedus Stoll AG / ZEUS Zentrale für Einkauf und Service GmbH & Co. KG / Stadtwerke Uelzen GmbH / Cognis GmbH / ECM Allianz Deutschland GmbH / Berlin Partner GmbH **GEWINNER** Deutscher Sparkassen- und Giroverband e.V. /

BESTE KOMMUNIKATION IM EVENT MARKETING **FINALISTEN** Otto GmbH & Co KG / Fressnapf Tiernahrungs GmbH / DZ BANK AG **GEWINNER** Otto Bock HealthCare GmbH /

BESTE INTERNE KOMMUNIKATION **FINALISTEN** FlexiTel TelefonService GmbH / MTU Aero Engines GmbH / Vodafone D2 GmbH / Otto GmbH & Co KG / Cognis GmbH / NATIONAL-BANK AG / **GEWINNER** Wüstenrot & Württembergische AG /

BESTE PUBLIC RELATIONS **FINALISTEN** AUDI AG / Deutsche Telekom AG / Philips GmbH **GEWINNER** Deutsche Post AG /

BESTE MARKENPOLITIK **FINALISTEN** Otto Bock HealthCare GmbH / TeamBank AG / Westfälische Provinzial / Versicherung AG **GEWINNER** Bundesverband der Deutschen Volksbanken und Raiffeisenbanken /

BESTE KOMMUNIKATION DER CORPORATE RESPONSIBILITY

Corporate Responsibility oder Corporate Social Responsibilty
heißt unternehmerische Verantwortung zeigen und Erfolg
an die Gesellschaft zurückgeben. Dies deutlich zu machen
erfordert besonderes kommunikationspolitisches Geschick.
Von besonderer Bedeutung ist es, die vielfältigen Bedürfnisse
interner und externer Zielgruppen zu erkennen und sich für
die Gesellschaft, Umwelt und Mitarbeiter zu engagieren.

FINALISTEN

» Media-Saturn-Holding GmbH

» Johanssen + Kretschmer
  Strategische Kommunikation GmbH

» AUDI AG

» B.Z. Ullstein GmbH

» ING-DiBa AG

» NATIONAL-BANK AG

» Lidl Dienstleistung GmbH & Co. KG

» comdirect bank AG

» EASTPAK

GEWINNER

» ABB AG

MEDIA-SATURN
FINALIST

DAS UNTERNEHMEN

Media-Saturn-Holding GmbH
Wankelstraße 5
85046 Ingolstadt
www.media-saturn.com

Verantwortlicher
Sven Jacobsen,
Leiter Unternehmenskommunikation

Partneragentur
Ketchum Pleon GmbH
www.ketchum.de

Branchenumfeld
Elektrofachmärkte

Gründungsjahr
1961 Saturn
1979 Media Markt

Mitarbeiter
über 60.000

Standorte
mehr als 800 Standorte in 16 Ländern

Kundenzahl
1,8 Millionen Kunden

DIE KAMPAGNE

POWERPLAY – ENERGIESPARKAMPAGNE VON MEDIA-SATURN

Kleine Handgriffe, große Wirkung: Mit einer internationalen Energiesparkampagne hat Media-Saturn im September 2009 alle 60.000 Mitarbeiter dazu angeregt, aktiv zu einem niedrigeren Energieverbrauch beizutragen.

Die Unternehmensgruppe übernimmt bereits seit vielen Jahren ökologische Verantwortung, indem sie unter anderem den Ressourceneinsatz in den Elektrofachmärkten und in der Hauptverwaltung in Ingolstadt reduziert. Die Mitarbeiter werden beispielsweise in Schulungen darüber informiert, wie sie Energie sparen können. Zudem erhöht Media-Saturn dank technischer Modernisierung kontinuierlich seine Energieeffizienz. Mit „Powerplay – Energiesparkampagne von Media-Saturn" hat die Unternehmensgruppe ein weiteres Instrument entwickelt, um den Strom- und Wärmebedarf zu senken. Das Ziel: Die gesamten Mitarbeiter dafür zu sensibilisieren, dass kleine Energiesparmaßnahmen in der Summe eine große Wirkung entfalten können. So ließe sich nach internen Berechnungen der Gesamtenergieverbrauch um 15 Prozent senken, wenn alle Mitarbeiter einfache Energiespartipps befolgten. Das würde zum einen die Umwelt entlasten und zum anderen Kosten im Unternehmen senken.

EINFACH HUMORVOLL

Der Startschuss für die Kampagne fiel im September 2009. Adressat war die gesamte Belegschaft von Media-Saturn in 16 europäischen Ländern: die Mitarbeiter und die geschäftsführenden Gesellschafter der Elektrofachmärkte von Media Markt und Saturn sowie die Angestellten in der Hauptverwaltung. Sie alle erhielten via Intranet Tipps, wie sie ihren Strom- und Wärmeverbrauch im Arbeitsalltag mit wenig Aufwand reduzieren können. Dafür wurden ausschließlich Maßnahmen ausgewählt, die sich einfach umsetzen lassen. Die Botschaft lautete: Sparen bedeutet nicht unbedingt Verzicht. Außerdem hatten sich die Macher der Kampagne vorgenommen, die Energiespartipps so zu formulieren, dass sie weder belehrend noch bevormundend wirken. Stattdessen setzten die Verantwortlichen auf eine humorvolle Präsentation von „Powerplay" im Intranet Media-Saturn Inside. Bereits auf der Startseite erschien ein so genanntes Rollover-Pop-up, das eine eigens entwickelte, animierte Figur zeigte. Diese erläuterte die 30 verschiedenen Energiespartipps mit einem kurzen Text.

Die Hinweise waren dabei auf drei unterschiedliche Zielgruppen zugeschnitten und wechselten je nach Kampagnentag. Mitarbeiter der Elektrofachmärkte wurden zum Beispiel daran erinnert, nach Arbeitsschluss elektrische Geräte auszuschalten; Angestellte der Hauptverwaltung erhielten unter anderem die Information, dass eine „um ein Grad erhöhte Heizleistung zu sechs Prozent mehr Energieverbrauch führt". Auch die geschäftsführenden Gesellschafter können Betriebskosten ihres Elektrofachmarkts reduzieren: etwa indem sie Fernsehgeräte erst kurz vor Ladeneröffnung einschalten. Das Rollover-Pop-up war so ausgesteuert, dass es pro Nutzer jeweils nur einmal in einem zweistündigen Zeitfenster erschienen ist. Damit sollte vermieden werden, dass die Kampagne aufdringlich wirkt.

GUT ANGEKOMMEN
Mit „Powerplay – Energiesparkampagne von Media-Saturn" hat sich die Unternehmensgruppe das Ziel gesetzt, einen weiteren Beitrag zur Entlastung der Umwelt zu leisten und gleichzeitig Energiekosten zu sparen. Dass der eingeschlagene Weg der richtige ist, belegen die zahlreichen positiven Reaktionen der Mitarbeiter aus den 16 Ländern, in denen die Kampagne zum Einsatz kam. Sie zeigen, dass „Powerplay" die Media-Saturn-Belegschaft dazu angeregt hat, noch intensiver über das Thema Energieverbrauch nach- und gegebenenfalls umzudenken.

DIE JURY

Die unternehmerische Verantwortung beginnt für die Media-Saturn-Holding GmbH bei ihren Mitarbeitern, die über zielgerichtete Kommunikationsinstrumente eng an die Werte der Unternehmensgruppe gebunden werden.

Mit der Kampagne „Powerplay" zeigt das Unternehmen, wie kreativ und mitreißend das soziale Engagement gestaltet und kommuniziert werden kann.

Zwei Wochen lang bekamen Mitarbeiter und Gesellschafter über das Intranet Energiespartipps, die sich im Alltag leicht umsetzen lassen. Die CR-Kampagne sollte die Mitarbeiter dafür sensibilisieren, sich mit dem Thema Energieverbrauch und Umweltschutz auseinanderzusetzen.

Die innovative und humorvolle Art der Vermittlung der Botschaft hat die Jury des Deutschen Preises für Wirtschaftskommunikation überzeugt. Dennoch fehlt, aus Sicht der Jury, die Präzision bei der Präsentation der Ergebnisse. Die konkrete Formulierung von Kennzahlen und die Rückkopplungsmöglichkeit seitens der Mitarbeiter hätten für größere Transparenz beim Erreichen der Ziele gesorgt.

Die Media-Saturn-Holding GmbH beweist, dass sie sich intensiv mit Themen von hoher gesellschaftlicher und sozialer Relevanz beschäftigt. Die Jury erkennt an, dass die CR-Maßnahme ein verinnerlichter Bestandteil des Corporate Behavior ist und gratuliert hiermit zum Finaleinzug.

1

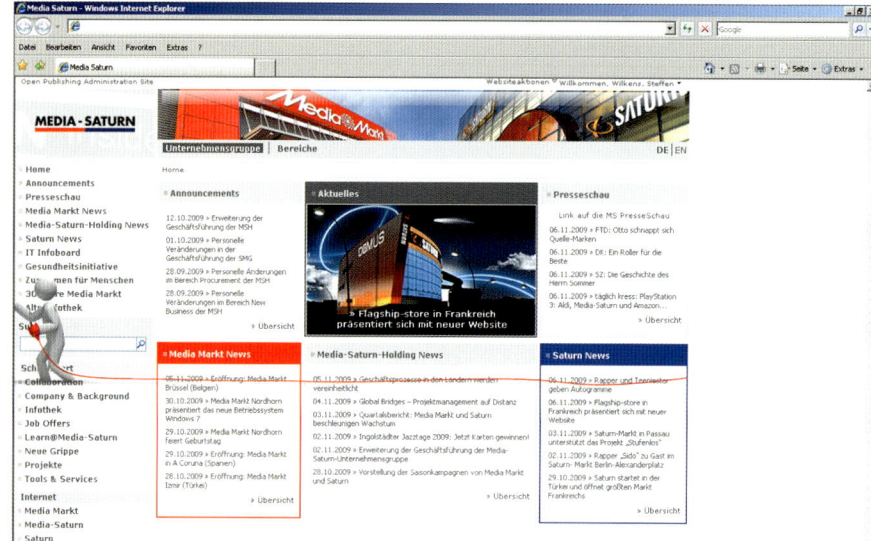

2

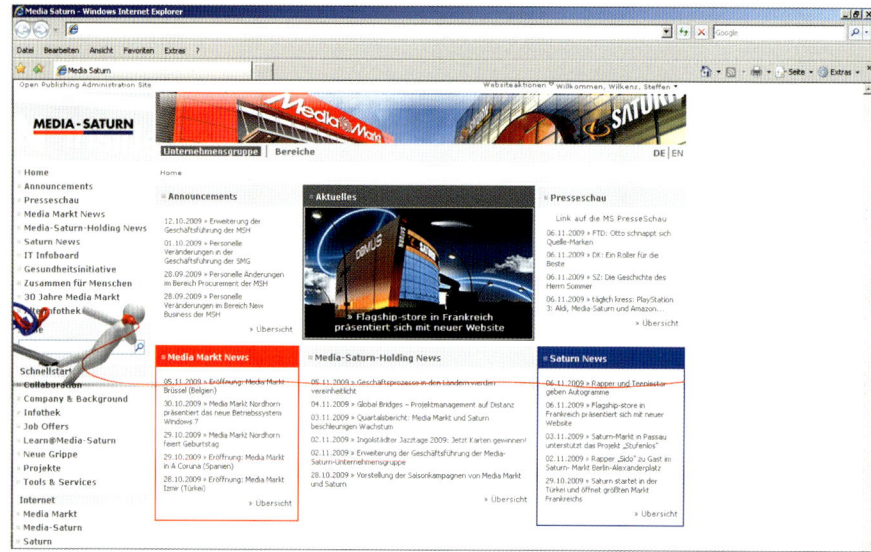

3

Bilderfolge Die Flash-Animation der Energiesparkampagne, die im Intranet Media-Saturn Inside zum Einsatz kam, zeigte je nach Tageszeit, Zielgruppe und Kampagnentag unterschiedliche Energiespartipps an.

JOHANSSEN + KRETSCHMER
FINALIST

DAS UNTERNEHMEN

Johanssen + Kretschmer Strategische
Kommunikation GmbH
Berliner Freiheit 2
10785 Berlin
www.jk-kom.de

Verantwortlicher
Heiko Kretschmer

Branchenumfeld
Kommunikationsbranche

Gründungsjahr
2000

Mitarbeiter
50 feste Mitarbeiter

Standorte
Hauptsitz in Berlin,
Projektbüros in Hamburg,
Wiesbaden und Bonn

DIE KAMPAGNE

WISSEN. WIRKUNG. WERTE. DER ERSTE CSR-BERICHT EINER KOMMUNIKATIONSBERATUNG IN DEUTSCHLAND

Johanssen + Kretschmer Strategische Kommunikation hat Corporate Social Responsibility – CSR – als Instrument der Wertschöpfung umfassend in das eigene Unternehmen integriert und betrachtet CSR als essentiellen Antrieb der eigenen Geschäftsentwicklung. Vor dem Hintergrund der Wirtschaftskrise führt J + K damit den Beweis, dass eine so verstandene CSR den Weg ebnet zu dauerhaftem unternehmerischen Erfolg und gesellschaftlichem Mehrwert.

AUSGANGSLAGE

Die Agentur ist überzeugt, dass Unternehmen nur dann erfolgreich am Markt operieren, wenn sie sich mit den Erwartungen und Anforderungen der eigenen Stakeholder auseinandersetzen. Seit seiner Gründung im Jahr 2000 hat J + K einen Beratungsansatz verfolgt, der auf nachhaltiges Agieren abzielt.
Im Juni 2008 hat die Geschäftsführung die Entscheidung getroffen, alle im Unternehmen vorhandenen Ansätze und Programme in eine umfassende CSR-Strategie einzubetten. An dieser Strategie wurden alle Aktivitäten ausgerichtet und anschließend gebündelt und priorisiert. Durch die Systematisierung konnten Lücken aufgedeckt und verdeutlicht werden, wo J + K in seinen CSR-Aktivitäten noch Entwicklungsmöglichkeiten hat.

ZIELE UND ZIELGRUPPEN

Die Veröffentlichung des CSR-Berichtes von J + K bildet innerhalb der CSR-Strategie den Auftakt zu einem systematischen Dialog mit den Stakeholdern. Nur über den Dialog kann J + K deren Wünsche und Bedürfnisse ermitteln. Das Ziel für J + K ist dabei, weiter zu lernen, das Angebot stetig zu verbessern und die Qualitätsführerschaft langfristig auszubauen.
Als wichtigste Zielgruppen der CSR-Aktivitäten von J + K wurden die aktuellen, zukünftigen und ehemaligen Mitarbeiter sowie die Kunden und potenziellen Kunden identifiziert. Darüber hinaus ist die Kommunikationsbranche eine wichtige Stakeholdergruppe. Nur als gesamte Branche kann dauerhaft die Bedeutung von Kommunikationsberatung in der Wertschöpfung von Unternehmen, Verbänden und Institutionen vermittelt werden.

DIE STRATEGIE

Der strategische Ansatz für die CSR von J + K umfasst drei inhaltliche Schwerpunkte:
» *Ethik und Business* – J + K vertritt einen nachhaltigen und an klaren Werten orientierten Beratungsansatz.
» *Soziale Verantwortung* – Die Belegschaft ist das größte Kapital für eine qualitativ hochwertige Beratung auf Augenhöhe. J + K betreibt daher eine intensive und nachhaltige Personalpolitik.
» *Ökologie und Klimaneutralität* – J + K hat sich mit allen ökologischen Aspekten des eigenen Handelns auseinandergesetzt und verpflichtet sich, rückwirkend ab 2006 eine klimaneutrale Kommunikationsagentur zu sein.

DIE UMSETZUNG

Die Entscheidung, alle bisherigen Aktivitäten im Unternehmen zu einer umfassenden CSR-Strategie weiterzuentwickeln, wurde im Juni 2008 getroffen. Es folgte schnell die Entscheidung, als Instrument rückblickend für den Berichtzeitraum 2006/2007 einen CSR-Bericht zu erstellen. Der Bericht sollte sich vollständig am aktuellen Berichtsrahmen G3 der Global Reporting Initiative (GRI) orientieren.

Der CSR-Bericht, der im Dezember 2008 erschien, markiert einen wichtigen Meilenstein in der Umsetzung der CSR-Strategie von J + K. Die Veröffentlichung bedeutete den Beginn eines Dialoges mit den externen Bezugsgruppen von J + K.

ETHIK UND BUSINESS

Ergebnis der fundierten Beschäftigung mit dem Thema Ethik und Business ist der Code of Business von J + K. Er legt zunächst ein eindeutiges Bekenntnis zum Code d'Athène sowie zum Code de Lisbonne ab.

Er erläutert dann, wie die Branchenkodices auf die konkrete, tägliche Arbeit heruntergebrochen werden können und gibt konkrete Handlungsanweisungen. Damit dient er als konkretes Leitbild und Arbeitshilfe im täglichen Umgang mit den Kunden.

Der Code of Business wurde im Sinne der abgeschlossenen Arbeitsverträge als Teil der Agenturordnung angelegt und ist somit für alle Mitarbeiterinnen und Mitarbeiter verbindlich. Seine Einhaltung wird von der Geschäftsleitung überprüft.

SOZIALE VERANTWORTUNG

Um die besten Köpfe im Markt zu gewinnen, betreibt J + K bereits seit vielen Jahren ein aufwändiges, mehrstufiges Recruiting-Verfahren. J + K geht es vor allem darum, High Potentials eine langfristige Perspektive zu bieten und sie an das Unternehmen zu binden.

Bereits seit dem Jahr 2006 wurde intensiv an einem hochwertigen Aus- und Fortbildungskonzept gearbeitet, das in dieser Form einzigartig in der Branche ist. Im November 2007 wurde daraus ein schlüssiges Gesamtprogramm geschaffen, das die Aus- und Fortbildung auf allen Hierarchieebenen sichert.

J + K bietet darüber hinaus flexible Arbeitsverträge mit Home-Office-Möglichkeiten, Teilzeitarbeit und Arbeitszeitkonten.

ÖKOLOGIE UND KLIMANEUTRALITÄT

Die Möglichkeiten, den Energieverbrauch einzuschränken, sind für das Unternehmen eher gering. Der Schwerpunkt wurde deshalb darauf gelegt, bei Investitionen auf umweltfreundliche Neubeschaffung zu achten. Seinen eigenen Papierverbrauch hat J + K auf Papier aus FSC-zertifiziertem Holz umgestellt.

Darüber hinaus wird sich die Agentur rückwirkend ab dem Jahr 2006 klimaneutral stellen.

DIE JURY

Johannsen + Kretschmer hat als eine der ersten Kommunikationsberatungsunternehmen in Deutschland das Thema CSR für sich entdeckt und genutzt. Mit dem CSR-Bericht, der unter dem Unternehmensclaim „Wissen. Wirkung. Werte." steht, streben sie einen offenen Dialog mit den Stakeholdern des Unternehmens an.

Diesen Dialog schätzt die Jury des Deutschen Preises für Wirtschaftskommunikation als sehr wichtig und glaubwürdig im Umgang mit der Zielgruppe, den aktuellen, zukünftigen und ehemaligen Mitarbeitern und Kunden, ein.

Die strategische Einteilung in Ethik und Business, Soziale Verantwortung und Ökologie und Klimaneutralität ermöglichte es Johannsen + Kretschmer, Entwicklungspotentiale zu erkennen und die taktische Planung einzelner Maßnahmen genau auf diese abzustimmen.

Wünschenswert wäre eine Einbeziehung weiterer Stakeholder gewesen, die nicht unmittelbar am Geschäftskern beteiligt sind.

Dennoch ist ihr Engagement für die Steigerung des wahrgenommen Qualitätsniveaus der gesamten Branche durch die Stakeholder auszeichnungswürdig, weshalb Johannsen + Kretschmer verdient einen Finalplatz erhalten.

1

2

1/2 Der CSR-Bericht, der im Dezember 2008 erschien, markiert einen wichtigen Meilenstein in der Umsetzung der CSR-Strategie von J + K. Die Veröffentlichung bedeutete den Beginn eines Dialoges mit den externen Bezugsgruppen von J + K. Der Bericht orientiert sich vollständig am aktuellen Berichtsrahmen G3 der Global Reporting Initiative (GRI).

3 Am 11.06.2009 hat J + K zu einer Stakeholder-Veranstaltung mit dem Titel „CSR in der Krise" eingeladen. Sie war der Frage gewidmet, ob CSR in einer Krise steckt, weil allerorts die Auswirkungen der Finanzkrise zunehmen, oder ob CSR die einzig erfolgreiche Strategie in der Krise ist.

4 Auf dem Podium von links nach rechts: Matthias Thorns, CSR-Verantwortlicher der Bundesvereinigung der Deutschen Arbeitgeberverbände (BDA), Heiko Kretschmer, Geschäftsführer von J + K, Sabine Baun, Gruppenleiterin im Bundesministerium für Arbeit und Soziales (BMAS) und Heike Leitschuh, Moderatorin.

3

4

AUDI AG
FINALIST

DAS UNTERNEHMEN

AUDI AG
85045 Ingolstadt
Deutschland
www.audi.de

Verantwortliche
» Jürgen De Graeve,
  Leiter Kommunikation Unternehmen
» Anne Lenartz,
  Pressesprecherin Produktion

Partneragentur
hermann reil media concept
www.reil-mediaconcept.de

Branchenumfeld
Automobilindustrie

Gründungsjahr
1909

Mitarbeiter
ca. 58.000 weltweit,
davon 45.400 in Deutschland

Standorte
Ingolstadt, Neckarsulm, Györ (Ungarn),
Changchun (China), Brüssel (Belgien)
und Aurangabad (Indien)

DIE KAMPAGNE

(Z)EICHEN SETZEN

Klimaschutz und ökologische Verantwortung sind Unternehmensgrundsätze der AUDI AG. Bereits seit Jahren setzt der Premiumhersteller auf die konsequente Ressourcenschonung bei seinen Produkten und deren Fertigung, weit über die gesetzlichen Anforderungen hinaus.

Der Audi-Umweltschutz endet jedoch nicht am Werkstor – vielmehr verfolgt er einen ganzheitlichen Ansatz auch jenseits der unmittelbaren Wertschöpfungskette. Das hier vorgestellte Umwelt-Projekt steht beispielhaft für den Audi-Weg: Es soll das gesellschaftliche Bewusstsein schärfen, einen Beitrag zur Umwelt-Bildung leisten und ein nachhaltiges Mensch-Umwelt-System fördern.

NACHHALTIGKEIT DENKEN - VIELFÄLTIG HANDELN

Audi hat seine Kampagne als Staffelung von drei Maßnahmen im Sinne einer integrierten Kommunikation umgesetzt:

In einem ersten Schritt wurde im Jahr 2009 die Audi Stiftung für Umwelt gegründet. Ihre Aufgaben sind unter anderem der Schutz der natürlichen Lebensgrundlage von Menschen, Tieren und Pflanzen, die Förderung wissenschaftlicher Arbeiten, die zu einem nachhaltigen Mensch-Umwelt-System beitragen, sowie die Förderung der Entwicklung von umweltverträglichen Technologien fernab vom Automobil.

In einem zweiten Schritt hat Audi sein Umweltmagazin „Dialoge" in einer Print- und Onlineversion veröffentlicht. „Dialoge" stellt den Audi-Umweltschutz in seiner Vielfalt vor. Im Mittelpunkt steht dabei immer der Mensch und sein persönliches Engagement – der entscheidende Erfolgsfaktor für ökologisch verantwortliches Wirtschaften. In anschaulichen Reportagen bieten sich dem Leser faszinierende Blicke hinter die Kulissen der AUDI AG, ergänzt durch einen umfangreichen Daten- und Faktenteil. „Dialoge" ist bewusst kein klassischer Rating-Bericht – als progressives Umweltmagazin ist es inspirierende Lektüre nicht nur für das Fachpublikum und schafft so Nähe zur Zielgruppe.

„Dialoge" stellt auch die erste Maßnahme der Audi-Umweltstiftung vor: das deutschlandweit einmalige Forschungsprojekt „CO2-Speicher Eichenwald", das Audi zusammen mit der Technischen Universität München initiiert hat. In der Nähe des Ingolstädter Unternehmenssitzes wurden rund 36.000 Eichen gepflanzt – in einer besonderen wissenschaftlichen Versuchsanordnung. Denn die Wiederaufforstung nach Zerstörung durch Borkenkäfer, Trockenheit und Sturm ist zugleich ein riesiges Forschungslabor. In ihm erhoffen sich die beteiligten Wissenschaftler, eine der Schlüsselfragen nachhaltiger Bewirtschaftung zu erforschen: Wie bedingen sich gegenseitig die Bestandsdichte der Pflanzung, ihr CO2-Bindungspotenzial und die erzeugte biologische Vielfalt (Biodiversität)? Dazu ist das Projekt nachhaltig auf 100 Jahre angelegt und bezieht auch den Einfluss unterschiedlicher klimatischer Voraussetzungen ein: Ausgehend von der Pilotfläche nahe Ingolstadt wird in den kommenden Jahren die internationale Ausweitung des Forschungsvorhabens erfolgen.

VERANTWORTUNG LEBEN

Als dritter Schritt folgte die Kick-Off-Veranstaltung zur Audi-Umweltstiftung mit der Vorstellung des Forschungsprojekts. Sie bot den Gästen unmittelbar vor Ort Einblick in das einzigartige Projekt – in einem behutsam in die Pflanzung integrierten Holzpavillon auf Stelzen, einem Hochsitz zur weiteren Nutzung durch die Technische Universität München sowie einem eigens errichteten Waldlehrpfad. Außerdem hatte jeder Veranstaltungsteilnehmer die Möglichkeit, selbst eine Eiche zu pflanzen.

Die genutzten Kommunikationsinstrumente waren vielfältig:
Den Versand der Pressemitteilung mit Foto- und Footagematerial ergänzte eine Pressemappe, die den Gästen sowohl digital als auch in gedruckter Form sowie als USB-Stick mit Texten (Pressetext und Glosse), Fotos und Filmmaterial (Footage und Videostatements) zur Verfügung stand. Außerdem wurden eine Internetseite auf www.audi.de/com angelegt sowie Filme auf Youtube veröffentlicht. Vor Ort waren Vertreter von Print-, TV-, Hörfunk- und Online-Medien sowie die interne Audi-Kommunikation zu Gast.

Bei allen drei Maßnahmen spielte die Transparenz und die aktive Kommunikation nach innen und außen eine wichtige Rolle. Audi will mit der vorgestellten Kampagne das Thema „Gesellschaftliches Engagement" an interne wie externe Stakeholder zielorientiert vermitteln. Zielgruppen waren deshalb Print-, TV- und Hörfunk-Medien, aber auch Politik, Non-Profit-Organisationen, Verbände, die Bevölkerung an den jeweiligen Standorten sowie Mitarbeiter und Management im eigenen Unternehmen. Die Kampagne war hervorragend geeignet, das Profil von Audi im Umweltschutz und das Umweltimage des Unternehmens zu schärfen – ein kontinuierliches und umfassendes Monitoring hat dies deutlich gezeigt.

Dabei sind alle vorgestellten Maßnahmen langfristig und konsistent ausgerichtet. So ist zum Beispiel „Dialoge" als Veröffentlichungsreihe konzipiert – nach dem Umweltmagazin wird im Mai dieses Jahres ein Nachhaltigkeitsmagazin erscheinen.

DIE JURY

„Audi handelt grün" - unter diesem Motto hat es sich die Audi AG zur Aufgabe gemacht, das Wissenschaftsprojekt „CO2 Speicher Eichenwald" ins Leben zu rufen. In enger Zusammenarbeit mit der TU München, welche das Projekt aktiv begleitet, wird dieses dem Markenslogan „Audi - Vorsprung durch Technik" gerecht.

Umweltschutz und gesellschaftliche Verantwortung zu übernehmen, ist für die Audi AG zu einem wichtigen Differenzierungsmerkmal geworden. Der aktive Dialog vor Ort durch Führungen von Schulklassen und der Print und Onlinedialog durch das Umweltmagazin erreichen eine breite Öffentlichkeit.

Es muss Überzeugungsarbeit geleistet werden, wenn man bedenkt, dass die Abgase von Autos zu einer hohen Umweltverschmutzung beitragen. Die Zukunft wird zeigen, wie nachhaltig und konsequent die Audi AG das Projekt „CO2 Speicher Eichenwald" betreibt. Weitere Projekte sind in Planung und wir freuen uns darüber, dass der Premium Automobilhersteller das Problem erkannt hat und handelt.

Die Jury erhielt einen guten Einblick in die langfristig geplanten Prozesse und war erfreut über die bisher erreichten Ergebnisse. Die professionelle Art und die Langfristigkeit des Projektes „CO2 Speicher Eichenwald" überzeugten und ermöglichten der Audi AG den Einzug ins Finale.

1

2

4

3

1 36.000 Eichen sind nahe Ingolstadt gesetzt, zusammen ergeben sie den Startschuss für eine einzigartige Forschungsinitiative: In Kooperation mit den Bayerischen Staatsforsten und dem Lehrstuhl für Waldwachstumskunde der Technischen Universität München hat Audi das Wissenschaftsprojekt „CO2-Speicher Eichenwald" ins Leben gerufen.

2 Ein Holzpavillon wurde für diese Aktion im Köschinger Forst errichtet.

3 Photovoltaik-Anlagen auf dem Audi Forum in Ingolstadt

4 Frank Dreves, Vorstand Produktion der AUDI AG in der Kraft-Wärme-Kälte-Kopplungsanlage am Standort Ingolstadt

B.Z. ULLSTEIN GMBH
FINALIST

B.Z. Ullstein GmbH
Neues Kranzler Eck
Kurfürstendamm 21/22
10874 Berlin
www.bz-berlin.de
www.berliner-helden.com

Verantwortliche
Bettina Suckert-John,
Bereichsleitung Marketing / Vertrieb

Partneragenturen
» Scholz & Friends Reputation
www.s-f.com/reputation
» Scholz & Friends Agenda
www.s-f.com/agenda

Branchenumfeld
Verlagswesen, Medien

Gründungsjahr
1877

Mitarbeiter
ca. 145

DAS PROJEKT

Entsprechend der allgemeinen Logik von CSR-Vorhaben im gesellschaftlichen Feld geht es bei den „Berliner Helden" darum, ein gesellschaftlich relevantes Thema voranzubringen, dabei aber gleichzeitig auch als Unternehmen zu profitieren. Für das Projekt „Berliner Helden" hat sich die B.Z. daher das Ziel gesetzt, die institutionalisierte Freiwilligenarbeit- und Ehrenamtsszene in Berlin zu unterstützen sowie nachhaltig mehr Engagement in der Stadt zu bewirken. Dabei sollen die Sichtbarkeit des Ehrenamtssektors erhöht werden und die Anzahl der Freiwilligen in bestehenden und neu entwickelten Projekten gemeinnütziger Träger gesteigert werden. Erwartet wurde dabei, dass auch die Wahrnehmung der B.Z. in der Öffentlichkeit steigt und die B.Z. sich für neue Zielgruppen und Leser öffnet.

Auf den für das Projekt reservierten Seiten in der B.Z. werden seit Oktober 2009 nicht nur täglich Projekte und Einrichtungen vorgestellt, die ehrenamtliche Mithilfe benötigen. Gleichzeitig kommen auch Berichten über erfolgreiche Hilfsaktionen und engagierte Bürger große Bedeutung zu. So wird das freiwillige Engagement nicht nur als Notwendigkeit, sondern auch als Gewinn für alle Beteiligten präsentiert.

Damit die B.Z. dem hohen Anspruch des Vorhabens gerecht werden konnte, wurde eine eigene Organisationsstruktur für die Berliner Helden aufgebaut. Beteiligt sind mehrere Einheiten: Zentral ist das „Heldenbüro" in der Abteilung Marketing. Diese ist nicht nur für die Außenkommunikation des Projektes verantwortlich, sondern richtete auch eine telefonische Hotline für potenzielle Helfer, Vertreter von Hilfsprojekten oder allgemein Interessierte ein. Hinzu kommt das Redaktionsteam, das Reportagen zu den Projektaufrufen oder Erfolgsstorys in Bild und Text erstellt.
Neben diesem internen Kernteam wurde ein Expertenkreis aufgebaut, der zwei bis drei Mal pro Monat tagt. In ihm sind mit dem NABU Berlin, dem Landesjugendring, Stiftung GuteTat.de, Treffpunkt Hilfsbereitschaft und BürgerAktiv zentrale Protagonisten der Freiwilligenszene von Berlin vertreten. Er dient als Verbindungsglied zwischen den kleinteiligen, lokalen Ehrenamtsstrukturen der Stadt. Kernaufgaben des Expertenkreises sind die Rückmeldungen zu konzeptionellen Fragen und die Bewertung von Engagementprojekten auf ihre Eignung und Relevanz für die Anbindung an die „Berliner Helden". Die CSR- und PR-Experten der Agentur Scholz & Friends helfen bei der generellen Projektsteuerung und der Gestaltung der Kampagne.

DIE KAMPAGNE

Zur Positionierung der „Berliner Helden" wurde eine integrierte Strategie entwickelt und umgesetzt. Voraussetzung für die Kommunikation nach außen war bei den „Berliner Helden" ein substanzielles Handeln und klarer Mehrwert für die Freiwilligenszene. Es war im Vorfeld bewusst, dass kritisch beäugt werden könnte, wenn eine Boulevardzeitung das Thema Ehrenamt adressiert. Um erfolgreich zu sein, musste die inhaltliche Konzeption daher mit längerfristigem Handeln und erkennbaren Erfolgen für das Ehrenamt unterlegt sein. So wurde die Laufzeit der Kampagne bereits zu Beginn auf mindestens drei Monate festgelegt. Aufgrund der hervorragenden Resultate und positiven Rückmeldungen wurde inzwischen bereits die Fortsetzung bis Sommer 2010 entschieden.

Die Kampagnenplanung sicherte in ausgewählten Kernwochen eine starke Präsenz der „Berliner Helden" im öffentlichen Raum Berlins. In einer ersten Phase zwei Wochen vor Projektstart wurde mittels zweier verschiedener Motive – einem verwahrlosten Spielplatz und einem heruntergekommenen Klassenzimmer – der Handlungsbedarf für Engagement dargestellt. In der zweiten Phase zum Auftakt des Projektes wurde zu diesen Szenarien ein „Nachher-Motiv" platziert: Ganz normale Berliner im Einsatz sorgen dafür, dass die Missstände behoben werden. Die City Light Poster wurden durch entsprechende Anzeigen in B.Z., Bild Berlin und Berliner Morgenpost ergänzt. Zeitgleich wurden in den großen Berliner Radiosendern (Spreeradio, BB Radio, Radio Fritz, Radio eins, Berliner Rundfunk sowie in sechs weiteren Stationen) Radio-Spots mit analogen Botschaften und auf TV Berlin ein TV-Spot geschaltet. Da klagt der typische Berliner Mecker-Opa in der ersten Phase die Missstände auf dem Spielplatz und im Klassenzimmer an und freut sich in der Nachher-Phase darüber, dass sich alles zum Guten gewandelt hat. Diese Aktivitäten sicherten eine hohe Wahrnehmbarkeit des Themas. Beworben wurde in allen Formaten die Online-Plattform www.berliner-helden.com, die sich zur zentralen Schnittstelle und Informationsplattform für Interessierte und Experten entwickelte. Auch alle Partner Organisationen wurden eingeladen, das Projekt vorzustellen und die Seite zu verlinken. Dazu wurden Banner erstellt, damit das Key Visual auch online verbreitet werden kann.

Neben diesen klassischen Maßnahmen wird das B.Z.-Engagement auch über Aktionen und Einrichtungen kommuniziert, die grundlegend für den Aufbau des Projektes sind:
» Initialworkshops für Vertreter der Freiwilligenszene und für interessierte Unternehmensvertreter.
» Webplattform www.berliner-helden.com mit Suchfunktion für Ehrenamtsprojekte, die auf die zentralen Datenbanken der Freiwilligenszene Berlins zugreift.
» Tägliche Doppelseite in der B.Z. als „Berliner Helden"-Seite.
» Redaktionelles: Aufrufe zum Mitmachen bei konkreten Projekten und Berichte über erfolgreiche Umsetzungen (Online/Print)
» Berliner-Helden-Pin für alle Mitwirkenden bei Helden-Einsätzen.
» Rubrik „Helden des Tages" (Online/Print)

FAZIT

Die B.Z. setzt mit den „Berliner Helden" auf innovative und nachhaltige Weise auf gesellschaftliche Veränderung und nutzt dafür neben aktivierenden Marketingmaßnahmen in großem Umfang auch ihre redaktionellen Möglichkeiten. Der Mut, sich mit unbequemen und B.Z.-kritischen Protagonisten aus der Zivilgesellschaft zusammenzutun und gemeinschaftlich ein Thema zu bewegen, zeichnet den Träger aus. Der gesellschaftliche Erfolg und die positive Imagewirkung nach nur drei Monaten gibt der B.Z. Recht darin, für Marketingziele den CSR-Weg zu gehen.

DIE JURY

Gesucht werden die „Berliner Helden". Nach diesem Motto startete im Herbst 2009 das CSR-Projekt der B.Z. Ullstein GmbH. Die hervorragend aufbereiteten Bewerbungsunterlagen und der tiefe Einblick in die Kampagne ermöglichten der Axel Springer Tochter den Einzug ins Finale.

Ehrenamtliches Handeln und bürgerliches Engagement soll besonders im Großraum Berlin gefördert werden. Es gibt ein großes Potenzial an unterstützungswürdigen, sozialen Projekten, dieses hat die B.Z. Ullstein GmbH erkannt und im CSR-Projekt „Berliner Helden" verarbeitet.

Verantwortung für die soziale Umwelt übernehmen, Mitarbeiter aktivieren und involvieren; dies alles sind wichtige Komponenten der CSR im Unternehmen. Kurzfristige Erfolge sind schön, der wahre Erfolg zeigt sich aber erst nach intensiver Recherche und Überprüfung der Kennzahlen.

Die Jury ist überzeugt von der Arbeit der B.Z. Ullstein GmbH und der Partneragentur Scholz & Friends Reputation, wünscht sich allerdings noch mehr breites öffentliches Interesse und fremde, neutrale Berichterstattung.

1

2

1 Agenda Setting: In der Aktivierungsphase wird die Aufmerksamkeit über Problemdarstellungen erhöht.

2 Eine Woche später wird zum Auftakt die „Lösung" (und die Idee der „Berliner Helden") präsentiert.

3 Die Präsentation von Aufrufen zur Mithilfe hat der Freiwilligenszene in Berlin großen Zuwachs beschert.

4 Aber auch die Darstellung erfolgreicher Einsätze vermittelt den positiven, aktivierenden Ansatz der „Berliner Helden".

ING-DIBA
FINALIST

DAS UNTERNEHMEN

ING-DiBa AG
Projektleitung
Theodor Heuss Allee 106
60486 Frankfurt am Main
www.ing-diba.de

Verantwortliche
» Dr. Ulrich Ott,
  Leiter Unternehmenskommunikation
» Eliza Manolagas,
  Projektleitung

Branchenumfeld
Deutsche Finanzinstitute/
Direktbanken

Mitarbeiter
2.750 Mitarbeiter

Standorte
Frankfurt am Main, Hannover,
Nürnberg

Kundenzahl
6,8 Millionen Kunden

DIE KAMPAGNE

Besonderen Wert legt die ING-DiBa auf ihre eher untypische Unternehmenskultur, die gekennzeichnet ist durch flache Hierarchien und offene Kommunikation. Diese Grundvoraussetzung sowie die Ergebnisse der Mitarbeiterbefragung „Great Place to Work" des Jahres 2005 gaben den Ausschlag, die Mitarbeiter in das Zentrum des neu entstandenen CSR-Programms FAIRantwortung zu stellen. Die Analyse der Erhebung zeigte, dass die Belegschaft offensichtlich Möglichkeiten vermisste, sich – neben ihrer täglichen Arbeit – aktiv ins Unternehmen einzubringen. Da sich bereits zu diesem Zeitpunkt viele Mitarbeiter in ihrer Freizeit ehrenamtlich in Vereinen engagierten, entstand die Idee von „We care" – einem internen Förderprogramm, über das jeder Mitarbeiter mit seinem Verein um eine finanzielle Unterstützung von jeweils 1.000 Euro bewerben kann. Dabei ist „We care" keinesfalls eine monologische Initiative der Bank: Vielmehr basiert sie auf dem bereits vorhandenen gesellschaftlichen Engagement von Mitarbeitern und soll dazu anregen, sich ebenfalls für die Gemeinschaft einzusetzen. Das finanzielle Anreizsystem eröffnet dem Mitarbeiter die Möglichkeit, dort persönlich als „Sponsor" aufzutreten, wo er sich engagiert. Insgesamt ruht das CSR-Programm „FAIRantwortung" auf fünf Säulen: Mitarbeiter, Verbraucheraufklärung, Basketball, Bildung und Umwelt. Die längste Tradition hat zweifelsohne die Verbraucheraufklärung, welche die Bank durch die Vergabe des Helmut Schmidt-Journalistenpreises für herausragende Leistungen im Bereich der kritischen Verbraucherberichterstattung unterstützt. Seit 2003 ist die ING-DiBa sowohl Hauptsponsor des Deutschen Basketballbundes als auch des NBA-Spielers Dirk Nowitzki. In Kooperation mit den beiden Sponsoringpartnern wurde mit der Einführung von FAIRantwortung die Sportförderung um zahlreiche Nachwuchsprojekte erweitert. Im Bereich Bildung beteiligt sich die ING-DiBa unter anderem als einer der größten UNICEF-Partner an dem internationalen Bildungsprojekt „Schulen für Afrika". Des Weiteren engagiert sich die Bank für einen nachhaltigen Umgang mit natürlichen Ressourcen. Beispiele sind die Vergabe von symbolischen Baumpatenschaften an ihre Mitarbeiter oder das „Jobticket".

DIE ZIELE
Das Programm FAIRantwortung im Allgemeinen und „We care" im Besonderen soll es der Belegschaft in großer Zahl ermöglichen, aktiv an den CSR-Initiativen teilzunehmen und, wo möglich, diese auch mitzugestalten. Deshalb werden die Aktionen möglichst gleichmäßig über die Standorte Frankfurt, Hannover und Nürnberg verteilt. Eine kontinuierliche Kommunikation über die Projekte und eine Auszeichnung herausragender Einsätze helfen die Teilnahme an „We care" stetig zu erhöhen. Die Initiativen, die mit der Unternehmenskultur der Bank im Einklang stehen, sollen deren Grundsätze erlebbar machen und auf diesem Wege die Mitarbeiterzufriedenheit sowie deren positive Identifikation mit dem Unternehmen steigern. Aber auch die externen Stakeholder werden über FAIRantwortung durch den jährlich erscheinenden CSR-Report informiert.

DIE UMSETZUNG
Vor allem mit bereits bestehenden internen Kommunikationstools wird „We care" umgesetzt. Jeder Mitarbeiter kann im Intranetportal sein gesellschaftliches Engagement vorstellen und für seinen Verein eine Förderung beantragen. Dabei funktio-

niert „We care" gemäß der Philosophie der Bank: Offen, direkt und unbürokratisch. Lediglich die Gemeinnützigkeit eines Vereins muss bestätigt sein und sein Tätig- keitsprofil dem allgemeinen Rahmen rechtsstaatlicher Erfordernisse in Deutsch- land entsprechen. Jede Aktivität kann jeweils im Frühjahr eingereicht und mit maxi- mal 1.000 Euro pro Jahr unterstützt werden. Nach erhaltender Spende berichten dann Mitarbeiterzeitschrift und Intranet regelmäßig über „We care"-Projekte. Diese Artikel, Plakat-Aktionen und Events machen das Programm bekannt und moti- vieren weitere Mitarbeiter zur Teilnahme.

An jedem Standort der Bank können sich Mitarbeiter für die Aufgabe eines FAIR- antwortungsbotschafters bewerben. Als Auswahlkriterien gelten bestehendes so- ziales Engagement, Bereitschaft, koordinierende Aufgaben bei Projekten sowie die Standortkommunikation zu übernehmen. Die Botschafter sollten beispielhaft von ihrem Engagement im Rahmen von FAIRantwortung berichten und auf diesem Weg den Kerngedanken des Programms in ihrem direkten Kollegenkreis verbreiten. Gleiches verfolgt auch die „ING-DiBa Task Force". Dabei handelt es sich um Projekte aus „We care-Vereinen", aber auch von der Bank initiierten Aktionen mit externen Kooperationspartnern. Interessierte Mitarbeiter sind für das Projekt einen Tag von ihrer Arbeit freigestellt, um die Vereine oder wohltätigen Träger zu unterstützen. Ein weiteres Instrument ist der einmal im Jahr verliehene „PR-Award". Auf einer festlichen Veranstaltung gewinnen Mitarbeiter Preise, die entweder ein besonders beeindruckendes Projekt eingereicht haben oder mit ihrem Engagement in außer- ordentlichem Umfang in den, meist lokalen, Medien präsent waren. In Anwesenheit des Vorstands erhalten die Gewinner eine finanzielle Zuwendung und eine Würdi- gung in den internen Medien.

DIE ERGEBNISSE

In den letzten beiden Jahren wurde die Infrastruktur für eine intensive Beteiligung der Mitarbeiter an FAIRantwortung konsequent weiterentwickelt. Mit Erfolg: In- zwischen beteiligt sich jeder sechste Mitarbeiter an „We care". Außerdem inves- tieren inzwischen immer häufiger Mitarbeiter Urlaubstage, um für eine gute Sache zur Verfügung zu stehen. 2009 konnte das Corporate Volunteering-Programm einen erneuten Teilnahmerekord aufweisen: Rund 400 Mitarbeiter freuten sich über die Spende von 1.000 Euro für ihre Vereinskasse. Insgesamt setzte die Bank in den letz- ten fünf Jahren für „We care" rund 1,5 Millionen Euro ein.

Anhand der Mitarbeiterbefragung „Great Place to Work" ist festzustellen, dass „We care" einen eindeutigen positiven Effekt auf die Wahrnehmung des Unter- nehmens hat, insbesondere in den Kategorien Glaubwürdigkeit, Wertschätzung und Stolz. Viele Mitarbeiter werden inzwischen von Kollegen motiviert, sich sozial zu engagieren. FAIRantwortung trägt dazu bei, die Kernbotschaften der Unterneh- mensstrategie, insbesondere Fairness und Verantwortung, nachhaltig und produk- tiv zu verankern. Nicht nur für die Bindung des Mitarbeiters an das Unternehmen, sondern auch für die Qualität des Kundenkontakts ist dies ein entscheidender Faktor.

DIE JURY

Mit dem Programm FAIRantwort- ung übernimmt die ING-DiBa im Rahmen der Kommunikation der Corporate Responsibilty in der Tat „Verantwortung". Innerhalb des Projektes FAIRantwortung entstand das Programm namens „We Care".

Es gibt den Mitarbeitern die Möglich- keit, sich außerhalb der täglichen Arbeit in das Unternehmen zu integrieren, um sich zweckmäßig und sinnreich zu engagieren. Hervorzuheben ist, dass „We Care" im Dialog zwischen Mitarbeitern und Stakeholdern geschaffen wurde und dabei auf die Strategie der Bank – offen, direkt und unbürokratisch – abgestimmt ist.

Eine hohe Teilnehmerzahl an der CSR-Initiative und aktive Mitge- staltung beschreiben die Zielsetzung von „We Care". Einen erheblichen Beitrag zum Erfolg der Kampagne leisten die stetige Kommunikation der Projekte in der Öffentlichkeit und der PR-Award. Die Auszeichnung von Mitarbeitern, die sich gesellschaftlich engagieren, motiviert andere zum Mitmachen.

Die Jury zeigt sich beeindruckt von der Einbindung aller Hierarchie- stufen, vom Mitarbeiter bis zum Manager. Darüber hinaus gebührt der ING-DiBa besondere Anerken- nung für das Projekt FAIRantwor- tung, welches die Wahrnehmung gesellschaftlicher Verantwortung mit der Förderung der Eigeninitiative der Mitarbeiter verbindet - und das mit wachsendem Erfolg.

1

1 Gemeinsam aktiv für die Umwelt: Seit
2007 besteht die weltweite Baumpflanzaktion „Plant a tree" der ING Group. In
diesem Zusammenhang pflanzten auch
ING-DiBa Mitarbeiter 2008 an den drei
Standorten Frankfurt, Hannover und Nürnberg zahlreiche Obstbäume.

2

3

4

2 Im Rahmen dieser Baumpflanzaktion vergab die ING-DiBa an 77 ihrer Mitarbeiter und deren Kinder symbolische Baumpaten-schaften. Dabei erhält jeder Teilnehmer eine offizielle Urkunde, die ihn oder sein Kind als Baumpaten auszeichnet.

3 Die Jugendabteilung des DLRG freut sich über eine Spende von 1.000 Euro aus dem internen Förderporgramm „We care".

4 An jedem Standort gibt es seit Oktober 2007 Botschafter, die das Programm "FAIR-antwortung" nach innen und außen vertre-ten. Ziel ist es, neue Projekte gemeinsam umzusetzen und das Programm standort-übergreifend auszubauen.

NATIONAL-BANK AG
FINALIST

DAS UNTERNEHMEN

NATIONAL-BANK AG
Theaterplatz 8
45127 Essen
www.national-bank.de

Verantwortliche
Karin Christoph,
Leiterin Unternehmenskommunikation

Partneragentur
Klunk Kommunikation
www.klunk-kommunikation.de

Branchenumfeld
Banken & Finanzwirtschaft

Gründungsjahr
1921

Mitarbeiter / Standorte / Kundenzahl
über 800 / 24 in NRW / über 100.000

DIE KAMPAGNE

DER REGION VERBUNDEN - DAS KULTURELLE UND GESELLSCHAFTLICHE ENGAGEMENT DER NATIONAL-BANK

Unternehmerischer Erfolg und gesellschaftliches Umfeld bedingen sich gegenseitig. In ihrer Rolle als Good Corporate Citizen fördert die NATIONAL-BANK ausgewählte kulturelle Ereignisse und unterstützt Bildungs- sowie soziale Projekte.

Die NATIONAL-BANK engagiert sich seit vielen Jahren für Kultur und Gesellschaft. Dieses Engagement ist integraler Bestandteil unseres unternehmerischen Selbstverständnisses. Wir fühlen uns dem Land Nordrhein-Westfalen und seinen Menschen eng verbunden. Unser Erfolg als eine bundesweit führende unabhängige Regionalbank ist untrennbar mit der gesunden wirtschaftlichen, sozialen und kulturellen Entwicklung unseres Umfeldes verknüpft.

DIE FÖRDERSCHWERPUNKTE

Das kulturelle und gesellschaftliche Engagement der NATIONAL-BANK beruht auf vier Säulen: Wir engagieren uns in den Bereichen Musik und Kunst, Bildung und Soziales, stets unter dem Anspruch der Nachhaltigkeit. Dabei verstehen wir uns als verlässlicher Partner der von uns unterstützten Institutionen, mit denen uns häufig eine lange, erfolgreiche Zusammenarbeit verbindet. Neben dem finanziellen Engagement ist auch der persönliche Einsatz von Mitarbeiterinnen und Mitarbeitern unserer Bank ein besonderer Schwerpunkt. Dies zeigt, dass unser kulturelles und gesellschaftliches Engagement mehr ist als die finanzielle Förderung von Projekten und Vorhaben. Es zeigt auch, dass unsere soziale Verantwortung nicht nur unserem unternehmerischen, sondern auch unserem persönlichen Selbstverständnis entspricht.

DIE FINANZIELLEN GRUNDLAGEN

Die finanziellen Grundlagen unseres gesellschaftlichen Engagements sind unterschiedlich. Zum einen finanziert die Bank bestimmte Aktivitäten direkt, zum anderen fördert sie Aktivitäten mit Hilfe des seit 1988 bestehenden Stiftungsfonds der NATIONAL-BANK. Er wird von der Stadt Essen verwaltet. Im Jahr 2009 wurde das Stiftungsvermögen weiter aufgestockt, sodass es aktuell mehr als eine Million Euro beträgt. Daraus konnten im Berichtszeitraum Erlöse von knapp 45.000 Euro erzielt werden. Über die Verwendung dieser Mittel entscheidet das aus fünf Persönlichkeiten bestehende Kuratorium des Stiftungsfonds.

DAS MAGAZIN

Im Jahr 2007 haben wir erstmals einen Bericht unter der Überschrift „Kulturelles und gesellschaftliches Engagement" vorgelegt. Er dokumentierte die Vielfalt unserer Förderschwerpunkte und Aktivitäten. Die positive Aufnahme dieser Dokumentation hat uns nach 2008, nunmehr auch 2009 zum dritten Mal in Folge ermutigt, einen Bericht über unser Engagement zusammenzustellen. Die Berichte werden einmal jährlich im Zusammenhang mit unserer Hauptversammlung veröffentlicht und an die Aktionäre, Kunden und Öffentlichkeit verteilt. Zudem ist der Bericht im Internet auf unserer Website www.national-bank.de abrufbar.

DIE JURY

Zurzeit ist es besonders für Unternehmen im Finanzsektor wichtig, gegenüber Kunden, aber auch anderen Stakeholdern, Transparenz und damit Glaubwürdigkeit zu vermitteln. In diesem Zusammenhang überzeugt die National-Bank, indem sie Engagement, Qualität, Individualität und Kontinuität in der Unternehmenskultur verankert.

Mit dem CSR-Bericht „Kulturelles und gesellschaftliches Engagement" ist ihnen eine hochwertige, ausführliche Dokumentation aller Maßnahmen auf den Gebieten Musik, Kunst, Bildung und Soziales gelungen.

Sowohl der Bericht selbst, als auch die Maßnahmen der Corporate Responsibility sind auf die Zielgruppen der National-Bank abgestimmt und fördern die Positionierung des Unternehmens als nachhaltig verlässlicher Partner.

Dennoch wäre aus Sicht der Jury des Deutschen Preises für Wirtschaftskommunikation das Herausgreifen einer speziellen Aktion und hierfür eingesetzter Maßnahmen wünschenswert gewesen. Dies hätte das stimmige Gesamtkonzept der verschiedenen Projekte keinesfalls gestört.

Die gesteigerte Presseresonanz sowie das positive Feedback von Aktionären und Kunden bestätigten der Jury die Wirksamkeit des CSR-Berichtes und der verschiedenen Projekte. Damit hat sich die National-Bank einen Platz unter den Finalisten gesichert.

NATIONAL-BANK

Kulturelles
und gesellschaftliches
Engagement 2008

2

3

4

1 Nach 2007 legte die NATIONAL-BANK 2008 den zweiten Bericht ihres kulturellen und gesellschaftlichen Engagements vor. Die überaus positive Aufnahme des ersten Berichtes ermutigte zu einer breiteren Berichterstattung im zweiten Magazin.

2 Neben der Förderung musealer Ausstellungen bekannter Künstler, wie Immendorff, Uecker oder Richter, unterstützt die NATIONAL-BANK auch junge aufstrebende Künstler bei dem Start ihrer Karriere, wie beispielsweise die Wuppertaler Kunstprofessorin Katja Pfeiffer.

3 Ein Anliegen der NATIONAL-BANK ist es, neben finanziellem auch persönliches Engagement zu zeigen und den Anspruch an eine Kultur der Selbstverpflichtung durch individuelle Einsätze in der Freizeit zu untermauern.

4 Durch die Förderung von Konzertereignissen trägt die NATIONAL-BANK aktiv dazu bei, Nordrhein-Westfalen als Kulturregion zu positionieren.

LIDL
FINALIST

DAS UNTERNEHMEN

Lidl Dienstleistung GmbH & Co. KG
Rötelstraße 30
74166 Neckarsulm
www.lidl.de

Verantwortlicher
Thomas Augst,
Geschäftsleitung Lidl Deutschland,
Bereich Personal

Partneragentur
MEDIA CONSULTA (MC)
www.media-consulta.com

Branchenumfeld
Einzelhandel

Gründungsjahr
1973

Mitarbeiter / Standorte
über 50.000 / über 3.000 Filialen

Lidl lohnt sich.

DIE KAMPAGNE

GESELLSCHAFTLICHE VERANTWORTUNG ÜBERNEHMEN

Die Häufigkeit von Übergewicht bei Kindern und Jugendlichen scheint weltweit stetig zu steigen. Statistiken belegen, dass mittlerweile jedes sechste Kind in Deutschland übergewichtig ist. Die Ursachen des Übergewichts sind dabei genetisch, umwelt- und umfeldbedingt. Diabetes, Gelenkschäden oder Herz-Kreislauf-Beschwerden sind mögliche Langzeitfolgen von Übergewicht. Häufig sind die Essgewohnheiten von Kindern durch die der Eltern beeinflusst. Übergewicht bei Kindern und Jugendlichen ist damit nicht nur ein zunehmendes Gesundheitsrisiko, sondern auch eine gesellschaftliche Herausforderung. Lehrerinnen und Lehrer integrieren das Thema Ernährung bereits in den Grundschulunterricht und kommen damit ihrem Erziehungsauftrag nach. Nicht selten fehlen an den Schulen jedoch die notwendigen finanziellen Mittel für die Aufbereitung des Themas. Lidl, eines der führenden Unternehmen im deutschen Lebensmitteleinzelhandel, ist sich seiner gesellschaftlichen Verantwortung bewusst und hat bereits vor vielen Jahren die Bedeutung und Aktualität von Corporate Social Responsibility (CSR) erkannt. Im Jahr 2007 wurde deshalb der bundesweite Lidl-Schüler-Fitnesscup ins Leben gerufen und aufgrund der positiven Resonanz 2009 erneut durchgeführt. Bereits mit dem Lidl-Fußballcup 2006 und 2008 realisierte Lidl bundesweite Projekte, um Kindern Freude an Sport und gesunder Ernährung zu vermitteln. Im Jahr 2010 findet das bundesweite Kinderfußballturnier zum dritten Mal statt. Damit setzt das Handelsunternehmen sein Engagement in den Bereichen gesunde Ernährung und Bewegung kontinuierlich fort.

STARKE UND KOMPETENTE PARTNER

Der Lidl-Schüler-Fitnesscup ist ein bundesweiter Schülerwettbewerb, bei dem sich alles um die Themen gesunde Ernährung und Bewegung dreht. Für das Projekt konnte Lidl kompetente Partner gewinnen: den Deutschen Olympischen Sportbund (DOSB) und den vom Bundesministerium für Ernährung, Landwirtschaft und Verbraucherschutz (BMELV) geförderten aid infodienst Verbraucherschutz, Ernährung, Landwirtschaft e. V. sowie Fußballstar Diego und Sternekoch Ralf Zacherl als Paten.

ENGAGEMENT FÜR GESUNDHEIT UND NACHHALTIGKEIT

Zur Teilnahme am Lidl-Schüler-Fitnesscup wurden alle rund 17.000 Grundschulen in Deutschland aufgerufen. Die angemeldeten Klassen erhielten kostenlos umfangreiche Lehrmaterialien, die vom DOSB und aid in Zusammenarbeit mit Grundschulpädagogen, Ernährungs- und Bewegungsexperten speziell für den Lidl-Schüler-Fitnesscup entwickelt wurden. Sie enthalten Übungen, Spiele und Informationen, die direkt auf die Erfordernisse des Grundschulunterrichts zugeschnitten sind. Die Kinder lernen so auf spielerische Weise das richtige Maß an Bewegung und gesunder Ernährung. Denn wer schon als Kind ungesund lebt, ändert als Erwachsener seine Lebensgewohnheiten selten. Ganz wichtig deshalb: eine aktive gesundheitliche Früherziehung.

Mit dem Lidl-Schüler-Fitnesscup möchte sich Lidl nachhaltig für die sportliche und gesundheitliche Entwicklung von Kindern engagieren und zu einem Thema in Schule und Familie machen. Die Vorteile von Sport und gesundem Essen sollen in das öffentliche Bewusstsein gerufen und in den Schulen kommuniziert werden. So sollten möglichst viele Klassen für den Wettbewerb begeistert und Kinder, Eltern, Lehrer sowie die allgemeine Öffentlichkeit für eine aktive Gestaltung des Alltags sensibilisiert werden. Im Mittelpunkt des Projektes steht der gesunde und aktive Start in den Tag. Eltern sollten sich ihrer Vorbildfunktion bewusst sein und sich Zeit für das Frühstück mit dem Nachwuchs nehmen. Neben der gesunden Ernährung hat die aktive Gestaltung des Alltags für die positive Entwicklung der Kinder eine enorme Bedeutung. Auch hier ist die Initiative der Eltern gefragt. Der Lidl-Schüler-Fitnesscup bezieht deshalb ganz bewusst auch den Alltag außerhalb der Schule und die Familie ein.

Rund 5.000 Grundschulklassen aus ganz Deutschland meldeten sich zum Lidl-Schüler-Fitnesscup 2009 an. 770 Schulklassen beteiligten sich schließlich mit einem kreativen Beitrag in Form von Collagen, Filmen, Spielen, Plakaten und Dokumentationen. Eine Expertenjury wählte aus allen Einsendungen die Siegerklassen je Bundesland aus und kürte unter den 16 Landessiegern die fitteste Klasse Deutschlands. Die drei erstplatzierten Klassen durften sich über eine Sportstunde mit Fußballstar Diego, einen Kochkurs mit Sternekoch Ralf Zacherl und die Aufführung des Kindermusicals „Pappe satt!" freuen. Außerdem erhielten die Siegerklassen weitere Preise im Gesamtwert von über 80.000 Euro.

Die positiven Rückmeldungen von teilnehmenden Klassen zeigt, dass der Lidl-Schüler-Fitnesscup an den Schulen begeistert umgesetzt wurde und die Erlebnisse der Projektwoche einen positiven Einfluss auf das Verhalten der Kinder hatten. Häufige Schülerzitate waren zum Beispiel: „Ich frühstücke jetzt jeden Morgen." und „Eine Woche ist viel zu kurz für diesen tollen Unterricht." Damit hat sich der Lidl-Schüler-Fitnesscup als erfolgreiches Schulprojekt etabliert, als Element einer nachhaltigen CSR-Strategie.

DIE JURY

Das Handelsunternehmen LIDL entschied sich bei seiner Corporate Responsibility Kampagne, Kindern die Wichtigkeit von gesunder Ernährung und Bewegung in Form des „LIDL-Schüler-Fitnesscups" zu vermitteln.

Der Wettbewerb, der direkt an das Geschäftsfeld des Unternehmens anknüpft und trotzdem über den Geschäftskern hinausgeht, hinterließ bei der Jury des Deutschen Preises für Wirtschaftskommunikation einen guten Eindruck.

Über vielfältige, vor allem auf die junge Zielgruppe angestimmte Kanäle, wurde die gesamte Kampagne kommuniziert. Besonders passend zu den anzusprechenden Schülern erschienen der Jury auch die beiden Paten Diego und Ralf Zacherl.

Wünschenswert wäre gewesen, in Hinblick auf die minderjährige Zielgruppe das Branding der Aktion weniger stark zu gestalten. Dies minderte jedoch nicht den Eindruck des Designs, welches insgesamt angemessen und zielgruppenaffin war.

Dass die Aktion bei der Zielgruppe großes Interesse hervorrief, zeigt die Anzahl der teilnehmenden Klassen, die im Vergleich zum Vorjahr nochmals gesteigert werden konnte. Deshalb gratuliert die Jury des Deutschen Preises für Wirtschaftskommunikation zum verdienten Finaleinzug.

1

2

3

1 Die Schülerinnen und Schüler der Klasse 4a (ehemals 3a) der Arnesboken-Schule haben das Rumsitzen „Pappe satt". Preisverleihung des Lidl-Schüler-Fitnesscups 2009 und Aufführung des Kindermusicals im Bürgerhaus Ahrensbök.

2 Die fittesten Klassen Deutschlands: Klasse 3a der Arnesboken-Schule, Klasse 2c der Lessing-Grundschule und Klasse 2 der Herzbergschule Roth (v. l. n .r.) freuen sich über ihren Sieg beim Lidl-Schüler-Fitnesscup 2009.

3 Kleine Köche ganz groß: Die Schülerinnen und Schüler der Klasse 3 (ehemals 2) der Herzbergschule Roth kocht mit Ralt Zacherl ein leckeres, gesundes Menü.

COMDIRECT BANK AG
FINALIST

DAS UNTERNEHMEN

comdirect bank AG
Pascalkehre 15
25451 Quickborn
www.comdirect.de

Verantwortlicher
Johannes Friedemann,
Leiter Unternehmenskommunikation

Partneragentur
Klenk & Hoursch –
Corporate Communications
www.klenkhoursch.de

Branchenumfeld
Banken, Finanzen

Gründungsjahr
1994

Mitarbeiter
ca. 900

Kunden
1,4 Mio. Privatkunden

DIE KAMPAGNE

In den vergangenen Jahren hat sich die comdirect zu einer relevanten Größe im Bankenmarkt entwickelt. Mit dem Wachstum der Bank verbindet der Vorstand der comdirect auch eine wachsende gesellschaftliche Verantwortung. Um als verantwortungsvoller Teil der Gesellschaft anerkannt zu werden und um das Wachstumspotenzial in einem wettbewerbsintensiven Umfeld zu optimieren, wollte die comdirect bank einen substanziellen, wahrnehmbaren und glaubwürdigen Beitrag für die Gesellschaft leisten. Die Abteilung Unternehmenskommunikation ergriff Ende 2007 die Initiative, ein entsprechendes Konzept zu entwickeln. Zur Unterstützung wurde die Kommunikationsberatung Klenk & Hoursch herangezogen.

Gemeinsam wurde ein relevantes Handlungsfeld ausgelotet, das zum Geschäft und zur Marke der comdirect bank passt. Schnell war klar: die Förderung mathematischer Bildung sollte zum zentralen sozialen Anliegen der comdirect werden. Mathematische Bildung und das Rechnen sind nicht nur ein gesellschaftlich und volkswirtschaftlich hochrelevantes Thema, sie haben auch einen direkten Bezug zur Marke comdirect und zum Bankgeschäft. Denn Rechnen, Geld und das Banking sind unmittelbar miteinander verbunden. Bei der tieferen Analyse des Themas wurde deutlich, dass die Förderung der Grundlagen und Grundfertigkeiten – also des Rechnens – durch öffentliche und private Akteure viel zu kurz kommen. Hier fand sich ein freies Feld mit erheblichem Handlungsbedarf, das Raum für Alleinstellung bot.

STIFTUNG RECHNEN ALS GESELLSCHAFTLICHES BILDUNGSENGAGEMENT

Die comdirect bank war sich der Tatsache bewusst, dass ein einzelnes Unternehmen in einem so breiten und potenziell bundesweiten Handlungsfeld wie Bildung allein nicht viel bewegen würde. Man brauchte ein Modell, das Beiträge weiterer Partner möglich macht. Der Gedanke war geboren, die „Stiftung Rechnen" als Mathe-Pendant der renommierten „Stiftung Lesen" zu gründen und die Organisation so aufzustellen, dass weitere Unternehmen zur Finanzierung und Arbeit der Stiftung beitragen würden. Mit der Entscheidung für die organisatorische Aufstellung des Engagements als unabhängige Stiftung waren wichtige Weichen gestellt. Eine Stiftung eignet sich mehr als andere Projektstrukturen als zentrale CSR-Plattform, unter der das gesellschaftliche Engagement der comdirect langfristig gebündelt werden kann und um die immer wieder Kommunikationsanlässe geschaffen werden können. Damit steht diese Organisationsform für alle Attribute, die in der CSR-Theorie und -Praxis als zentrale Erfolgsfaktoren angesehen werden und sie erfüllt alle Ansprüche, die die comdirect bank an ihr Engagement gestellt hat.

Eine Stiftung zu gründen erfordert ein echtes inhaltliches und finanzielles Commitment und daher gezielte Überlegung, Planung und den Mut aller beteiligten Entscheider. Von der Idee bis zur Gründung der Stiftung Rechnen dauerte es knapp zwei Jahre. Das Team aus der Unternehmenskommunikation der comdirect und Klenk & Hoursch wurde durch ein interdisziplinäres Team aus comdirect Mitarbeitern unterstützt, das Expertise aus Personalabteilung, Controlling, Marketing, Business Development und Rechtsabteilung vereinte. Das Team trat, nach Abschluss der Grobkonzeption, erstmals im

November 2008 zusammen. Im Anschluss galt es – bis zum Start der Stiftung im Oktober 2009 – zahlreiche Handlungsstränge wie den Aufbau der Organisation und die Besetzung der Stiftungsgremien, die Konzeption und Planung der Stiftungsaktivitäten und Angebotspakete für Partner, die Akquise von Partnern und Förderern sowie den Start der Projektarbeit und der Kommunikation parallel zu bearbeiten.

GRÜNDUNG DER STIFTUNG UND PARTNERGEWINNUNG

Als die Stiftung Rechnen im Oktober 2009 als gemeinnützige Stiftung des bürgerlichen Rechts ihre Tätigkeit aufnahm, wurde deutlich, dass sich der intensive Einsatz gelohnt hat – und zwar im Sinne der Sache ebenso wie mit Blick auf den Kommunikationserfolg. Neben der comdirect bank konnte die Börse Stuttgart als weitere Gründungsstifterin gewonnen werden und half so sicherzustellen, dass zum Start das nötige Stiftungskapital vorhanden war. Bundesbildungsministerin Prof. Dr. Annette Schavan konnte vom Anliegen der Stiftung Rechnen überzeugt werden und hat die Schirmherrschaft übernommen. Die Stiftungsgremien sind mit namhaften Vertretern aus Wirtschaft, Wissenschaft und Gesellschaft besetzt. Einer der ersten Kuratoren ist Prof. Günter M. Ziegler – Initiator und Motor des Jahres der Mathematik 2008.

Partner der „ersten Stunde" sind das Online-Lernsystem bettermarks, der Ernst Klett Verlag, das Marktforschungsinstitut forsa, das Projekt „Mathe-Meister" der WWU Münster, die PwC-Stiftung und die Scout24 Gruppe. Mit der Durchführung der Studie „Rechnen in Deutschland" konnte bereits ein wichtiges Forschungsprojekt umgesetzt werden. Vier weitere Rechenprojekte sind in Planung, die 2010 der Öffentlichkeit vorgestellt werden sollen.

Bei den Mitarbeitern der comdirect bank stößt die Stiftung Rechnen auf Begeisterung. Viele von ihnen waren aktiv am Aufbau der Stiftung beteiligt und engagieren sich derzeit an der Konzeption und Planung des comdirect Volunteering-Projekts Mathe4Life, was die Verankerung des CSR-Engagements im Unternehmen sehr positiv beeinflusst.

KOMMUNIKATIONSERFOLG UND AUSBLICK

Die Kommunikation rund um den Start der Stiftung führte zu einer großen und hochqualitativen Medienresonanz, die dem Anliegen der Stiftung breite Aufmerksamkeit bescherte. Die Website Stiftung Rechnen (www.stiftungrechnen.de) zählte von Anfang November 2009 bis Ende Januar 2010 bereits über 16.500 Besucher und 81.954 Seitenaufrufe. Im April wird der erste Newsletter mit Informationen zur Stiftung, ihren Projekten und zur Mathelandschaft verschickt werden.

Obwohl schon viel erreicht wurde, steht das CSR-Engagement der comdirect bank mit der Gründung der Stiftung Rechnen erst am Anfang. Bis 2013 hat sich die Stiftung Rechnen große Ziele gesetzt: In den kommenden fünf Jahren will sie unter anderem das Image des Rechnens messbar positiv entwickeln, 15 größere Projekte und Initiativen zur Förderung des Rechnens durchführen und sich zu einem in der Fachwelt stark vernetzten und anerkannten Akteur entwickeln, der als Impulsgeber ebenso in Erscheinung tritt wie als Förderer und Sparringspartner für Projekte Dritter.

DIE JURY

Ein junges Unternehmen, die comdirect bank AG, ist sich seiner wachsenden Verantwortung bewusst - einen Beitrag für die Gesellschaft zu leisten, ohne dabei den Bezug zur Marke und zum Bankgeschäft zu verlieren.

Somit ergriff das Unternehmen im Jahre 2007 die Initiative und reagierte auf die erschreckenden Ergebnisse der PISA Studie. Comdirect machte sich die Förderung und Verbesserung der mangelnden mathematischen Grundkenntnisse unserer jungen Gesellschaft zur Aufgabe. Mit der Gründung der „Stiftung Rechnen" schuf sie eine Organisation, die mit Hilfe anderer starker Kooperationspartner eine kompetente Unterstützung gewährleistete, um erfolgreich in einem essentiellen Thema, der Rechenfertigkeit, etwas zu verändern.

Nach Meinung der Jury ist dieses Projekt ein gelungener Anfang für die nachhaltige und effektive Entwicklung unseres Nachwuchses. Die Corporate-Responsibilty-Maßnahme „Stiftung Rechnen" hat es geschafft, ein relevantes Themenfeld mit dem Geschäftskern und der Marke des Unternehmens zu verbinden, wodurch bei der Jury kein Zweifel an ihrer Glaubwürdigkeit aufkam.

Wünschenswert wäre es allerdings gewesen, die Verknüpfung „Stiftung-Rechnen" mit dem Unternehmen comdirect deutlicher hervorzuheben. Wir gratulieren der comdirect zu einem verdienten Finaleinzug und wünschen weiterhin viel Erfolg für die Zukunft.

Organisationsstruktur der Stiftung Rechnen

Stiftung Rechnen

bindet ein	unterstützt & fördert	führt durch	fördern
Partner	**Partner-Projekte**	**Maßnahmen**	**Stifter**

Partner		Partner-Projekte	Maßnahmen	Stifter
bettermarks	setzt um	Projekte zur Förderung mathematischer Kompetenz in:	Förderung gemeinnütziger Organisationen	.comdirect
SCOUT24	setzt um	- Elternhaus	Eigene Projekte	Boerse Stuttgart
Klett	setzt um	- Kindergarten	Öffentlichkeitsarbeit und Imagepflege für das Rechnen	...
Westfälische Wilhelms-Universität Münster	setzt um	- Schule	Fundraising	**Förderer**
.comdirect	setzt um	- außerschulischen Betreuungseinrichtungen	Aufbau eines Netzwerks von Rechenförderern	forsa.
PwC Stiftung	setzt um	- Erwachsenenbildung	Vergabe von Forschungsaufträgen	...
...	setzt um		Vergabe von Stipendien und Förderpreisen	

1

Michael Mandel - Vorstandsvorsitzender
Michael Mandel, Jahrgang 1966, ist seit 2008 Vorstandsvorsitzender der comdirect bank AG. Der gelernte Bankkaufmann und Betriebswirt ist darüber hinaus Aufsichtsratsvorsitzender der Commerz Direktservice GmbH und stellvertretender Aufsichtsratsvorsitzender der European Bank for Fund Services GmbH (ebase). Zudem ist Michael Mandel stellvertretender Vorsitzender des Börsenrats der Frankfurter Wertpapierbörse.

Michael Mandel engagiert sich für das Rechnen weil, „das Bankgeschäft und Rechnen untrennbar miteinander verbunden sind. Rechenfertigkeit ist die Grundvoraussetzung für den erfolgreichen Umgang mit Geld und das langfristige Fortbestehen des Wirtschaftsstandorts Deutschland. Wer Rechnen fördert, ermöglicht Fortschritt."

Carsten Strauß - Stellvertretender Vorstandsvorsitzender
Carsten Strauß, Jahrgang 1967, ist seit 2008 Vorstand der comdirect bank AG. Darüber hinaus ist der gelernte Bankkaufmann und studierte Wirtschafts- und Sozialwissenschaftler Aufsichtsratsmitglied der European Bank for Fund Services GmbH (ebase) und der Commerz Direktservice GmbH.

Carsten Strauß engagiert sich für das Rechnen weil, „es entscheidend ist, dass die Unternehmen die gesellschaftlichen und wirtschaftlichen Rahmenbedingungen aktiv mitgestalten. Denn nur so können wir gute Voraussetzungen für eine Ausbildungssituation schaffen, aus der die qualifizierten Fachkräfte hervorgehen, die wir als Unternehmen brauchen."

Kuratorium der Stiftung Rechnen

Johannes Friedemann - Geschäftsführendes Vorstandsmitglied
Johannes Friedemann, Jahrgang 1964, ist Diplom-Kaufmann und Journalist. Seit 2002 leitet er die Unternehmenskommunikation der comdirect bank AG.

Johannes Friedemann setzt sich ein für die Stiftung und das Rechnen. „Unsere Stiftung ist ein langfristiges Engagement. Wir setzen ein Zeichen, das dauerhaft ist. Wer glaubt, man könne mit einer zur Schau gestellten Schwäche im Rechnen Sympathiepunkte sammeln, ist im Irrtum. In Wirklichkeit sind es die starken Rechner, die positiv wahrgenommen werden. Das ist ein guter Grund, Rechenfähigkeit zu fördern."

Dr. Christian Diekmann - Kuratoriumsmitglied
Dr. Christian Diekmann, Jahrgang 1965, ist seit 2009 Finanzvorstand der comdirect bank AG. Darüber hinaus ist der gelernte Bankkaufmann und promovierte Betriebswirt Vorsitzender des Aufsichtsrat der European Bank for Fund Services GmbH (ebase).

Dr. Christian Diekmann engagiert sich für das Rechnen, weil „Rechnen in meinem privaten und beruflichen Leben schon immer eine wichtige Rolle gespielt hat. Ich möchte durch mein Engagement für die Stiftung Rechnen mehr Freude an dieser Kompetenz vermitteln und das Thema von seinem ‚verstaubten' Image befreien."

2

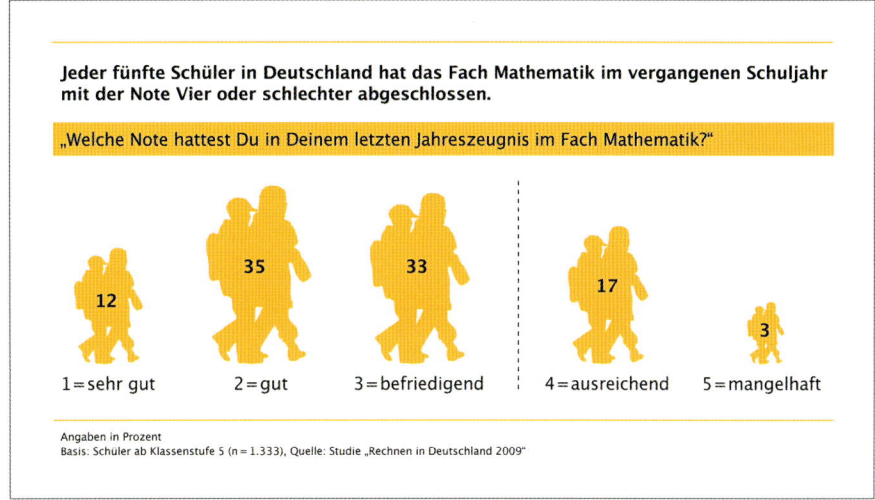

3

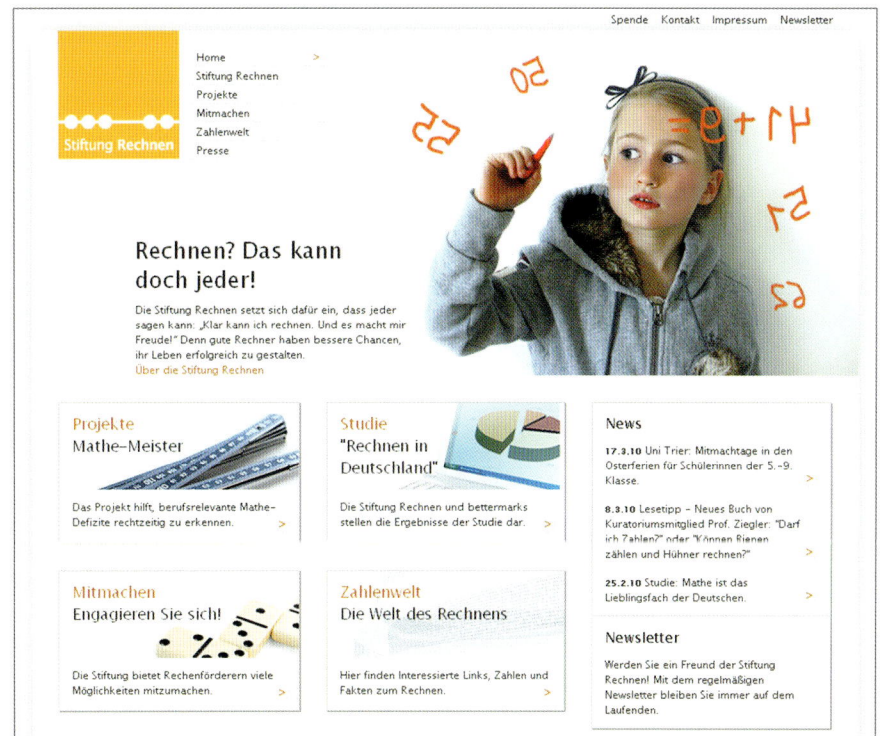

4

1 Mit der Durchführung der Studie „Rechnen in Deutschland" konnte die Stiftung Rechnen gemeinsam mit ihren Projektpartnern bettermarks und forsa einen wichtigen ersten Beitrag zur Bildungsforschung in Deutschland leisten. Die Studie brachte neue Erkenntnisse zur mathematischen Kompetenz und zur Einstellung von Eltern, Schülern sowie der Gesamtbevölkerung gegenüber dem Rechnen und der Mathematik.

2 Als zentrale Kommunikationsplattform ging Ende Oktober 2009 die Website www.stiftungrechnen.de ans Netz. Stiftungrechnen.de beinhaltet umfassende Informationen über die Aktivitäten der Stiftung sowie zahlreiche Mitmach-Angebote für potenzielle Rechenförderer. Die Website bietet Partner zudem die Möglichkeit, eine breite Öffentlichkeit auf ihr Engagement aufmerksam zu machen.

3 Das inhaltliche Konzept der Stiftung und zahlreiche, flexible Fördermodelle und Projektideen wurden entwickelt, um potenziellen Partnern und Sponsoren ein Engagement unter dem Dach der Stiftung so attraktiv wie möglich zu gestalten. Unternehmen und Organisationen können sich als Partner, Förderer und Stifter für das Anliegen der Stiftung stark machen. Für persönliches Engagement und alle, die sich für das Rechnen begeistern, wird 2010 der Freundeskreis der Stiftung ins Leben gerufen.

4 Die Gründung der Stiftung Rechnen, die mit hohen Investitionen für die comdirect verbunden war, musste auch für die eigene Marke attraktiv bleiben. Als Initiatorin zielte die comdirect bank auf eine starke Präsenz in der Launchkommunikation der neuen Stiftung. Zudem besetzte sie entscheidende Positionen in den Stiftungsgremien, steuerte die Ansprache potenzieller Partner und Sponsoren und plante die Umsetzung eigener, langfristiger und aufmerksamkeitsstarker Initiativen zur Rechenförderung unter dem Dach der Stiftung.

EASTPAK
FINALIST

DAS UNTERNEHMEN

EASTPAK
Vogelsanger Str. 195a
50825 Köln
www.eastpak.com

Verantwortliche
Katja Eismann-Erler

Partneragentur
Styleheads Gesellschaft für
Entertainment mbH
www.styleheads.de

Branchenumfeld
Textilbranche

Gründungsjahr
1976

Mitarbeiter / Standorte / Kundenzahl
30 / Köln / 2000

DIE KAMPAGNE

Im Herbst 2008 beginnt EASTPAK (zusammen mit Styleheads als betreuender PR-Agentur) mit Gangway e.V. zusammen zu arbeiten. Es bildet sich eine Gruppe von 25 Jugendlichen aus schwierigen sozialen Verhältnissen im Alter von 15 – 21 Jahren aus drei Berliner Stadtteilen sowie aus jungen Menschen, die als Freigänger bei Gangway integriert oder gerade aus der Haft entlassen worden sind.

Das Projekt „From the street to the catwalk" soll den Jugendlichen zeigen, was sie erreichen können und sie darin unterstützen, auch in Zukunft aufrecht durchs Leben zu gehen. Die Verwirklichung des gemeinsamen Traumes, eine weltweit beachtete Modenschau auf höchstem Niveau zu realisieren, kann dabei das entscheidende Erfolgserlebnis sein, um diesen jungen Menschen das nötige Selbstvertrauen zu geben, ihr Leben in Verantwortung für sich selbst in die eigene Hand zu nehmen und zu gestalten.

Gleichzeitig beschreibt „From the street to the catwalk" auch zutreffend die Entwicklung der Marke EASTPAK von der reinen Street-Rucksackmarke hin zu einer echten Modelinie. Ein schlüssiger und sinnvoller Querbezug zwischen Marke und Projekt, der auch kritischen Nachfragen standhält, war dadurch von vorneherein gegeben.

Dass Jugendliche aus sozialen Brennpunkten eine Fashion Show auf der Mercedes-Benz Fashion Week vor der internationalen Modepresse laufen, gab es in diesem Rahmen noch nie und bedeutete sowohl für die Jugendlichen als auch für EASTPAK eine gewisse Risikobereitschaft. Weder wollte man die Jugendlichen in der Öffentlichkeit bloßstellen, noch wollte man sich als Marke in einem wichtigen Umfeld wie der Fashion Week unprofessionell präsentieren. So bedeutet diese Ausgangssituation zum einen die große Herausforderung des Projekts, zum anderen ist sie aber auch sein großes Potential. Man zeigte damit den Jugendlichen, dass man Vertrauen in sie hat, dass man es ernst meint und ihnen zutraute, diese Show zu meistern.

Um die Jugendlichen angemessen auf ihre Aufgabe vorzubereiten, begann EASTPAK, seine Kontakte aus der Modewelt zu aktivieren, um verschiedene Experten in den einzelnen Disziplinen zu gewinnen. So erklärten sich sowohl die IMG als auch der Star Make-Up-Artist Boris Entrup, der Hair Stylist André Märtens, sowie die Fotografen Sven Sindt und Nils Müller bereit, das Projekt mit ihrem Können zu unterstützen. Auch Harald Wolf, Bürgermeister/Senator für Wirtschaft, Technologie und Frauen in Berlin, war sofort von diesem Projekt angetan und übernahm die Schirmherrschaft.

Regelmäßige Workshops in Zusammenarbeit mit den Streetworkern dienten der Vorbereitung auf die Runway Show. So bekamen die Jugendlichen Laufsteg- und Sporttraining, Unterstützung in Sachen Styling und Haaren, professionelles Make-Up und ein Fotoshooting. Doch die Workshops sollten die Jugendlichen auch in andere Bereiche eingeführt werden - so ging man zur Vertrauensbildung gemeinsam Klettern oder nahm an der Dominoaktion zum 20 Jährigen Mauerfall in Berlin teil, bei der man fünf Steine mit einem Streetart-Künstler gestaltete.

Um die Gruppe langsam an einen gemeinsamen Auftritt auf der Fashion Week im Juli 2009 heranzuführen, entschieden die Verantwortlichen von Gangway e.V. und EASTPAK, die Show im Januar 2009 zunächst nur mit einem Teil der Jugendlichen und zum Teil mit professionellen Models zu gestalten. Die Medien wurden über den Hintergrund des Projektes noch nicht informiert, dadurch kam es zum Teil zu kritischen Bemerkungen über die ungewöhnlichen Models. Dieses Risiko war jedoch unvermeidlich, wollte man die Jugendlichen, die aufgrund ihres Hintergrundes eine gewisse Angriffsfläche für Boulevardmedien geboten hätten, nicht unvorbereitet der Presse preisgeben.

So hatte man mehr Zeit, gemeinsames Vertrauen aufzubauen und die Arbeit zu vertiefen. Man entschloss sich allerdings, das Projekt mit eigener Kamera und Fotos zu begleiten, um ausgewählte Szenen der Presse später zur Verfügung zu stellen. Die enge persönliche Zusammenarbeit schweißte das gesamte Team zusammen und schaffte das Vertrauen für die heiße Phase des Projekts ab Mai 2009, als man begann, „From the street to the catwalk" der Öffentlichkeit vorzustellen.

Wie zu erwarten, war die Medienresonanz auf diese einzigartige Zusammenarbeit enorm. Da die Jugendlichen zum Träger der Kommunikation wurden, war nun eine wichtige Aufgabe, das mediale Interesse zu bündeln und auf jene Jugendlichen zu lenken, die man vorher in gemeinsamer Absprache auf den Umgang mit Medien vorbereitet hatte.

Ebenfalls wichtig war es, in der Kommunikation die richtige Balance aus Marken- und Projektkommunikation zu finden. Dies gelang durch Einbindung öffentlicher und politischer Verantwortungsträger wie z.B. bei einer Pressekonferenz mit Katja Eismann-Erler (verantwortliche Marketing-Managerin von EASTPAK), Elvira Berndt (Geschäftsführerin von Gangway e.V.), Tanja Mühlhans (Pressesprecherin des Senators für Wirtschaft, Technologie und Frauen), Boris Entrup (Make-Up Artist) sowie Diana und Rabba als teilnehmende Jugendliche des Projekts. Mit dieser „offiziellen" Runde machte man deutlich, dass es sich bei diesem Projekt um ein ernstgemeintes soziales Engagement handelte und nicht um eine kurzlebige Idee der Marke.

DIE JURY

Schon der Titel der CR-Kampagne sorgte bei der Jury des Deutschen Preises für Wirtschaftskommunikation für große Aufmerksamkeit. Eastpak, der Absatzführer auf dem Rucksack- und Taschenmarkt, und sein soziales Projekt wurden den Erwartungen gerecht.

„From the street to the catwalk" ist eine Fashionshow, die auf und hinter dem Laufsteg von Jugendlichen aus Brennpunkten in die Tat umgesetzt wurde. Um die Jugendliche auf diese Herausforderung vorzubereiten, konnte Eastpak verschiedene Partner gewinnen, die für die Koordination und Umsetzung der Kampagne verantwortlich waren. Sie unterstützten die Teenager auch bei den Workshops.

Besonders positiv fiel der Jury die klare Zielbestimmung des Projekts auf, die erwartungsgemäß die Werte der Marke Eastpak- Authentizität und Glaubwürdigkeit- nach außen kommunizierte. Aus Sicht der Jury schaffte es Eastpak, im Rahmen seiner Corporate Responsibility-Kampagne, die Marke emotional aufzuladen.

Die Jury ist der Meinung, dass ein größerer Bezug auf das Leben der Jugendlichen während und nach dem Projekt hätte genommen werden können, um die langfristige Kommunikation des sozialen Handelns zu bestätigen.

Fakt ist jedoch, dass die Kampagne auf ein beeindruckendes Presseecho stieß und somit ihre Andersartigkeit bewies. Dafür gilt unsere besondere Anerkennung.

1

2

3

1 Workshop mit Boris Entrup   2 Workshop/ Laufstegtraining   3 Professionelles Fotoshooting

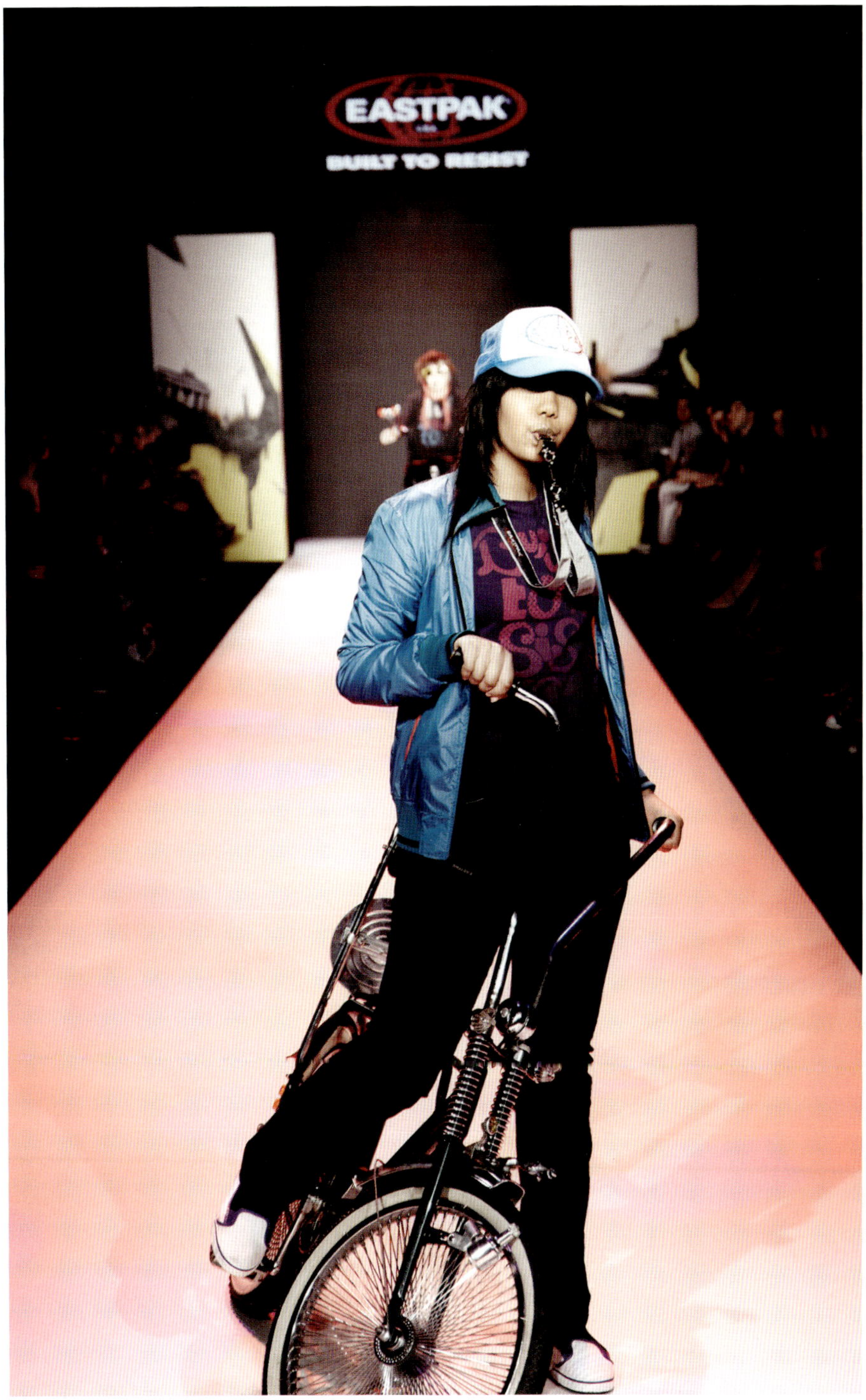

4

4 Fashionshow 02. Juli 2009

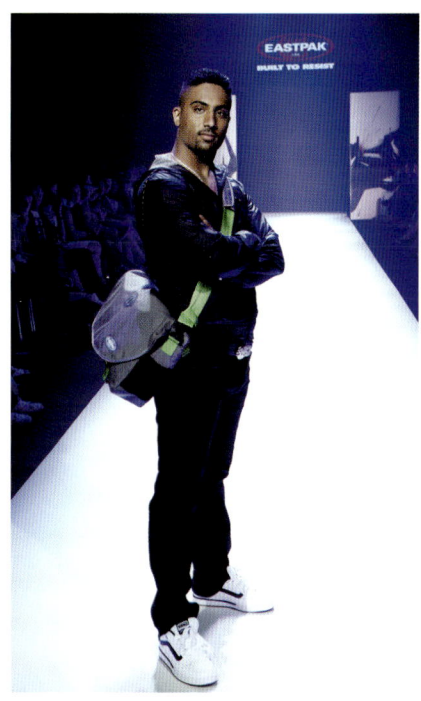

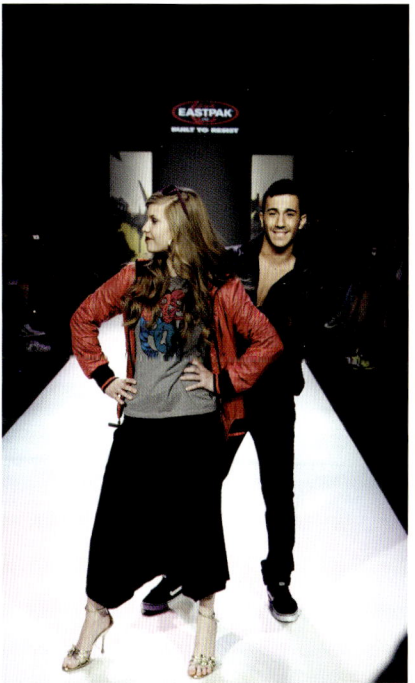

ABB AG
GEWINNER

ABB AG
Kallstadter Straße 1
68309 Mannheim
www.abb.de

Verantwortliche
» Klaus Treichel,
  Leiter Unternehmenskommunikation
» Uta Windel,
  Leiterin Sponsoring

Branchenumfeld
Industrie, Energieversorgung, Handel

Mitarbeiter
10.600 Mitarbeiter in Deutschland

Standorte
35

POWER AND PRODUCTIVITY FOR A BETTER WORLD

lautet der Claim des ABB-Konzerns. ABB in Deutschland und Special Olympics (SO) haben sich im Jahr 2000 zusammengetan, um ihrer Vision von einer besseren Welt ein Stück näherzukommen und ihrer gesellschaftlichen Verantwortung gerecht zu werden. Das Unternehmen unterstützt seit zehn Jahren als Premium Partner die Organisation für Athleten mit geistiger Behinderung sowohl mit Geld als auch mit persönlichem Einsatz. Rund 2.000 Mitarbeiter haben sich bereits bei der Ausrichtung der vielen Sportveranstaltungen als freiwillige Helfer engagiert.

Die Kommunikation des Engagements verfolgt von Beginn an drei übergeordnete Ziele: Erstens die Mitarbeiterbindung und -zufriedenheit (Gemeinschaftsgefühl über Standortgrenzen hinweg stärken und soziale Kompetenz fördern) verstärken, zweitens das Image als good corporate citizen pflegen und drittens den Bekanntheitsgrad des Unternehmens zu erhöhen. Als klassisches B2B-Unternehmen und Anbieter von komplexen Investitionsgütern verfügt ABB über ein höchst erklärungsbedürftiges Portfolio, mit dem die breite Öffentlichkeit selten in Berührung kommt. Im Gegensatz zu den technischen Kommunikationsthemen von ABB geht es bei dem Engagement für die Athleten von SO um Werte und Kultur. Ganz im Gegensatz zur sonstigen Techniklastigkeit der ABB-Kommunikation stehen hier Emotionen im Vordergrund.

Die verbindliche finanzielle Unterstützung, die ABB als Sponsor leistet, spielt in der Kommunikation nur eine untergeordnete Rolle. Im Vordergrund steht das Engagement der ABB-Mitarbeiter. Die jährlichen National Games bilden das zentrale Gemeinschaftserlebnis für die verschiedenen Mitarbeiter aus den unterschiedlichen Geschäftsbereichen und Standorten. Die ABB-Mitarbeiter bringen ihr Wissen und ihre Erfahrung mit ein, trainieren dabei Teamfähigkeit und Verantwortungsbewusstsein. Für die Zeit bei den Spielen nehmen sie sogar Urlaub. Sie bekommen von den Sportlern sehr viel zurück: Herzlichkeit, Offenheit und eine neue Sicht auf Gewohntes.

Die Kernbotschaften lauten:
1. Die Partnerschaft mit SO ist ein Engagement der Mitarbeiter im Unternehmen.
2. ABB unterstützt Mitarbeiter, die sich ehrenamtlich engagieren.
3. ABB unterstützt die Integration von Randgruppen.
4. Die Partnerschaft ist ein gegenseitiges Geben und Nehmen.

SCHWERPUNKTE IM JAHR 2009

Die Kommunikation unterteilte sich nach Instrumenten und Intensität in vier Phasen. Vor den Winterspielen in Inzell stand die interne Kommunikation mit dem Ziel der Information und Motivation im Zentrum. Sie war insofern erfolgreich, als sich mehr Helfer anmeldeten, als Plätze zur Verfügung standen und das Los entscheiden musste.

Während der Spiele war die Kommunikation vor allem auf die externen Zielgruppen Kunden, Presse und allgemeine Öffentlichkeit gerichtet. ABB war im olympischen Dorf mit einem großen Sponsorenzelt vertreten, um auch dem Laufpublikum während der Spiele ABB vorzustellen. Im Zelt gab es laienverständliche Informationen zu ABB, verschiedene Aktionen und Gewinnspiele sowie Giveaways. Die ca. 50 eingeladenen Kunden trafen sich mit ABB-Managern zu einem Empfang vor Ort, wohnten gemeinsam der Eröffnungsfeier und den Wettkämpfen bei, beobachteten die anschließenden Wettbewerbe und ein besonders engagierter Kern von Kunden beteiligte sich sogar als Volunteers. Eine Diplomarbeit wertete über vier Jahre hinweg den ABB-Beitrag speziell bei den National Games aus.

Nach den Spielen erfolgten die interne Nachberichterstattung sowie der Versand eines kleinen Dankeschönpakets inklusive einer umfangreichen Foto- und Videodokumentation an die helfenden Mitarbeiter.

Zwischen den Games spielten interne wie externe Zielgruppen eine gleich große Rolle: Unterjährige Sportereignisse und Fundraising Aktionen an verschiedenen ABB-Standorten zogen die Aufmerksamkeit der Mitarbeiter, deren Familien und der Lokalpresse auf sich. Beispiele: die Weihnachtsspende eines Bereichs in Höhe von 10.000 Euro, die Durchführung eines „United" Fußballturniers mit ABB-Auszubildenden und SO-Sportlern in Berlin, ein Charity Lauf für Athleten in Ratingen und die tatkräftige Unterstützung von ABB-Mitarbeitern beim SO Tennis Camp in Neuss – ein Beweis auch für die breite Verankerung des Engagements an vielen Standorten von ABB Deutschland.

In Intranet und Print erfolgte intern das Jahr über eine kontinuierliche Berichterstattung. Extern umfassen die eingesetzten Medien das Portal www.abb.de/specialolympics mit einer neuen Fotostrecke, die Kundenzeitschrift Connect sowie die Präsentation des Engagements auf dem ABB-Stand auf Hochschulmessen. Pressetermine ergaben sich meist lokal aus der Partnerschaft von Mitarbeitern mit ortsansässigen Behinderteneinrichtungen, deren Sportler an den SO-Wettkämpfen teilnehmen. Anlässe mit externem Publikum wie die jährliche feierliche Eröffnung des Ausbildungsjahrs in Berlin wurden als Plattform genutzt, um die „Corporate Responsibility" zu demonstrieren. Schließlich wurde ein Anzeigenmotiv mit dem Vorstandsvorsitzenden von ABB Deutschland geschaltet, das sich in eine Anzeigenserie von SO einreiht.

Darüber hinaus wurde 2009 die Kommunikation von ABB mit der von SO so intensiv verzahnt wie noch nie zuvor. So hielten beide Organisationen gemeinsame Pressekonferenzen ab. Führungskräfte nahmen an wichtigen Events des Partners teil. So sprach der SO-Präsident auf ABB-Kundenveranstaltungen, und ABB-Manager nahmen an der „Nacht der Stars" (Benefiz-Gala zugunsten des deutschen Behindertensports) teil. Der neu entstandene Marketing-Beirat identifizierte zusätzliche gemeinsame Projekte für die Zukunft. So sammelt ABB im Jahr 2010 sowohl auf der Hannover Messe und der light+building Spenden für SO und bewirbt die Sommerspiele in Bremen.

Die Partnerschaft mit SO ist das langlebigste Kommunikationsprojekt von ABB in Deutschland. Als Ergebnis haben sich die Mitarbeiterbindung und -zufriedenheit, das Image in puncto CR und der Bekanntheitsgrad in der allgemeinen Öffentlichkeit verbessert.

DIE JURY

CSR geht jeden Einzelnen etwas an. Bei dem Unternehmen ABB leben die Mitarbeiter dieses Gefühl. Sie helfen nicht nur ehrenamtlich bei der Austragung der „Special Olympics" (SO), sondern bei vielen anderen Events in ganz Deutschland.

Nach innen gerichtete Kommunikationsmaßnahmen sowie die extern geschalteten Anzeigen, Plakate und Kampagnen erreichen eine breite Öffentlichkeit. Die Ausstrahlung, das Image und der Bekanntheitsgrad von ABB werden positiv genutzt und vielseitig eingesetzt.

Als B2B Unternehmen geht es ihnen in erster Linie darum, nachhaltig, glaubwürdig und langfristig zu handeln, nicht unbedingt darum, mehr Profit zu generieren. Das Integrieren von Partnern und lokalen Multiplikatoren schafft die Basis für die erfolgreiche Umsetzung der Kernbotschaften.

Die ABB AG hat die Jury vor allem in den Punkten, Langfristigkeit und aktives Mitarbeiten der Angestellten überzeugt. Zehn Jahre und mehr als 2.000 Mitarbeiter von ABB haben geholfen, die CSR-Strategie von ABB so erfolgreich zu gestalten. Die Jury des Deutschen Preises für Wirtschaftskommunikation ist stolz, der ABB AG hierfür den Golden Funken 2010 verleihen zu können.

1

1 „Wir sind schön." ABB unterstützt das portrait project von Luca Siermann. Der Profi-Fotograf widmet den Stars von Special Olympics, den Athleten, eine Portraitserie. Innerhalb eines strengen gestalterischen Rahmens – weiße Hintergründe, Querformat und schwarz-weiß – setzt sich diese Arbeit mit Persönlichkeit, Intensität und Individualität der Athleten auseinander.

2 Beispiel für gemeinsame Kommunikation: ABB-Vorstandsvorsitzender Peter Smits in der Testimonial-Anzeigenkampagne von SO. Das Motiv verdeutlicht: Sportler und Helfer begegnen sich auf Augenhöhe. ABB hat diese Anzeige auch im Kundenmagazin und der Mitarbeiterzeitung geschaltet.

3 Auch das Publikum macht Sport: Während der National Games wird auf dem Ergometer im ABB-Zelt im olympischen Dorf eifrig für Special Olympics geradelt. ABB sponsert jeden Kilometer mit 5 Euro, viertausend Euro können dabei schon einmal zusammenkommen. Die Scheckübergabe bietet ein geeignetes Motiv für die Medienvertreter.

3

4

Nicole Funk, Radfahrerin und Peter Smits, Vorstandsvorsitzender der ABB AG

„Von diesen Athleten können Sie und Ihre Mitarbeiter mehr lernen als auf jedem Personalführungsseminar. Machen Sie mit."

Special Olympics sind die weltweit größte Sportbewegung für Menschen mit geistiger Behinderung. Sie wurden 1968 von der Familie des ehemaligen US-Präsidenten John F. Kennedy ins Leben gerufen. Bei diesen Veranstaltungen geht es nicht um Sieg oder Niederlage. Mehr als jeder andere Wettbewerb verkörpern sie den ursprünglichen olympischen Gedanken: Dabei sein ist alles. Mitmachen heißt bereits gewinnen. Nämlich: Selbstvertrauen, Lebensfreude, gesellschaftliche Anerkennung. Und das unendlich wertvolle Gefühl, respektiert zu werden.

Als Unternehmen, das seine gesellschaftliche Verantwortung ernst nimmt, engagieren wir uns seit vielen Jahren für die Special Olympics. Weit mehr als tausend Mitarbeiter unseres Unternehmens haben sich mittlerweile als Helfer betätigt. Freiwillig und kostenlos. Es muss also etwas dran sein. Finden Sie es heraus.
Mehr Informationen über die Möglichkeiten des Engagements unter www.specialolympics.de

Special Olympics. Jeder ist Sieger.

Special Olympics
Deutschland

2

4 Die Freude der Athleten ist für viele Mitarbeiter der Grund, sich immer wieder als Helfer für die nationalen Spiele anzumelden und den eigenen Urlaub für das Ehrenamt einzubringen. Inzwischen muss das Los über die Teilnahme entscheiden.

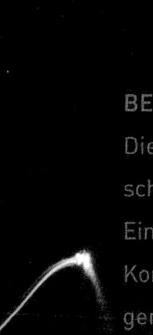

BESTE WERBLICHE KOMMUNIKATION

Die Marktkommunikation von Unternehmen ist von entscheidender Bedeutung für ihren wirtschaftlichen Erfolg. Ein zeitgemäßer und kreativer Umgang mit den verfügbaren Kommunikationsinstrumenten ist unverzichtbar. Überzeugende Werbemaßnahmen sind zielgerichtet und gewinnen die Aufmerksamkeit potenzieller Kunden.

FINALISTEN

» Otto Bock HealthCare GmbH

» Sedus Stoll AG

» ZEUS Zentrale für Einkauf und Service
   GmbH & Co. KG

» Stadtwerke Uelzen GmbH

» Cognis GmbH

» ECM Allianz Deutschland GmbH

» Berlin Partner GmbH

GEWINNER

» Deutscher Sparkassen- und Giroverband e.V.

OTTO BOCK HEALTHCARE GMBH
FINALIST

DAS UNTERNEHMEN

Otto Bock HealthCare GmbH
Max-Näder-Straße 15
37115 Duderstadt
www.ottobock.de

Verantwortliche
Dirk Artmann,
Leiter Unternehmenskommunikation
und Unternehmenssprecher

Partneragentur
Fotografie: Marco Moog, Hamburg

Branchenumfeld
Medizintechnik

Gründungsjahr
1919 in Berlin

Mitarbeiter / Standorte / Kundenzahl
Der Umsatz der Otto Bock HealthCare
betrug 2009 rund 501,5 Millionen Euro.
Die Mitarbeiterzahl belief sich zum
Ende des Jahres 2009 auf 4216 weltweit.
Netzwerk aus Vertriebs- und Service-
standorten in mehr als 40 Ländern auf
fünf Kontinenten. Mehrere tausend
Kunden weltweit.

QUALITY FOR LIFE

DIE KAMPAGNE

ENDDECKE DAS LEBEN

Das Ziel orthopädietechnischer Innovationen von Otto Bock ist es, verlorene oder eingeschränkte Mobilität wiederherzustellen. In der Geschichte der Prothetik hat Otto Bock dabei immer wieder neue Standards in der Versorgung von Menschen mit Handicap gesetzt. 1997 führte Otto Bock erstmals Elektronik in die Beinprothetik ein und revolutionierte so die Branche. Mehr als 30.000 Menschen weltweit tragen bereits das C-Leg®, das erste vollständig mikroprozessor-gesteuerte Beinprothesensystem, das sich als Standard der Versorgung in den Hauptmärkten Deutschland und USA etabliert hat. Mit der C-Leg® Produktlinie, zu der das C-Leg ® und das C-Leg® compact gehören, deckt Otto Bock unterschiedlich ausgeprägte Bedürfnisse nach Mobilität ab. Oberschenkelamputierte erzielen damit ein sehr natürliches Gangbild. Der Anwender gewinnt durch die extrem kurze Reaktionszeit des Prozessors an Sicherheit. Ein Umschaltmodus befähigt ihn zum mühelosen Gehen in unterschiedlichen Geschwindigkeiten, zum Treppabgehen in alternierenden Schritten sowie zum Fahrradfahren und Inlineskaten.

Im Mittelpunkt früherer C-Leg® Kampagnen standen stets klassische Werbemotive. Die neue Kampagne „Entdecke das Leben", die Otto Bock im September 2009 gestartet hat, orientiert sich verstärkt am Anwender und setzt ganz auf Authentizität. Im Fokus stehen ausgewählte C-Leg® Träger, die von ihrem Leben, ihren Zielen, Wünschen und Plänen für die Zukunft berichten. Damit führt das Unternehmen den Weg einer für die Branche richtungsweisenden „B to C Kommunikation" konsequent fort. Die Kampagne ist international angelegt und durch das Bausteinkonzept auch in lokalen Märkten verwendbar. Das primäre Ziel ist es, die potenziellen Nutzer der Produkte zu infor-mieren und ihnen mit Beispielen direkt aus dem Leben zu zeigen, welchen Zugewinn an Lebensqualität ein C-Leg® bedeuten kann.

Um das erlebbar zu machen, geht Otto Bock neue Wege in der Kommunikation: Die Real-Life-Kampagne ist zum einen an den Fachhandel als Unterstützung in der Kundenberatung adressiert. Zum anderen ist es wichtig, den Nutzer direkt zu informieren, ihn als mündigen Entscheidungsträger zu betrachten und in ein Thema einzubinden, das ihn und sein gesamtes Leben sehr persönlich betrifft. Trotz aller Fokussierung auf den von Amputation betroffenen Menschen und den Fachhandel sieht sich die Otto Bock HealthCare daher auch als Teil des gesamtgesellschaftlichen Dialogs: Anerkennung, Akzeptanz und Offenheit für das Thema Behinderung sind das mittelfristige Marketingziel.

Das Leben steht im Mittelpunkt der Real-Life-Kampagne, die im ersten Schritt in Deutschland und den USA gelauncht wurde. Dabei werden unterschiedlichste Kommunikationsplattformen genutzt. Auf einer eigenen Website (www.entdecke-das-leben.de) wird die Geschichte der Hauptdarsteller erzählt. In Videos – auch auf You Tube (www.youtube.com/entdeckedasleben) zu sehen – erhält der Besucher Einblicke, wie Kathy mit Freunden Berlin besucht, Massimo mit seiner Familie in Pisa unterwegs ist, Robert einige Tage in seiner Heimat Texas verbringt und Lin Peking für sich entdeckt. Die Kamera wurde zum Begleiter, der Schritt halten musste, der Zuschauer ist Beobachter. Auf gestellte Szenen wird bewusst verzichtet, die Aussagen sind live und spontan. Wie die C-Leg® Träger auch nach den Dreharbeiten ihr Leben leben, kann über Blog und Twitter verfolgt werden. Informationen zur Funktionsweise und Versorgung des C-Leg®, die wichtigsten Fragen rund um das Produkt, Download-Unterlagen und unterhaltsame Medien wie Bildschirmschoner und PC-Hintergrundbilder runden das Angebot der Website ab. Begleitet wird der Online-Auftritt durch eine Anzeigen-Kampagne in Fachmagazinen sowie fachbezogenen Endverbrauchermedien. Der Fachhändler kann auf eine attraktive Point of Sale Ausstattung zugreifen, Anzeigenvorlagen für die eigene Werbung und natürlich Händlerinformationen nutzen.

Hinter der Kampagne steht die Überzeugung, dass der Kunde durch vorgefertigte Werbe-Slogans kaum einen Mehr-Nutzen erhält. Er verlangt authentische Erfahrungen von Menschen, die mit dem Produkt im Alltag leben. Damit verbunden ist, dass der Nachfragende in diesem Bereich der Prothetik immer mehr zum Entscheidungsträger wird, der sich eigenständig informiert und konkrete Vorstellungen entwickelt, welche Ansprüche ein Produkt erfüllen muss. Insbesondere in so sensiblen Bereichen, in denen es um die eigene Mobilität und damit Lebensqualität geht, übernimmt er zunehmend Eigenverantwortung. Die Tendenz ist hier also klar zu erkennen: Der glaubwürdige Alltag mit dem Menschen muss im Zentrum der Kommunikation stehen. Menschen interessieren sich für Menschen, was sie tun und was sie sagen. Jeder Mensch hat eine Besonderheit, einen speziellen Punkt, eine Facette, die ihn interessant für andere macht. Wenn Menschen fasziniert und interessiert sind, prägen sich die damit verbundenen Bilder, Aussagen und Emotionen unvergesslich ein. Diese positiven Emotionen verbindet man automatisch mit dem Produkt oder der Marke, die dafür steht.

DIE JURY

Durch die überdachte Herangehensweise, bei der der Mensch als Nutzer der C-Leg® Prothesen authentisch in den Mittelpunkt gerückt wird, überzeugte Otto Bock HealthCare mit der Real-Life-Kampagne.

In den Bildern und Videos liegt die Betonung konsequent auf der lebensbejahenden Einstellung der C-Leg®Anwender, womit die Glaubwürdigkeit der Charaktere als sinnvolles Mittel zur Produkt- und Markendarstellung genutzt wird.

Die Kampagne schafft es, den Bogen von menschlicher Emotion über sachlich informativen Inhalt bis hin zur überzeugenden Werbebotschaft zu spannen. Schlüssig erscheint der Jury besonders die Integration der verschiedenen Kommunikationskanäle, sodass die Bilder und das Video der vorgestellten Personen nie allein stehen, sondern über Twitter, Blog und Anzeigen an Ehrlichkeit und Bezug zur Realität gewinnen.

Die Kommunikationsstrategie von Otto Bock HealthCare beweist gegenüber der Zielgruppe enormen Respekt und sollte unbedingt weiter verfolgt werden. Für den nächsten Schritt empfiehlt die Jury einen noch selbstbewussteren und zeitgemäßeren Umgang im Design. Die dargestellten Situationen können noch authentischer kommuniziert werden.

2

3

1

1 Die neue Kampagne „Entdecke das Leben"
setzt ganz auf Authentizität und stellt den
Anwender in den Mittelpunkt. Zentrales und
wichtigstes Element ist dabei die Aussage,
die sein Lebensmotto verkörpert bzw. beschreibt. Der Besucher bekommt in diesem
Anzeigenmotiv einen Einblick in das Leben
von Kathy, die mit Freunden Berlin besucht.

4

2/3 Eine Herausforderung bei der
Konzeption stellen die zahlreichen Aus-
landsgesellschaften von Otto Bock dar:
Die Tonalität der Kampagnen ist nicht
immer im jeweiligen kulturellen Umfeld
einsetzbar. Internationale Anwender und
Locations innerhalb von „Entdecke das
Leben" integrieren die Auslandsgesell-
schaften und öffnen die Kampagne zur
marktspezifischen Verwendung.

4/5 Die Kampagnenfotos zeigen den Anwender in alltäglichen oder besonderen
Situationen, die deutlich machen, wie er
sein Leben genießt. Es sind zudem realis-
tische Szenen, die aus einer Beobachter-
Perspektive aufgenommen werden
Authentizität ist entscheidend für die Identifikation des Betrachters mit den Situationen
und Aktionen. Ziel war es, Motive zu finden,
die möglichst viele Anwender ansprechen.

4

SEDUS STOLL AG FINALIST

DAS UNTERNEHMEN

Sedus Stoll AG
Brückenstraße 15
79761 Waldshut
www.sedus.com

Verantwortlicher
Joachim Sparenberg,
Leiter Kommunikation

Partneragenturen
» Gerhard Baumann GmbH & Co. KG
  www.gerhard-baumann.net
» straight. GmbH
  www.straight.de

Branchenumfeld
Büromöbelhersteller

Gründungsjahr
1871

Anzahl Mitarbeiter
982

Standorte
Firmensitz und Produktionsstandort
Deutschland, acht europäische Tochtergesellschaften, weltweit vertreten in
über 50 Ländern

DIE KAMPAGNE

Kundengewinnung auf höchstem Niveau mit dem internationalen Magazin und Internetforum „Place 2.5"

Mit „Place 2.5" hat der Büromöbelhersteller Sedus nicht nur ein einzigartiges Thema, sondern auch ein ganzheitliches Konzept mit einer wertvollen Unique Selling Proposition. Place 2.5 ist extrem facettenreich und viel mehr als ein Einrichtungskonzept. Es kann auch Unternehmensstrukturen und die Ablauforganisation optimieren. Hierzu braucht es Vertrauen, denn solch weit reichende Maßnahmen werden nicht in fünf Minuten oder zwischen Tür und Angel verabschiedet, sondern in den entscheidenden Führungsetagen gefällt.

Die Strategie von Sedus ist, mittels einer langfristig angelegten Kampagne dieses Vertrauen bei dem Klientel der Top-Entscheider zu schaffen, kontinuierlich auszubauen und möglichst zeitnah von der medialen Kommunikation in die persönliche Kommunikation überzugehen.

Professioneller Möbelkauf wird in der Regel von Entscheidergremien getätigt. Architekten, Innenarchitekten, Betriebsärzte, Betriebsräte, Einkäufer etc. haben jedoch immer Einzelinteressen und im seltensten Fall die Entscheidungsgewalt, den Anstoß für die Umsetzung eines „Place 2.5" zu geben. Je höher jedoch – hierarchisch gesehen – die Ansprechpartner sind, desto ernster wird dieses Thema genommen. Unternehmer, die ihre Office Performance um bis zu 36 % steigern können, hören auch mal gerne zu, obwohl sie extrem wenig Zeit für Beratungsgespräche haben oder sogar „beratungsresistent" sind. Springt der Funke über, wird so ein Thema „top-down" an die entsprechenden Stabstellen weitergegeben. Auf diese Weise konnten bereits mehrere vorbildliche Referenzprojekte realisiert werden.

Was interessiert den Top-Entscheider am Place 2.5? Gute Frage. Sicher sind es wissenschaftliche Studien, die das Konzept untermauern, aber auch „Lifestyle und Genuss" darf nicht zu kurz kommen. Dazu kommen auch Themen aus der Welt der Third Places wie Sport, Kunst und Kultur.

Wie transportiert man solche Themen? Am besten in einem Magazin. Und so wurde ein hochwertiges Special Interest Magazin geschaffen, das zwei Mal im Jahr erscheint. Die Erstausgabe wurde vor dem letzten Jahreswechsel mit einer Auflage von über 80.000 Exemplaren und in sechs Sprachen europaweit an die Zielgruppe Upper Management verschickt. Berücksichtigt wurden dabei nur Unternehmen, die mehr als 100 Verwaltungsarbeitsplätze vorweisen.

Parallel dazu wurde auch ein sechssprachiges Forum im Internet installiert. Hier werden mediale Möglichkeiten ausgeschöpft und – über die Printausgaben hinaus – von internationalen Journalisten regelmäßig weitere Inhalte eingestellt.

Während das Magazin nur Einweg-Kommunikation darstellt, ermöglicht das Internetforum echten Dialog mit der Zielgruppe. Mündet dieser Dialog in ein persönliches

Beratungsgespräch, ist eine wichtige Zwischenetappe erreicht. Ein großer Vorteil ist, dass der Gesprächspartner bereits auf das Thema vorbereitet ist und aus jedem Gespräch kann sich ein nennenswertes Projekt ergeben. Das bedeutet in Summe mehrere Millionen zusätzliches Umsatzpotential.

Im Vorfeld wurden mehrere Wirtschaftlichkeitsberechnungen erstellt. Die ergaben, dass sich die gesamte Kommunikationsmaßnahme allein über den zu erwartenden Mehrumsatz trägt und dadurch auch die Marktanteile erhöht werden. Ein anderer Effekt wurde nicht mitberechnet, ist aber als ebenso wichtig einzustufen: Sedus betreibt mit dieser Maßnahme Markenwerbung auf höchstem Niveau – direkt bei der relevanten Zielgruppe der Entscheider im Upper Management.

Willkommen im Place 2.5!

Place 2.5 ist ein exklusiv vom Büromöbelhersteller Sedus entwickeltes Konzept, mit dem Wissensarbeit deutlich effizienter gestaltet werden kann. So wurde „Place 2.5" zum Synonym für produktives Wohlfühlen, das Büroarbeit zu einem gewinnbringenden Erlebnis macht – zum Wohl des Unternehmens genauso wie zum Wohl der Mitarbeiter. Laut einer Langzeitstudie des Fraunhofer Instituts kann alleine durch vorbildliche Einrichtung und die Integration stimmungsbildender Elemente die Office Performance um bis zu 36 % gesteigert werden.
Die Idee des Place 2.5 basiert auf einem weltweit anerkannten Modell aus der Soziologie.

Soziologen sagen, unser Leben findet an drei Orten statt.

Der erste Ort ist das Zuhause, der zweite Ort ist der Arbeitsplatz, am dritten Ort findet Erholung und Vergnügen statt. Diese drei Orte haben sich strukturell nicht, aber inhaltlich zum Teil dramatisch verändert.

Der First Place, unser Zuhause, ist durch die Forderung nach mehr Flexibilität und Mobilität hochgradig gefährdet. Die Bedeutung der Familie nimmt nicht nur nach demografischer Betrachtung weiter ab.

Der Second Place, in unserem Falle der Büroarbeitsplatz, vernachlässigt in der Regel durch seine rein funktionale Ausprägung die emotionalen Bedürfnisse der dort arbeitenden Menschen.

Die dritten Orte, die Third Places, suchen wir auf, um unsere Batterien aufzuladen. Das kann der Waldspaziergang sein oder der Kinobesuch, der Italiener um die Ecke, das gute Buch am Kaminfeuer oder aktives Vereinsleben. Jeder Mensch hat es schon erfahren: An diesen Third Places kommen die besten Ideen.

Indem die sinnliche Stimulanz der Third Places in die Büros geholt wird, werden sie zu einem perfekten Second Place, der sich wie ein Third Place anfühlt. Und das ist ein „Place 2.5". Ein stimulierendes Büroumfeld, in dem die Menschen bei ihrer Arbeit mehr Sinn, Spaß, Erfolg und Erfüllung erfahren.

DIE JURY

Wir leben inmitten des digitalen Zeitalters und die „Sitzgesellschaft" entwickelt sich stetig weiter.
Dieses Thema greift das Konzept „Place 2.5" von Sedus Stoll erfolgreich auf. Ein gewinnbringendes Erlebnis zum Wohle der Unternehmen und deren Mitarbeiter beim Arbeiten im Büro. Um den Auftritt von Sedus Stoll zu stärken, sollten neben dem bisher sehr gelungenen Magazin und dem Forum auch Kundenevents oder Ähnliches ausgebaut werden, um die Zielgruppe stärker einzubinden und die Nachhaltigkeit des Unternehmenskonzeptes zu unterstreichen.

Das Unternehmensmagazin für Produktives Wohlfühlen mit dem Ziel, sich von Beginn an sowohl gestalterisch als auch inhaltlich von gewöhnlichen Unternehmenszeitschriften abzugrenzen, überzeugte die Jury. Hierdurch entsteht ein interessanter Ansatz, der sein Ziel erreicht: Das Magazin erreicht den Betrachter als besondere Form der Unternehmenszeitschrift mit Themenschwerpunkten, die die Zielgruppe trifft und grenzt sich dadurch klar von der herkömmlichen verkaufsfördernden Strategie ab.

Auch das dazugehörige Online-Forum steht in diesem Licht und besticht durch mehrsprachige aktuelle Nachrichten, die dem Interesse der Zielgruppe entgegenkommen.

1

1

1 Mit einer Auflage von über 80.000 Exemplaren und in sechs Sprachausgaben wurde
das neue Magazin „Place 2.5" an Top-Entscheider in ganz Europa verschickt.

2 Vorbildlich gestaltete Bürolandschaften
gehören ebenso zum Inhalt wie aktuelle
Referenzprojekte, die nach dem Konzept
Place 2.5 umgesetzt wurden.

Im Forum Place 2.5
finden Sie alles, was das
Internet besser darstellen
kann, wie Kamerafahrten
durch kreative Refe-
renzen. Oder Pläne und
Grundrisse von inno-
vativen Raumlösungen.

5

3

4

3 Wissenschaftliche Studien werden allgemein verständlich und mit Illustration anschaulich gemacht.

4 Im Magazin Place 2.5 kommen auch Experten für Mood Management zu Wort. Eine beigeklebte Duftkarte (Fühlen, Riechen) wird in Kombination mit dem Internet (Hören, Sehen) zum Sinneserlebnis der besonderen Art.

5 Über die Magazininhalte hinaus bietet das Internetforum Place 2.5 mediale Specials wie Kamerafahrten durch Referenzen, Einsicht in Architektenpläne, aber auch aktuelle Veranstaltungs- und Kulturtipps bis hin zu Film- oder CD-Rezensionen.

HAGEBAUMARKT
FINALIST

DAS UNTERNEHMEN

ZEUS Zentrale für Einkauf und Service
GmbH & Co. KG
Franchise-Systemzentrale
für hagebaumärkte
Celler Straße 47
29614 Soltau
www.zeus-online.de
www.hagebau.de

Verantwortliche
» Hans-Jürgen Meißner
   Bereichsleiter Marketing / Werbung
» Oliver Wichern
   Abteilungsleiter Werbung

Partneragenturen
» JOM Jäschke Operational
   Media GmbH
   www.jomhh.de
» kempertrautmann gmbh
   www.kempertrautmann.com

Branchenumfeld
Handel / Baumarkt- und
Gartencenterbranche

Gründungsjahr
1964

DIE KAMPAGNE

Die hagebaumärkte sind die Einzelhandelssparte der hagebau GmbH & Co. KG mit der Zielgruppe Endverbraucher. Ihr Programm umfasst alles, was Heimwerker von einem modernen Baumarkt erwarten. Mit knapp 300 Standorten gehören die im Franchise-system betriebenen hagebaumärkte heute zu den Top 5 im deutschen Branchenrank-ing der Baumärkte. Franchisegeber ist das Tochterunternehmen ZEUS, das Einkauf, Vertrieb und Marketing für die einzelnen Märkte bündelt. Im Jahr 2009 feierten die hagebaumärkte ihr 30-jähriges Jubiläum.

Die grundlegende Zielsetzung der Kampagne 2009 bestand darin, die gute Position unter den Top 5 der Branche und die eigenen Wettbewerbsvorteile weiter auszubauen sowie den Abstand auf nachfolgende Wettbewerber zu vergrößern. Bei Werbe-investitionen, die im Vergleich zu den Kernwettbewerbern um den Faktor drei bis vier niedriger lagen, war es dabei unabdingbare Voraussetzung, hagebaumarkt im bislang weitgehend undifferenzierten Baumarkt-Segment eindeutig zu positionieren und den Kunden die Stärken regionale Verbundenheit, Nähe, Service und Kompetenz zu vermitteln. Um dies zu erreichen, wurde der Claim „Hier hilft man sich" entwickelt. Alle Einzelmaßnahmen der Kommunikationsstrategie wurden unter diese Kern-botschaft gestellt. hagebaumarkt sieht seine Kunden als „den Menschen, den Gesprächspartner, den Bekannten, den Nachbarn und den Mitbewohner der Re-gion", dem man gerne hilft, nachbarschaftlich und freundschaftlich mit Rat und Tat zur Seite steht. Zusätzlich zu dem Claim ist für hagebaumarkt das Testimonial Mike Krüger ein schneller und sympathischer Wiedererkennungsfaktor. Krüger übernimmt die Kundenrolle und wird auf dem Werbemittel immer zusammen mit einem hagebaumarkt-Mitarbeiter in Freundschafts- oder kleinen Hilfe-Szenen abgebildet, wobei die Tonalität der Kommunikation stets freundlich, unterhaltsam, persönlich und locker ist.

Die Kampagne 2009 bestand aus zwei Flights und basierte auf den Medien TV und Funk. TV war dabei das strategische Basismedium, das über 80 Prozent im Mediamix ausmachte. Das audiovisuelle Medium transportierte für hagebaumarkt wesentliche Markenattribute wie Service, Qualität, Beratung, aber auch Größe und Sympathie. Entsprechend der Zielgruppenaffinität wurden z. B. die Formate ARD-Sportschau und DSF Doppelpass belegt. Durch die Konzentration auf wenige Fußballumfelder gelang es hagebaumarkt, trotz des massiven Werbedrucks der Kernwettbewerber für den Konsumenten im Kampagnenzeitraum sichtbar zu werden sowie im Konkurrenz-vergleich einen überdurchschnittlichen Werbedruck aufzubauen und zu halten. Verfolgt wurde damit eine klare Dominanzstrategie. Das Thema Fußball wurde durch ausgewählte Premium-Umfelder im TV (z. B. ARD „Best Minute") begleitet.

Im ersten Flight zum Auftakt der Saison in den Monaten März, April und Mai wurden Tandemspots (Image- und Produktspot) platziert. Dadurch wurde das Markenimage – mit und um das Testimonial Mike Krüger – optimal kommuniziert und gleichzeitig der Abverkauf ausgewählter Partnerprodukte gefördert. Das Medium Funk wurde im ersten Flight nicht belegt. Der zweite Flight im September, Oktober und November stand im Zeichen des dreißigjährigen hagebaumarkt-Jubiläums und war, bedingt durch die speziellen Angebote, stärker abverkaufs- bzw. umsatzorientiert. Die Dominanzstrategie im TV aus dem ersten Halbjahr wurde fortgeführt und durch weitere Sender ergänzt. Ziel war es, die Reichweite nochmals auszubauen und neue Potenziale anzusprechen. Kürzere Spots wurden nun eingesetzt. Die Konsequenz: eine deutliche Intensivierung der Medialeistung, was der stärker taktisch orientierten Ausrichtung des zweiten Flights und dem Ausbau der Käuferreichweite Rechnung trug.

Als zusätzliches, sehr wirtschaftliches und abverkaufsorientiertes Medium wurde Funk zeitlich nachgelagert zur Verlängerung der TV-Spots eingesetzt. So nutzte Funk die bereits aktualisierte Bekanntheit des Testimonials und fungierte als Umwandlungsmedium durch Angebotskommunikation. Der deutschlandweit regional nach Absatzpotenzial ausgesteuerte Funk-Einsatz steigerte zudem noch einmal die Gesamtreichweite der Kampagne und führte zu einer sehr wirtschaftlichen Kontaktmaximierung.

Der Erfolg

Die ca. 300 deutschen hagebaumarkt-Standorte konnten mit einem Wachstum von 4,2 Prozent den Umsatz auf 1,35 Mrd. € steigern. Die ungestürzte (+4,2) und gestützte Markenbekanntheit (+3,4) konnten durch die Kampagne im Vergleich 2009 vs. 2008 deutlich erhöht werden. Bei der ungestützten Werbeerinnerung legte hagebaumarkt um satte 6 Prozentpunkte zu, während die gestützte Werbeerinnerung einen Zuwachs von 3,2 Prozentpunkten verbuchen konnte. Ein Ergebnis, das durch die gleichzeitigen Verluste der Hauptkonkurrenten um so mehr überzeugt. Die Kommunikation arbeitete deutlich wirkungsvoller: Gemessen an den Werbeausgaben pro Prozentpunkt ungestützter Markenbekanntheit/Werbeerinnerung warb hagebaumarkt bis zu sechsmal effizienter als der Wettbewerb. Der Anteil der Werbeausgaben am Umsatz belief sich auf lediglich 0,55 Prozent, während dieser Wert bei den Kernwettbewerbern auf einem bis zu sechsmal höheren Niveau lag. Damit steht fest: hagebaumarkt war 2009 der Gewinner der Baumarktbranche.

DIE JURY

Entgegen der Branchenstimmung startete das Unternehmen ZEUS Zentrale für Einkauf und Service GmbH & Co. KG mit der Marke hagebaumarkt positiv in das Jahr 2009, nicht zuletzt in Hinblick auf das 30-jährige Jubiläum im Herbst 2009.

Mit seiner werblichen Kommunikation ist es hagebaumarkt gelungen, die Kernbotschaften Kompetenz, Nähe und Hilfsbereitschaft aufmerksamkeitsstark in dem Claim „Hier hilft man sich" zusammenzufassen und diesen in den zielgruppen-relevanten Kanälen zu kommunizieren. Die Betonung lag klar auf Beratungsqualität und Service, was den hagebaumarkt-Verkäufer in seinem nachbarschaftlich–freundschaftlichen Umgang mit dem Kunden deutlich von den Wettbewerbern abhebt.

In der Rolle als Kunde erwies sich Mike Krüger als glaubwürdiger Vermittler der Botschaft mit hohem Wiedererkennungswert. Die personelle Verknüpfung von ihm mit der Marke hagebaumarkt wurde sinnvoll genutzt, um gegenüber dem ersten Flight zum Saisonauftakt im Frühjahr in der zweiten Werbephase im Herbst zusätzlich zum TV auch im Funk zu werben.

Die Jury bedauert, dass die Kampagne zum Ende hin sehr abverkaufsorientiert geworden ist, sollte doch das Jubiläum und die Markenwerte im Mittelpunk stehen.

1

1/2/3 Im TV-Spot sieht man das Testimonial Mike Krüger als Kunden im hagebau-Markt. Zusammen mit hagebaumarkt-Mitarbeitern wird in kleinen lustigen Hilfe-Szenen der Claim „Hier hilft man sich" zum Leben erweckt.

4 Auf dem Motto-Plakat sieht man das Testimonial Mike Krüger zusammen mit einem hagebaumarkt-Mitarbeiter. Der Mitarbeiter hilft – getreu dem Motto „Hier hilft man sich" – dem Kunden mit seinem Einkauf. Die Tonalität, in der hagebaumarkt gegenüber seinen Kunden kommuniziert ist freundlich, unterhaltsam, persönlich und locker.

5 Das Mailing wurde an hagebaumarkt-Kunden geschickt, die Inhaber einer Partnercard sind. Die Gestaltung ist typisch für hagebaumarkt: Das Testimonial Mike Krüger übernimmt die Kundenrolle und wird zusammen mit einem hagebaumarkt-Mitarbeiter

2

4

3

5

in Freundschafts- oder kleinen Hilfe-Szenen abgebildet. In dem Partner-Card Mailing sind außerdem auch zwei kleine „Hilfe-Tipps" zu sehen. Die Tipps geben nützliche Hilfestellungen mit auf den Weg und gehen Hand in Hand mit dem Claim „Hier hilft man sich".

STADTWERKE UELZEN FINALIST

DAS UNTERNEHMEN

Stadtwerke Uelzen GmbH
Im Neuen Felde 105
29525 Uelzen
www.stadtwerke-uelzen.de

Verantwortlicher
Dipl.-Kfm. Mirco Pinske,
Prokurist

Partneragentur
Molthan van Loon Communications
Consultants GmbH
www.mvlcc.de

Branchenumfeld
Energiewirtschaft

Gründungsjahr
1856

Mitarbeiter / Standort / Kundenzahl
97 / Uelzen / ca. 16.000

DIE KAMPAGNE

Ausgangssituation

Der Strommarkt hat aufgrund der Liberalisierung einen starken Umbruch erfahren. Energieunternehmen befinden sich heute in einem zunehmenden Wettbewerb, in dem der Kunde seinen Versorger unabhängig von dessen Standort frei wählen kann. Insbesondere kommunale Energieanbieter müssen sich seither im Wettbewerb gegenüber zahlreichen privatwirtschaftlichen Anbietern, die sich über günstige Preise oder Nischenprodukte positionieren, behaupten. Die Stadtwerke Uelzen haben sich gegen eine reine Preispolitik und für eine Markenpositionierung entschieden und vertreiben ihre Produkte, u. a. Naturstrom, unter der Marke *mycity*.

Ziel

Die langfristige Vertriebsstrategie der Stadtwerke Uelzen sieht vor, weitere Märkte für die Naturstromprodukte zu erschließen. Mithilfe einer Kommunikationskampagne galt es, in Hamburg Aufmerksamkeit für den kommunalen Energiedienstleister und seine umweltfreundlichen Stromprodukte zu generieren. Da es sich um die erste PR-Kampagne in einem geographisch neuen Markt handelte, sollte diese zunächst mit einem geringen Personal- und Budgetaufwand realisiert werden.

Strategie

Im Juli 2009 hatte die öffentliche Diskussion über eine Alternative zur Atomenergie höchste Brisanz in Hamburg: Erneute Zwischenfälle im Kernkraftwerk Krümmel hatten zu einem Spannungsabfall im Netz und folgenreichen Stromausfällen geführt. Die wesentliche strategische Überlegung war es daher, das Zeitfenster, in dem Krümmel bzw. die Atomkraftdebatte starkes öffentliches Interesse erfuhren, zu nutzen, um den atom- und konzernfreien Strom der Uelzener Stadtwerke als gute Alternative zu positionieren. Dazu musste die Kommunikation unmittelbar nach den Zwischenfällen einsetzen. Obschon die Diskussion um den Atomausstieg bzw. um Alternativen zur Kernenergie eine hoch politische Debatte ist, sollten die Stadtwerke Uelzen keineswegs politisch positioniert werden. Vielmehr sollte das Issue Krümmel als Denkanstoß genutzt werden. Für die Kommunikation wurde daher ein Claim genutzt, der die Hamburger trotz der Ernsthaftigkeit des Themas zum Schmunzeln bringen sollte. Zugunsten einer möglichst starken Produktwahrnehmung, richtete sich die Kommunikation insbesondere an *erwachsene, umwelt- und qualitätsbewusste sowie internet-affine Zielgruppen*.

Umsetzung

Um den strategischen Maßgaben gerecht zu werden, wurde ein Kampagnenkonzept entwickelt, das an der Schnittstelle von PR und Werbung anzusiedeln ist.

Anders als bei vielen Konsumgütern ist eine klassische Verkaufsförderung mit Produktproben bei Naturstrom nicht möglich. Zudem handelt es sich um ein Produkt, für das sich Kunden üblicherweise nicht spontan entscheiden. Daher wurde eine Postkarte entwickelt, die über die Ziele der klassischen Werbung hinausging. Die Karte regte weniger zur unmittelbaren Kaufentscheidung für den Naturstrom an, sondern transportierte vielmehr die Produktverfügbarkeit, die Markenaspekte des Naturstroms der Uelzener Stadtwerke sowie weiterführende Informations- bzw. verschiedene Wechselmöglichkeiten. Um das Issue Krümmel ohne eine politische Positionierung aufzugreifen, wurde der Claim „Garantiert ohne Krüm(m)el: Naturstrom aus Uelzen" entwickelt, der durch den Untertitel „den Wechsel kriegen Sie schnell gebacken" sowie eine entsprechende Bildsprache (Keksmotiv) unterstützt wurde. Die Auftaktaktionen des Postkarten-Samplings fanden jeweils an Samstagen an zentralen S-Bahnhöfen in der Hamburger Innenstadt statt. Später wurde die Postkarte auch auf Wochenmärkten sowie bei ausgewählten Kultur- und Sportevents verteilt, um eine möglichst gute Zielgruppenausschöpfung zu erreichen. Die Zugabe von Keksen unterstützte die Wahrnehmung der Postkarte.

Während die Kundenansprache in Uelzen unter www.stadtwerke-uelzen.de selbstverständlich ist, war diese weniger geeignet, um potenzielle Kunden in Hamburg anzusprechen. Daher wurde *für den Hamburger Markt eine eigene URL eingerichtet, die die Kernbotschaft der Kommunikation vermittelt: www.naturstrom-hamburg.de.* Diese verlinkt unmittelbar in den Kundenbereich der Stadtwerke Uelzen und erspart Hamburger Interessenten die Suche auf der Unternehmenswebsite, die für sie auch irrelevante Informationen enthält, z. B. lokalspezifische Hinweise für Uelzener Kunden. Als zentrales Instrument der Kundenkommunikation, wurde zudem der gesamte Kundenbereich der Website umgestaltet und erweitert.

Mit dem Claim und der Bildsprache der Postkarte wurde parallel zu den Sampling-Aktionen eine Werbeanzeige in ausgewählten Rubriken der Online-Ausgabe des Hamburger Abendblattes geschaltet.

Ergebnis
Drei Monate nach der Durchführung der Aktion verzeichneten die Stadtwerke Uelzen rund 500 neue Strom- und 900 Gaskunden aus Hamburg. Aufgrund der zeitlichen Diskrepanz zwischen der Aufmerksamkeit für das Produkt und dem möglichen Stromwechsel ist eine finale Bilanz jedoch erst langfristig sinnvoll. *Das Interesse am Uelzener Naturstrom konnte hingegen unmittelbar anhand der Visits sowie der Aufenthaltsdauer auf der Website nachgewiesen werden.* Analysen zeigten, dass sich Hamburger überdurchschnittlich lange im neuen Kundenbereich der Website aufhielten. Darüber hinaus wurden die Stadtwerke Uelzen erstmalig in verschiedenen Medienberichten neben den in Hamburg bereits etablierten Stromanbietern genannt.

DIE JURY

Unter ihrer Marke mycity tritt die Stadtwerke Uelzen GmbH erfolgreich aus dem Schatten der zumeist preis-politisch orientierten Vorbilder des Energiemarkts. Der Naturstrom-anbieter nutzt im richtigen Augenblick die Debatten infolge der Störfälle in dem von Vattenfall und E.ON betriebenen Kernkraftwerk Krümmel im Sommer 2009.

In einer Ad-hoc-Reaktion präsentiert sich mycity außerhalb des bisherigen regionalen Marktes als nachhaltige, atom- und konzernfreie Alternative zu den Grundversorgern und der starken Konkurrenz der Ökostromanbieter im Raum Hamburg. Mit der Kampagne „Garantiert ohne Krüm(m)el" gewinnt mycity trotz kleinen Budgets die Zielgruppe aus jungen Familien mit mittlerem bis hohem Umwelt- und Qualitätsbewusstsein.

Mit Hilfe der kombinierten Kommunikation aus Postkarten-Sampling, ausführlicher Online-Präsenz und unterstützender Medienarbeit erzielt die Stadtwerke Uelzen GmbH hohe Resonanz mit geringem finanziellem Aufwand.

Die Postkartenbotschaft „Garantiert ohne Krüm(m)el" geht klar aus dem Bildinhalt hervor und wird auf sympathische Weise durch den Satz „Den Wechsel kriegen Sie schnell gebacken" und die Zugabe von Keksen abgerundet. Die Jury empfiehlt, im Design noch klarer zu werden; sieht jedoch hier den Beweis, dass Werbung in einem so abstrakten Markt nicht kostspielig sein muss.

Garantiert ohne Krüm(m)el: Naturstrom aus Uelzen

1 Wer umwelt- und qualitätsbewusst lebt, interessiert sich auch für umweltfreundlichen Strom aus regenerativen Quellen. Die richtigen Zielgruppen für den Uelzener Naturstrom sprachen die Promotoren bei ausgewählten Kultur- und Sportevents an.

1

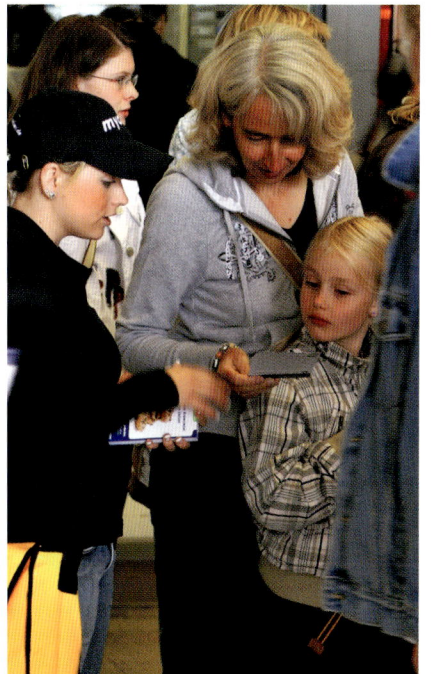

3

4

2

2 „Garantiert ohne Krüm(m)el": In der Hoch-
phase der Diskussion um das störfallanfäl-
lige Kernkraftwerk Krümmel in Geesthacht
bei Hamburg nutzen die Stadtwerke Uelzen
eine Info-Postkarte, um ihren Naturstrom in
Hamburg bekannt zu machen. Mit der Karte
wurde in der norddeutschen Metropole
deutlich: Der Naturstrom der Stadtwerke
Uelzen ist sicher, umweltfreundlich und ein
echtes Markenprodukt.

3 Auftakt der Sampling-Aktionen in der
Hamburger Innenstadt. Die Hamburger
zeigten sich sehr daran interessiert, was
die Uelzener Stadtwerke „garantiert ohne
Krüm(m)el" anbieten. Während die Kekse,
die die Promotoren zusammen mit der
Info-Karte verteilten, sicher nicht ganz
ohne Krümel verzehrt werden konnten,
ist der Naturstrom der Stadtwerke Uelzen
garantiert atomfrei, konzernfrei und 100
Prozent natürlich.

4 „Garantiert ohne Krüm(m)el": Der Claim
sowie das entsprechende Keksmotiv stellten
sicher, dass das Thema von den Zielgruppen weniger politisch, sondern vielmehr mit
einem Augenzwinkern aufgegriffen wurde.
Um diesen Effekt zu unterstützen, verteilten
die Stadtwerke Uelzen echte Kekse – und
viele Passanten stellten beim Genuss der
schokoladigen Plätzchen fest: Garantiert
ohne Krüm(m)el ist tatsächlich nur der
Naturstrom aus Uelzen.

COGNIS GMBH
FINALIST

DAS UNTERNEHMEN

Cognis GmbH
Rheinpromenade 1
40789 Monheim am Rhein
www.cognis.com

Verantwortliche
» Susanne Marell,
  Vice President Corporate
  Communications
» Silke Rau,
  Communication Manager
» Raquel Ark,
  Senior Communications
  Manager

Partneragenturen
» XEO GmbH
  www.xeo-marken.de
» JP | KOM GmbH
  www.jp-kom.de

Branchenumfeld
Spezialchemie

Gründungsjahr
1999

Mitarbeiter
5600

Standorte
62 in 30 Ländern

DIE KAMPAGNE

Die Situation

Die weltweite Nahrungsmittel- und Getränkeindustrie, ein wichtiger Markt für den Spezialchemieanbieter Cognis, steckt in einem tiefgreifenden Wandel: Verbraucher erwarten von Produkten nicht mehr nur, dass sie die grundlegenden Nahrungsbedürfnisse erfüllen und gesund sind. Sie sollen gleichzeitig auch das körperliche und geistige Wohlbefinden steigern. Cognis liefert zum einen Grundstoffe und Produkte für Nahrungs- und Lebensmittelhersteller, versteht sich zum anderen aber auch als Impulsgeber für neue Produktideen. Das Unternehmen hat dabei einen ganzheitlichen Blick auf Trends, Endverbraucherbedürfnisse sowie gesellschaftliche und vom Gesetzgeber bestimmte Veränderungen. Ebenso beschränken sich die Kommunikationsaktivitäten von Cognis nicht darauf, einzelne Produkte zu vermarkten. Um für seine Kunden echten Mehrwert zu schaffen, bietet Cognis komplette Lösungen und Konzepte inklusive marktreifer Produkte und Marketing-Botschaften. Dieser Ansatz lässt sich zusammenfassen unter dem Leitgedanken „Think B2C, act B2B". Hier setzt auch die Positionierungskampagne „Newtrition – Eat. Feel. Live." an.

Die Ziele

Ziel der Kampagne ist es, den Geschäftsbereich Nutrition & Health optimal bei der Positionierung in seinen im Wandel begriffenen Märkten zu unterstützen – als Innovationstreiber für moderne Ernährung. Damit die Kampagne ein Erfolg wird, muss sie druckvoll und weltweit mit einheitlichem Look & Feel in den Märkten der Strategischen Geschäftseinheit kommuniziert werden. Gleichzeitig gilt es dabei, kulturelle Besonderheiten einzelner Länder und Regionen zu berücksichtigen.

Zielgruppe sind führende Hersteller von Nahrungsmitteln, Getränken und Nahrungsergänzungsmitteln. Cognis Nutrition & Health will sie dabei unterstützen, den Wohlfühlfaktor ihrer Produkte zu steigern – und ihnen so einen entscheidenden Vorteil im Wettbewerb zu verschaffen.

Die Strategie

Der weltweite Wellness-Trend hat in fast allen Bereichen des Lebens Einzug gehalten – entsprechend hat Cognis einen umfassenden Weg für die Kommunikation von Newtrition gewählt: Die Positionierungskampagne zeigt, wie Cognis mit seinen Produkten, Inhaltsstoffen und Konzepten den „Wohlfühlfaktor" von Nahrungsmitteln und Getränken beeinflusst und so zu einer starken Markenbildung beiträgt. Cognis hat hierfür vier Wellness-Dimensionen definiert: „Emotionale Wahrnehmung", „Geschmackserlebnis", „Wirksamkeit" und „Convenience". Jedes Nutrition & Health-Produkt zahlt in mindestens eine der Dimensionen ein. In Bild und Text fokussiert die Kampagne auf fünf emotionale Wellbeing-Benefits, die der Endverbraucher erlebt und fühlt: Innere Balance, Vitalität, Gesundheit, Schönheit und Genuss. Die Kampagnenmotive zeigen jeweils ein Herstellerprodukt zusammen mit einem konkreten Vorteil für den Endverbraucher.

Bei der Entwicklung der Kampagne haben Marketing, Vertrieb sowie Forschung und Entwicklung cross-funktional zusammengearbeitet. Um die Konsistenz der Botschaften sicherzustellen, mussten anschließend alle relevanten Führungskräfte sowie Mitarbeiter aus Marketing und Vertrieb ins Boot geholt werden. Dazu wurden sie u. a. mit einer Reihe an Tools und Medien geschult. Die begleitenden Maßnahmen der Kampagne sollten ein einheitliches Erscheinungsbild marktübergreifend sicherstellen, ohne kulturelle Unterschiede zu vernachlässigen.

Die Umsetzung

Start der Newtrition-Kampagne war Mai 2009. Die Einführung basierte auf 4 Säulen:

» *„Roll-in-Phase"* zur Vorstellung der Kampagne, Schaffung eines gemeinsamen Verständnisses und Empowerment der Mitarbeiter: Kick-off-Events an Standorten weltweit, Informationen über das Intranet, Präsentationen, Pocket Guide und Toolkits.

» *Anpassung der Kampagne an regionale Märkte und Bedürfnisse*
Erhöhung der Wirksamkeit der Maßnahmen und Aufmerksamkeit der Zielgruppen vor Ort durch die Anpassung von Botschaften, Visuals und kreativer Umsetzung an kulturelle Besonderheiten. Grundlage dafür waren Interviews mit Experten aus Marketing und Vertrieb vor Ort.

» *Marketingaktivitäten zur Marktpositionierung und Verkaufsförderung*
Anzeigen, Broschüren, Messestand auf der Vitafoods 2009 in Genf, Pressemitteilungen, Poster, Kartenset und weitere Publikationen; weitere Tools in der Fertigstellung, u. a. Microsite auf www.cognis.com, Produktionsfilme, Produktfächer, Modulpräsentation.

» *Marktinformationen*
Erhöhung des Marktverständnisses und konsequente Nutzung des erworbenen Wissens durch umfassende Markt- und Trendanalysen und Durchführung neuer Studien.

Die Ergebnisse

Mit Newtrition unterstützt Cognis seine Kunden dabei, Produkte zu entwickeln, die das Wohlfühlerlebnis der Verbraucher steigern – und unterstreicht seine eigene Kompetenz, umfassendes chemisch-technologisches Wissen mit tiefem Verständnis für die Märkte der Kunden zu verbinden. Auf der Fachmesse „Vitafoods" lockte der Launch von Newtrition zahlreiche Journalisten, Kunden und Wettbewerber an den Messestand. Die Resonanz der wichtigsten Stakeholdergruppen, u. a. bekannte Markenartikler und Handelsunternehmen, auf der Messe und während der folgenden Monate war durchweg positiv. Dem Geschäftsbereich Nutrition & Health ist es gelungen, sich in kürzester Zeit nachhaltig in seinen Märkten zu positionieren und die Veränderungen als First Mover zu nutzen. Nach dem erfolgreichen Start von Newtrition in den deutschsprachigen Ländern wird die Kampagne jetzt nach und nach auch in anderen Ländern und Regionen ausgerollt.

DIE JURY

Der globale Wellness Trend hat auch in der Nahrungsmittel-und Getränkeindustrie Einzug gehalten. Der Markt verlangt nach Produkten, die einen positiven Zusatzeffekt für die Gesundheit aufweisen.

Als weltweites Spezial-Chemie-Unternehmen stand Cognis GmbH im Jahr 2009 vor der Aufgabe, den Geschäftsbereich „Nutrition and Health" als Innovationstreiber für moderne Ernährung auf dem Weltmarkt zu positionieren. Das Unternehmen definierte diesbezüglich in der Positionierungskampagne „ Newtrition –Eat.Feel.Live" fünf Wellness Vorteile, die als Inhaltsstoffe die Herstellerprodukte verbessern.

Kernpunkt waren die fünf Kampagnen-Motive, die jeweils ein Herstellerprodukt mit einem Wellness-Vorteil für den Endverbraucher zeigen. Die Werbebotschaft kommuniziert dadurch einen erkennbaren Kundennutzen.

Nach Meinung der Jury zeigt die Kampagne eine schlüssige Strategie, die langfristig angelegt ist. Besonders ist die bildhafte Gestaltung der Benefits, die einen hohen Wiedererkennungswert aufweist. Der Surfer auf der „Margarinewelle" steht zum Beispiel für die Vitalität, die in der Margarine steckt.

Um das Image und die Glaubwürdigkeit nachhaltig zu etablieren, empfiehlt die Jury der Cognis GmbH, ihre Maßnahmen auf weitere Zielgruppen auszubauen. Die durchgehende Stringenz hat die Jury jedoch überzeugt.

Newtrition™ —
inner balance in a drink.

Ice tea with a feel-good factor: just one of the many ways
Newtrition™ turns your products into a well-being experience
for your customers. Let's talk about concepts for tomorrow's
nutrition—drinkable inner balance based on product concepts
such as our Omevital™ omega-3 fatty acids and our Plantalin™
range of high-quality plant extracts.

Newtrition™ — Eat. Feel. Live.

cognis.
we know how

COGNIS GmbH, Nutrition & Health
Europe +49 7303 13 572
North America +1 708 579 6150
Asia Pacific +61 3 9584 4588

www.cognis.com

1

1 Das gesteigerte Bewusstsein der Menschen für das Gleichgewicht von Körper und
Seele hat den weltweiten Wellness-Trend
hervorgebracht. Cognis unterstützt zum
Beispiel Hersteller von Getränken dabei,
Produkte zu entwickeln, die das Wohlfühlerlebnis der Verbraucher steigern. Hier:
innere Balance.

2 „Think B2C, act B2B": Im Zentrum der
Positionierungskampagne „Newtrition"
steht der Konsument mit seinen Bedürfnissen und dem emotionalen Benefit, den die
Herstellerprodukte mit Inhaltsstoffen von
Cognis bieten. Fitness und Vitalität stehen
bei vielen Endverbrauchern heute ganz oben
auf der Agenda.

Newtrition™ — vitality to spread.

Alive, vibrant, energetic—that's how people want to feel. Today, they are increasingly informed and interested in actively enhancing their fitness, health and overall well-being. They have a strong and growing desire to boost their vitality and get more out of life. Cognis draws on a deep understanding of these consumer demands to offer you a winning portfolio of concepts for successful wellness products that speak directly to your customers' needs. Like spreads—an ideal product group for incorporating a wide range of benefits. Our vitality solutions based on omega-3 fatty acids or plant sterols and sterol esters, for example, are your key to high-performance wellness foods and beverages. Let's talk about how our innovations can put fresh vitality into your business.

2

3

3 Wahre Schönheit kommt von Innen. Auch im Alter wollen Verbraucher sich noch gesund fühlen und schön aussehen. Dementsprechend wächst heute der Markt der so genannten Nutricosmetics. Cognis Nutrition & Health bietet Herstellern von Nahrungsergänzungsmitteln Inhaltsstoffe, mit denen sie bei ihren Kunden gut aussehen: durch Produkte, die spürbare Body-Shaping-, Hautpflege- oder Anti-Aging-Effekte bieten.

ECM ALLIANZ DEUTSCHLAND GMBH
FINALIST

DAS UNTERNEHMEN

ECM Allianz Deutschland GmbH
Cicerostr. 26
10709 Berlin
www.ecm-jetzt.de

Verantwortliche
» Rudolf Gessinger, Karsten Renz,
  Geschäftsführer der ECM Allianz
  Deutschland GmbH

Partneragentur
ROBOT Werbeagentur
GmbH & Co. KG
www.robot-berlin.com

Branchenumfeld
Business Software

Gründungsjahr
2009

Mitarbeiter
7 Gründungsgesellschaften

Standort
Berlin

Kundenzahl
Marktanteil von mehr als 40 Prozent in
Deutschland

INITIATIVE

DIE KAMPAGNE

Die Geschäftsprozesse werden schneller, der Wettbewerb härter. Die Menge der zu verarbeitenden Informationen steigt ständig und das effektive Organisieren von Dokumenten und Inhalten stellt eine wichtige Herausforderung für jedes Unternehmen dar. Die entsprechenden Technologien zur Erfassung, Verwaltung, Speicherung, Bewahrung und Bereitstellung von elektronischen Inhalten, wie sie ECM-Software bietet, sind entscheidend für das Optimieren von Unternehmensabläufen. Dass dies besonders in wirtschaftlich schwierigen Zeiten eine lohnenswerte Investition darstellt, belegen die weiterhin steigenden Softwareumsätze der ECM-Hersteller.

DAS ZIEL: MEHR BEWEGUNG FÜR DEUTSCHLAND.
Vor diesem Hintergrund schlossen sich sieben der führenden deutschen Hersteller von Enterprise Content Management Software (ECM) zur Initiative „ECM jetzt!" zusammen und starteten Mitte 2009 eine gemeinsame Dachkampagne. Unter dem Motto „Effizienz ist einfach" sollte die Kampagne über den Nutzen und die Stärken von ECM-Software aufklären: Wirtschaftlichkeit, Schnelligkeit, Arbeitserleichterung, Qualität und Transparenz sind dabei die wichtigsten Aspekte.

Die gemeinsame Zielsetzung der sieben Gründer lautete, das Thema ECM aus der „IT-Ecke" herauszuholen. Entsprechend dieser mutigen Fokussierung wurde die Kampagne ausgerichtet: als Zielgruppe für die Kampagne wurden „Entscheider ohne IT-Schwerpunkt" definiert. Dies bedeutete, dass der Aufbau von Bekanntheit für das Thema ECM in bislang „unbeleckten" Zielgruppen Priorität genießt.

DIE STRATEGIE: PROBLEME LÖSEN, NICHT NEUE MACHEN.
„Wir erreichen diese Zielgruppe nicht mit generellen Appellen an deren Veränderungsbereitschaft oder unspezifischen Botschaften. Das tun Andere schon zur Genüge. Keine noch so ausgeklügelte Botschaft schafft es, die vielfältigen Dimensionen von ECM-Software auf den Punkt zu bringen, ohne dabei irrelevant und austauschbar zu werden. Um die Relevanz und Nutzenstiftung von ECM-Lösungen zu verdeutlichen, müssen wir konkrete Problembereiche aus dem Unternehmensalltag aufzeigen. Dadurch wird die Kampagne schnell, anfassbar und packend, weil sie das persönliche Umfeld des Unternehmers verspricht.", so Benjamin Reininger, Geschäftsführer der Berliner Kreativagentur ROBOT.

„Dabei berücksichtigen wir, dass Zeit das knappste Gut unserer Zielgruppe ist. Komplizierte Stories und lange Copytexte sind nicht angebracht. Die Kampagne erklärt schnell und direkt verschiedene Teilbereiche von ECM-Lösungen und präsentiert eine verblüffend einfache Lösung: ECM. Effizienz ist einfach." ergänzt Lars Oehlschlaeger, Kreativchef von ROBOT.

DIE UMSETZUNG: PLAKATIV UND KONSEQUENT.

Die gesamte Kampagne besticht durch Klarheit, Konsequenz und eine in ihrem Branchenumfeld einzigartige Einfachheit. Getreu dem Motto „Effizienz ist einfach". Die verschiedenen Maßnahmen bieten eine hohe Wiedererkennung durch einen prägnanten Farbcode und immer wiederkehrende Stilelemente.

Das Gesamtkonzept beinhaltete eine zentrale Kampagnen-Microsite, Anzeigen in Wirtschaftsmagazinen, eine Online-Kampagne im Entscheiderumfeld, Animationsfilme, begleitende Pressearbeit sowie diverse Informationsmedien wie Broschüren und DVD's. Zum Abschluss der Kampagne wurden außerdem exklusive Dinner-Events für die durch die Kampagne generierten Interessenten durchgeführt. Renommierte Gastreferenten und Vertreter der Initiative ECM jetzt! sorgten für anregende Gespräche in angenehmer Atmosphäre.

DAS ERGEBNIS: EIN AUFTAKT NACH MASS.

Die Gemeinschaftskampagne war ein voller Erfolg. Die Maßnahmen erzielten in nur zehn Wochen knapp 5 Millionen Kontakte in der gewünschten Zielgruppe. Mehrere Zehntausend Besucher beschäftigten sich aktiv mit den Inhalten der Kampagnen-Microsite, und obwohl die Lead-Generierung nicht im Vordergrund stand, konnten die sieben Gründungsmitglieder der Initiative konkrete Projektanfragen verzeichnen. Der Erfolg der Kampagne bestärkte die Macher in ihrer Zielsetzung – die Kampagne wird in 2010 mit der gleichen Ausrichtung fortgeführt, sogar ein Gemeinschaftsstand auf der CeBIT 2010 wird realisiert.

DIE JURY

Der Unternehmensverbund ECM jetzt! hat sein Corporate Design wie auch sein Kommunikationskonzept erfassbar und direkt strukturiert. Der Slogan „Effizienz ist einfach" spiegelt die Idee wieder, das Arbeiten am Arbeitsplatz leichter und übersichtlicher zu gestalten.

Anhand von verschiedenen Kommunikationsmaßnahmen erreicht die Leitstrategie einen hohen Bekanntheitsgrad in der Branche und überzeugt durch affektiv-sachliche Argumente.
Unter Anderem steuert die ECM Allianz durch die Erhöhung der Produktivität im Bereich Geschäftsorganisation einen positiven Anteil zur internationalen Wettbewerbsfähigkeit bei, lobenswert ist hier auch die gemeinsame Arbeit an Industriestandards.

Der Anspruch, das Produktkonzept des Verbundes klar und einfach nachvollziehbar darzustellen, wird von der Website nicht erfüllt, da sie nicht informativ genug ist. Zu wenig heißt manchmal wirklich zu wenig, was leicht zu Verwirrung führen kann.

ECM jetzt! zeigen dennoch ein reizvolles Konzept, welches sie auch im folgenden Jahr weiter auszuführen planen, um die Zielgruppe stärker einzubinden und die Nachhaltigkeit der Kampagne zu erhöhen.

1

3

2

4

1/2 Der „ECM-Guide" mit allen wichtigen
Informationen zum Thema ECM-Software
erschein auch als Beikleber in Wirtschaftsmagazinen.

5

3 Zwei liebevoll illustrierte Animationsfilme mit dem Titel „Was ist ECM?" bzw. „Wie geht ECM?" erklären die Funktionsweise und den Nutzen von Enterprise Content Management auf einfache und plakative Art. Die Filme kommen im Internet, auf Messen und DVD´s zum Einsatz.

4 Als weiterführende Plattform für alle Maßnahmen dient die zentrale Kampagnen-Website www.ecm-jetzt.de. Dort werden nicht nur die ECM-Basics erklärt, es gibt auch eine Reihe von Fallstudien, Downloads und Interessentengewinnungs-Tools.

5 Zwei von 10 Anzeigenmotiven, die in Wirtschaftsmagazinen wie der Wirtschafts-Woche erschienen sind. Die Headlines bringen jeweils einen Teilbereich von ECM als „Erkenntnis der ECM-Forschung" lapidar-humorvoll auf den Punkt.

BERLIN PARTNER FINALIST

DAS UNTERNEHMEN

Berlin Partner GmbH
Ludwig Erhard Haus
Fasanenstraße 85
10623 Berlin
www.berlin-partner.de

Verantwortlicher
Uwe Gralapp

Partneragentur
visavis Filmproduktion GmbH
www.visavisfilm.de

Branchenumfeld
sonstige Dienstleistungen

Gründungsjahr
2005

Mitarbeiter / Standorte / Kundenzahl
120 / 1 / 160

DIE KAMPAGNE

Zur Basisarbeit des Bereichs Hauptstadt-Marketing gehören die Entwicklung von Materialien für die Investoren-Ansprache, die Organisation und Unterstützung von Berlin-Präsentationen auf Messen und Veranstaltungen, die Entwicklung und Schaltung von Werbekampagnen in allen Medien, vorrangig bei Medienpartner-Unternehmen (Außenwerbung, klassische Print- und Online- Werbung, Radio- und TV-Werbung).

Im Kontext dieses Arbeitsfeldes und der nachfolgend dargestellten Imagekampagne *be* Berlin stand auch die Entwicklung des eingereichten Imagefilms:
„Berlin – The Place to be" in der Kategorie Beste Public Relations.

Der Film präsentiert als Testimonials fünf Persönlichkeiten aus der Berliner Wirtschaft, die sich in Interviews zum Standort äußern. Die Protagonisten wurden an zwei verschiedenen Drehorten gefilmt. Zum einen in ihrem Arbeitsumfeld, zum anderen an einem Ort in Berlin. Während es bei der Wahl des ersten Drehortes wichtig war, dass er die jeweilige Branche optimal transportiert, zeigt der zweite Drehort mehr den „Menschen".

Beispiel: Als Protagonist für die Branche „Mobilität" wurde André Navarri ausgewählt. Der erste Dreh und das Interview fanden in der Bombardier-Zentrale am Schöneberger Ufer statt. Der zweite Dreh zeigt Herrn Navarri, wie er einem Zug von Bombardier entsteigt und den Berliner Hauptbahnhof durchquert. Diese Protagonisten fordern durch ihr Beispiel (die Entscheidung für Berlin) und ebenso durch ihre Ausstrahlung, Kompetenz und Autorität dazu auf, ihnen zu folgen. Jede Wachstumsbranche ist im Film durch ein Testimonial vertreten: Dienstleistungen, Mobilität, Industrie, Life Sciences, Pharma sowie Kommunikation/ Kreativität.

Die Protagonisten sprechen in ihrer Muttersprache und wurden nicht synchronisiert. Eine große Anzahl verschiedener Sprachen wurde angestrebt, um die Internationalität Berlins hervorzuheben. In der Postproduktion wurden die Aussagen in 11 Sprachen untertitelt. Die Protagonisten erhielten jeweils eine speziell für sie komponierte Musik, wobei sich die verschiedenen „individuellen Themen" zu einer durchgängigen Filmmusik verbinden.

Die Auswahl der fünf Persönlichkeiten erfolgte nach folgenden Kriterien: Bekanntheit und Positionierung des Unternehmens, Entgegenkommen des Unternehmens bezüglich unseres Projektes, Vielsprachigkeit, Kameratauglichkeit, und Berlin-Partnerschaft.

Ziel des Films ist die Kommunikation des Wirtschaftsstandortes Berlin. Der Film unterstützt die Arbeit von Berlin Partner bei der Unternehmensansiedlung mit einer für einen Imagefilm ungewöhnlich langen Laufzeit von etwas über 10 Minuten. Dabei sollen vorrangig die wichtigsten Standortvorteile (harte Standortfaktoren) aber auch die Dynamik und das Flair Berlins (weiche Standortfaktoren) vermittelt werden.

Der Imagefilm wird seit dem Launch in 2009 erfolgreich in der Unternehmensansiedlung, im Standortmarketing, im Rahmen von Berlin-Präsentationen, bei Akquisegesprächen, Messeauftritten und im Business Location Center, dem Wirtschaftsportal Berlins, eingesetzt. Zudem wird er auch Dritten (z.B. Medienvertretern) zur Verfügung gestellt.

DIE JURY

Mit dem Imagefilm „Berlin - the place to be" ist es der Berlin Partner GmbH im Jahr 2009 gelungen, das Image der Hauptstadt als internationalen Standort für Wirtschaft und Wissenschaft zu stärken. Der Imagefilm lässt als Teil der Kampagne „be Berlin" ein hervorragendes integriertes Konzept erkennen.

Dies wird deutlich anhand der zahlreichen Maßnahmen von Internetportalen mit Interaktionsmöglichkeiten über klassische Werbung, bis hin zu Kooperationsprojekten. An dieser Stelle möchte die Jury besonders die Einbindung der Berliner Bürger(innen) in die Kampagne hervorheben, die durch Aktionen wie „Werden Sie Botschafter" entstand.

In Form des Imagefilms wurde ein passender Weg gefunden, die Vorzüge Berlins zu präsentieren, die für potentielle Investoren attraktiv sind. Die Werbebotschaft ist informativ und wird durch die Aussagen der Testimonials glaubhaft vermittelt.

Der Imagefilm verfolgt eine klare Positionierung, nämlich die Profilierung der Hauptstadt als attraktiven Marktplatz und erreicht die Zielgruppe auf direktem Weg. Um das Image Berlins weiter auszubauen, empfiehlt die Jury der Berlin Partner GmbH mehr auf die weichen Standortfaktoren einzugehen. Alles in einem schließt sich die Jury dem Imagefilm an: Berlin ist the place to be!

1

1 Szenen aus dem Film „Berlin - the place to be"..

2 DVD Cover des Imagefilms „Berlin - the place to be". (Vorder- und Rückseite)

the place to be
for business.

A set of 3 movies will provide you with stunning insights into Germany's capital city.

Berlin – the place to be
0'40"

Berlin is the city of decision-makers. Five leading personalities introduce Berlin in their first language. Subtitles are provided in English, German, French, Italian, Spanish, Russian, Chinese, Japanese.

- SAP AG | Dr. Carolina King
- Bombardier Transportation | Andre Navarri
- BASF European Shared Service Center | Franz-Jürgen Seeger
- Epigenomics AG | Hardi-Walther Nøgaard
- Pfizer Germany | Dr. Andreas Penk

See you in Berlin
4'00"

Berlin is Europe's most exciting and dynamic city. Germany's capital city is a major business and science location in the midst of a thriving cultural metropolis, making it a great place to live.

The Decision
0'45"

Berlin attracts performance-oriented people who are looking for change and raw energy. Berlin's future is with the entrepreneurs of the 21st century.

More information at: www.berlin-partner.de
www.be.berlin.de

2

DEUTSCHER SPARKASSEN- UND GIROVERBAND
GEWINNER

DAS UNTERNEHMEN

Deutscher Sparkassen- und
Giroverband e.V.
Charlottenstraße 47
10117 Berlin
www.dsgv.de

Verantwortliche
» Dr. Lothar Weissenberger
  Leiter Marketing-Kommunikation
» Ines Peippelmann
  Referentin Media und TV Produktion
» Ulrike von Oertzen
  Referentin Strategie Sparkassen-
  werbung
» Katja Weber
  Projektleiterin Direktmarketing

Partneragenturen
» Jung von Matt
  www.jvm.com
» AM | COMMUNICATIONS
  www.am-com.com

Branchenumfeld
Finanzdienstleistungsbranche

Gründungsjahr
1884 (DSGV)

Mitarbeiter / Standorte / Kunden
377.000 / 16.000 / Über 50 Millionen

DIE KAMPAGNE

MISSION FINANZ-CHECK

Mit der Kampagne für das Sparkassen-Finanzkonzept, die vom 15.04. - 31.08.2009 in TV, Kino, Print, Funk, Internet/Mobile, Sponsoring und am PoS präsent war, wurde unter dem Motto „Mission Finanz-Check" ein in sämtlichen Kanälen integrierter Auftritt entwickelt.

Kernzielgruppe der Kampagne sind die Jungen Erwachsenen (20-30 Jahre) über alle Bildungsniveaus und Lebensstile. Darüber hinaus werden auch ältere Kundenseg-mente mit entsprechendem Bedarf an Finanzdienstleistungen mit angesprochen.

Im Mittelpunkt der „Mission Finanz-Check" steht Jürgen Vogel in einer Rolle als Geheimagent, der alle Entscheidungen blitzschnell und souverän trifft, nur bei der Frage nach seinen eigenen Finanzen ist er auf Hilfe und ganzheitliche Beratung der Sparkasse angewiesen.

Der TV-Flight wurde von einem umfangreichen Digitalspecial mit einer Teaser- und Hauptphase, Interviews, Behind the scenes, Microsite etc. begleitet. Passend zur Zielgruppensprache ist die digitale Verlängerung der Kampagne ins Netz. Virale Spots u. a. beim Videoportal Youtube und für diverse digitale Plattformen sind nicht Beiwerk, wie häufig in Werbekampagnen, sondern integraler Bestandteil der ge-samten Kampagnenstrategie. Klassische Medien wurden eng mit digitalen Medien vernetzt und so bewusst auf allen möglichen Kanälen gespielt.
Unterstützt wurde die Kampagne durch eine Teaser- und Hauptphase. Die Teaser-phase startete ca. zwei Wochen vor dem offiziellen Kampagnenstart, dem 1.05.2009, um die Netz-Community neugierig zu machen. Begleitet wurde sie von TV und Online Trailern, die den „neuen" Jürgen Vogel Film ankündigten und auf die Tea-serseite (www.die-mission-beginnt.de) verweisen. In dieser Phase wurde nichts weiter verraten, außer dass in Kürze ein brandneuer Actionfilm mit Jürgen Vogel erscheinen wird, so das Ziel der Teaserphase. Zum Kampagnenstart wurde dann das gesamte Paket inklusive diversem Bonusmaterial auf der Microseite (www.mission-finanz-check.de), TV und Kino -Spots, Anzeigen- und Plakat-Kommunikation und Onlinewerbemitteln, geschaltet.
Flankierend kooperierte die Sparkassen-Finanzgruppe mit den Medienpartnern ProSieben und TV Movie unter dem Motto „Mission Wunschfilm" und setzte hier eine crossmediale Kampagne ein, die alle Känale erfolgreich bespielte (TV, online, Print, mobile, Event-Newsletter).

Sowohl nach innen, als auch nach außen brachte die Kampagne sehr gute Resonanz und messbare Erfolge mit sich.

Die Wirkung nach innen und die Motivation waren enorm, was letztendlich zum Erfolg geführt hat. Das Wagnis, eine unkonventionelle und für Finanzdienstleister mutige Kampagne gerade zu Zeiten der Finanzkrise zu realisieren, hat sich im um-kämpften Wettbewerbsumfeld voll und ganz ausgezahlt. Viele Mitarbeiter können kaum erwarten, dass 2010 die „Mission Finanz-Check 2" startet.

115

Beste Werbliche Kommunikation » Gewinner » Deutscher Sparkassen- und Giroverband e.V.

Auch gelingt es, das Leistungsversprechen aus der Kommunikation in die tägliche Arbeit zu integrieren: Durch interne Veranstaltungen bzw. Tagungen mit Jürgen Vogel wurden die Vertriebsmitarbeiter motiviert. Letztendlich wurde mit dem Motto „Mission Finanz-Check" die tägliche Arbeit und Anspruch der Sparkassenberater, im Auftrag der Finanzen unserer Kunden zu stehen, nach außen kommuniziert. Das führte zu einer großen internen Identifikation mit der Kampagne. z. B. wurden Agententage, in diversen Sparkassen-Filialen, von den Mitarbeitern organisiert.

Die messbaren Ergebnisse waren äußerst positiv, die Kampagne erreichte hervorragende Werbeleistungswerte: Schon nach vier Wochen konnte sich fast jeder Dritte gestützt an die Kampagne erinnern. Mit einer spontanen Werbeerinnerung im Kampagnenzeitraum (Mai-August) von durchschnittlich über 30% hat die Kampagne gemäß Icon Tracking die mit Abstand höchste Marken-Aufmerksamkeit im Wettbewerbsumfeld aufgebaut. Damit dominierte die Kampagne das Kommunikationsumfeld der Branche. Insbesondere im Internet konnten insgesamt mehr als eine halbe Million Zugriffe auf bereitgestelltes Videomaterial verzeichnet werden. Davon wurde ungefähr die Hälfte auf externen Portalen wie Youtube oder über das virale Seeding generiert. Das Einzeltracking zeigt auf, dass allein auf GMX an einem Tag mehr als 9,4 Mio. PI's und 64.450 Clicks erzielt werden konnten. Die „Mission Finanz-Check" ist somit die bisher erfolgreichste Web 2.0-Kampagne der deutschen Finanzbranche.

Mit der klassischen Online-Kampagne (Video-Ads und Standard-Banner) wurden insgesamt über 200 Mio. Page Impressions ausgespielt und rund 400.000 Klicks gezählt.

Die Kampagne generierte auf diese Weise für ein eher unemotionales Thema hohe Aufmerksamkeit und konnte insbesondere in der Zielgruppe viele Sympathiepunkte gewinnen.

Die Medienkooperation mit ProSieben / TV Movie aktivierte zusätzlich die anvisierte Zielgruppe. In einer begleitenden Kampagnenstudie zeigt sich, dass auf Basis der hohen Werbeerinnerung (79 Prozent) knapp 7 Prozent der Zielgruppe den Sparkassen-Finanz-Check durchgeführt hat.

Entscheidend ist letztlich, dass der werbliche Rückenwind z. B. aus der digitalen Welt entsprechend am Point of Sale aufgenommen wurde: In vielen Sparkassen konnte die Finanz-Check-Quote signifikant im Kampagnenzeitraum gesteigert werden.

DIE JURY

Mitten in der Finanz- und Bankenkrise im Jahr 2009 ist es dem Deutschen Sparkassen- und Giroverband gelungen, über alle 438 Sparkassen und Verbundpartner hinweg ein einheitliches Werbekonzept zu entwickeln.

Mit einer unkonventionellen Kampagne heben sie sich vom Finanzdienstleistungsmarkt ab und kommunizieren Sicherheit und Vertrauen nach Außen.

Hervorzuheben sind die große interne Wirkung und Identifikation der Mitarbeiter mit der Kampagne, sodass sie freiwillige Mission-Finanzcheck-Tage ins Leben riefen und das Konzept zu einem Selbstläufer wurde.

Das Kommunizieren der Kampagne über alle modernen Kanäle, auch in verschiedenen zeitlichen Abständen, führte zu einer über Monate hinweg konsequenten und positiven Präsenz in der Werbewelt. Durch die humorvollen Interviews der Protagonisten, welche ihre ganz persönliche Note einbringen, werden eine eindeutige Kontinuität und Entwicklung der Kampagne sichtbar.

Gerade bei diesem wenig öffentlichkeitswirksamen Thema eine hohe Aufmerksamkeit und Zielgruppensympathie auf- bzw. auszubauen, wurde eindrucksvoll umgesetzt.

Die Jury des Deutschen Preises für Wirtschaftskommunikation gratuliert herzlich zum verdienten Sieg!

1

2

3

4

117

Beste Werbliche Kommunikation » Gewinner » Deutscher Sparkassen- und Giroverband e.V.

5

6

1 – 4 Szenen aus dem GSW-Werbespot „Mission Finanz-Check": Jurgen Vogel als Geheimagent, im Auftrag der Finanzen.

5 Anzeigen-/Plakat-Motiv „Mission Finanz-Chcck" der Gemeinsamen Sparkassenwerbung (GSW)

6 Microsite: Motiv des Web-Auftritts: Sparkassen-Berater „Herr Beckerle" berät zum Finanzcheck.

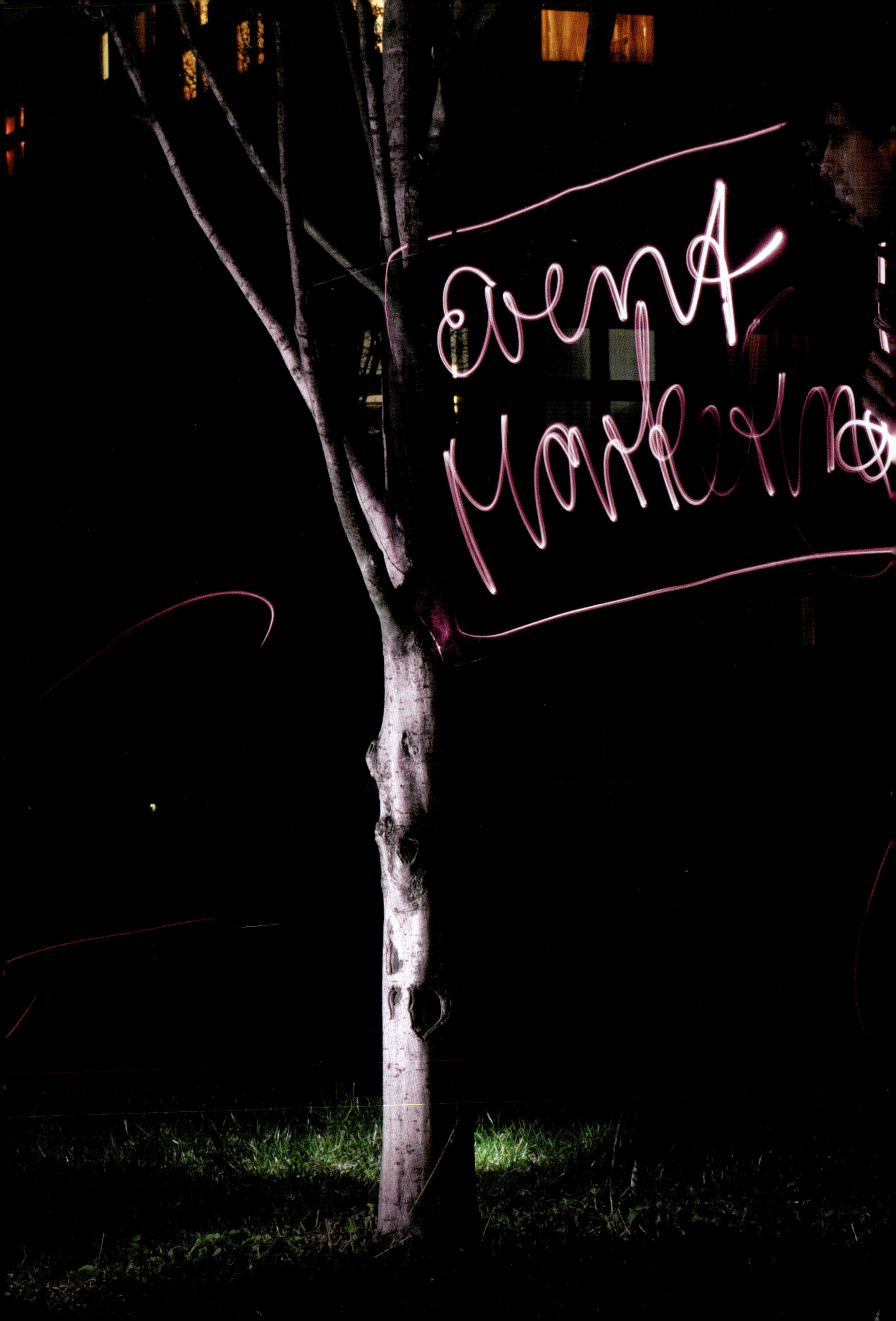

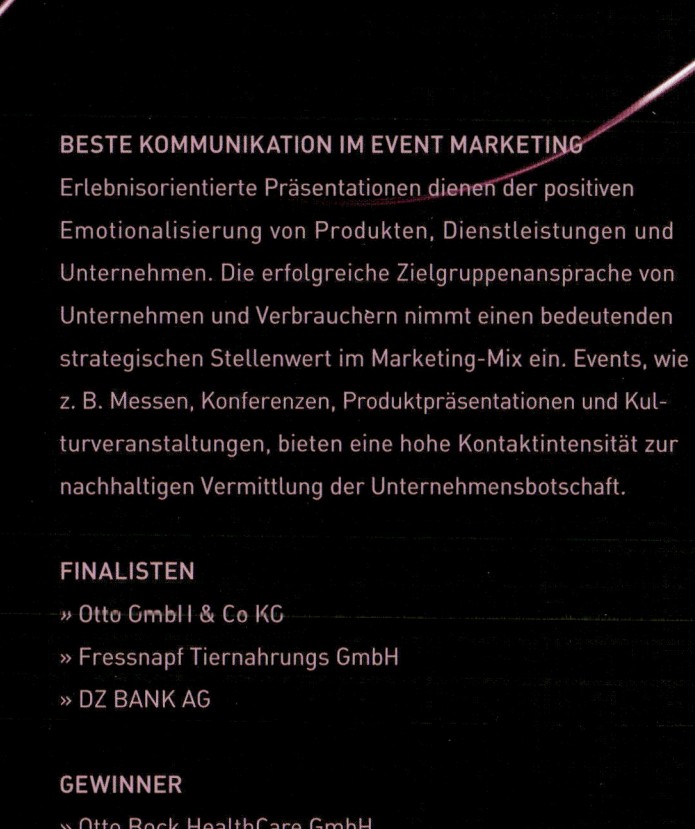

BESTE KOMMUNIKATION IM EVENT MARKETING

Erlebnisorientierte Präsentationen dienen der positiven Emotionalisierung von Produkten, Dienstleistungen und Unternehmen. Die erfolgreiche Zielgruppenansprache von Unternehmen und Verbrauchern nimmt einen bedeutenden strategischen Stellenwert im Marketing-Mix ein. Events, wie z. B. Messen, Konferenzen, Produktpräsentationen und Kulturveranstaltungen, bieten eine hohe Kontaktintensität zur nachhaltigen Vermittlung der Unternehmensbotschaft.

FINALISTEN

» Otto GmbH & Co KG

» Fressnapf Tiernahrungs GmbH

» DZ BANK AG

GEWINNER

» Otto Bock HealthCare GmbH

OTTO
FINALIST

DAS UNTERNEHMEN

Otto (GmbH & Co KG)
Wandsbeker Straße 3-7
22172 Hamburg
www.otto.de
www.otto.com

Verantwortliche
Thomas Voigt,
Direktor Wirtschaftspolitik und
Kommunikation (Otto Group)

Partneragentur
FAKTOR 3 AG
www.faktor3.de

Branchenumfeld
Versand- und Onlinehandel

Gründungsjahr
1949

Mitarbeiter
ca. 4.000

DIE KAMPAGNE

60 Jahre OTTO! Was 1949 mit dem Gründer Werner Otto, einem kleinen Schuh-Versand und drei Mitarbeitern begann, ist heute der erfolgreichste Distanzhändler Deutschlands. Das Firmenjubiläum im Jahr 2009 bot somit einen besonderen Anlass zur feierlichen Inszenierung der Marke OTTO sowie des Starts der parallel anlaufenden „HAPPY SIXTY!"-Geburtstagskampagne. Um Mode-, Boulevard- sowie Wirtschafts- und Fachjournalisten über die bevorstehende Jubiläumssaison zu informieren, entstand die Idee eines Presse-Events, das eine lebendige Alternative zu einer „starren" Pressekonferenz bot. Ziel war es, einen kommunikativen Erlebnisraum für die Marke OTTO zu schaffen, um die Fashion- und Living-Produkte des Unternehmens erlebbar zu machen und das Jubiläumsmotto „Alles Neue zum Geburtstag" mit Leben und Emotionen zu füllen. Sowohl die Mode- und Lifestyle-Kompetenz von OTTO als auch die Relevanz des E-Commerce-Bereichs sollten auf dem Event kreativ in Szene gesetzt werden. Zudem startete Deutschlands zweitgrößter Online-Händler mit einem Umsatzplus ins Jubiläumsjahr. Genügend Anlässe also, um zu feiern!

Am 25. Juni 2009 war es dann soweit: OTTO lud zum "HAPPY SIXTY!"-Presse-Event in die Hamburger Speicherstadt. Als perfekter Ort für eine aufmerksamkeitsstarke Umsetzung erwies sich das „Deck 10" des Internationalen Maritimen Museums. Das 600 Quadratmeter große Dachgeschoss im 10. Stock des denkmalgeschützten Gebäudes mit Blick auf das lebendige Treiben im Hamburger Hafen verfügt über ein Ambiente, das der Veranstaltung einen passenden thematischen Rahmen bot: „Tradition trifft Innovation". Unterstrichen wurde dieser Gedanke durch eine eigens angefertigte Bühne im vorderen Teil des Dachgeschosses, die gestalterisch einem aufgeklappten Laptop nachempfunden war. Im hinteren Teil der Location sorgten auf einer Fläche von rund 300 Quadratmetern verschiedene „Wohnwelten" mit OTTO-Möbeln und Accessoires für eine entspannte Wohlfühl-Atmosphäre. Zusätzlich waren Teile der neuen OTTO-Herbst-/Winter-Kollektion ausgestellt. Mode- und Livingjournalisten sollten hier die Möglichkeit erhalten, Waren direkt vor Ort zu bestellen und einen Einblick in die Mode- und Wohn-Trends von OTTO zu bekommen.

Das Highlight des Events stellte ein aufsehenerregendes Bühnenprogramm dar. So fand zu Beginn der Veranstaltung die Präsentation der aktuellen OTTO-Herbst-/Winter-Kollektion in Form eines exklusiven Mode-Defilees statt. Prominente Models wie Eva Padberg, Collien Fernandes und Mimi Müller-Westernhagen gaben sich die Ehre, in den neuesten OTTO-Outfits über den Catwalk zu laufen. Nach einem Interview mit den Promi-Models und dem OTTO-Vorstandssprecher Dr. Rainer Hillebrand präsentierte der südafrikanische Jung-Designer Craig Native Teile seiner aktuellen „Cotton made in Africa"-Kollektion für OTTO. Als Überraschungsgast führte Robin Blöhm, der amtierende Weltmeister im Zauberwürfel-Drehen, sein Können vor.

Hintergrund hierfür war die visuelle Anlehnung des „HAPPY SIXTY!"-Kampagnen-logos an den legendären „Rubik's Cube". Zum Abschluss des Programms initiierte OTTO einen Fotocall für die zahlreich erschienenen Fotografen und Kamerateams mit den Prominenten, bevor die Models den Journalisten in exklusiven Interviews Rede und Antwort standen.

Nach dem offiziellen Bühnenprogramm konnten sich Mode- und Lifestyle-Journalis-ten im Gespräch mit OTTO-Experten über aktuelle Trends in den jeweiligen Segmen-ten informieren und sich ausgiebig in den „Wohnwelten" umschauen, niederlassen und ausprobieren. Für die Wirtschafts- und Fachpresse fand in der eigens angemie-teten „Austernbar" im Erdgeschoss des Maritimen Museums Hamburg ein separates Pressegespräch statt. Hier standen die drei OTTO-Vorstände für Fragen der Journalis-ten zur Verfügung.

Insgesamt wurde großer Wert auf liebevolle Details gelegt. So fand sich beispielsweise in der Mitte des Dachgeschosses ein großer Blumenstand, an dem Floristen für jeden Gast Blumengestecke und -sträuße zusammenstellten, um das „Geburtstags-feeling" bei den Gästen zu verstärken. Darüber hinaus verteilten Hostessen an einem Bon-bon-Stand kleine Tüten mit in OTTOs „Heimatstadt" Hamburg handgefertigten süßen Köstlichkeiten. Für das leibliche Wohl aller Gäste während des Events wurde mit ei-nem umfangreichen Flying Buffet gesorgt.

Am Ende des Tages waren sich alle Beteiligten einig: Das „HAPPY SIXTY!"-Presse-Event zum 60. Jubiläum von OTTO war ein voller Erfolg. Insgesamt folgten knapp 70 regionale und überregionale Pressevertreter aus Print und Fernsehen der Einla-dung zur „Geburtstagsparty" von OTTO. Die Inszenierung eines kommunikativen und sympathischen Erlebnisraums für die Marke und das Unternehmen OTTO stieß durchweg auf positive Resonanz. Es gelang, die anwesenden Journalisten auf eine informative und gleichzeitig emotionale Art und Weise in die Geschehnisse rund um das „HAPPY SIXTY!"-Jubiläum einzubinden. Der bereits sehr gute Kontakt zu den anwesenden Medienvertretern der Mode- und Lifestylepresse wurde langfristig gefestigt. Gleichzeitig positionierte sich der Multichannel-Versandhändler in den Fachmedien glaubwürdig als zukunftsorientiertes und wirtschaftlich erfolgreich agierendes Unternehmen.

DIE JURY

Das 60-jährige Jubiläum des Multi-channel Einzelhändlers OTTO war Anlass zur Umsetzung der Kampagne „Happy Sixty". Zu dieser veranstaltete OTTO ein Presse-Event um Journa-listen über die bevorstehende Jubiläumssaison zu informieren.

Ziel des Events und der dazugehöri-gen Kampagne „Happy Sixty" war es, sich aufmerksamkeitsstark in der Öffentlichkeit zu positionieren. Dafür sollten Fashion- und Living- Produkte von OTTO erlebbar gemacht werden, um das Motto „Alles Neue zum Ge-burtstag" mit Lebendigkeit zu füllen. Diesen emotionalen Ansatz des Presse-Events empfand die Jury als sehr innovativ.

Durch Integration von sowohl sym-bolisch für den E-Commerce Be-reich stehenden Elementen als auch emotionalisierenden Bestandteilen, schaffte OTTO eine neue Art des Presse-Events. Es blieb jedoch offen, warum OTTO seine Hauptzielgruppe nicht stärker in das Event mit einband und somit eine stärkere Bindung zum Kunden demonstrierte.

Der OTTO Group ist es nach Ansicht der Jury gelungen, das 60-jährige Bestehen mit ihrer Kam-pagne und dem dazugehörigen Event auf kreative Art zu feiern. Daher wählt die Jury die Kampagne „Happy Sixty" und den dazugehörigen Pres-se Event zum verdienten Finalisten.

1

3

2

1 „HAPPY SIXTY, OTTO!" – Die Models Mimi Müller-Westernhagen, Eva Padberg und Collien Fernandes (v.l.n.r.) gratulieren zum 60. Jubiläum des Multichannel-Versandhändlers. Im Hintergrund: das „HAPPY SIXTY!"-Kampagnenlogo.

2 Zum Wohlfühlen: Auf einer Fläche von rund 300 Quadratmetern sorgten verschiedene „Wohnwelten" mit OTTO-Möbeln und -Accessoires für eine gemütliche Atmosphäre. Zusätzlich waren Teile der neuen OTTO-Herbst-/Winter-Kollektion ausgestellt.

4

5

3 Entspanntes Get-together auf der Dachterrasse: Im 10. Stock des Internationalen Maritimen Museums wurden nach dem offiziellen Bühnenprogramm Kontakte geknüpft und Mode- und Lifestyletrends diskutiert.

4 „HAPPY SIXTY!"-Mode-Defilee auf der eigens angefertigten Laptop-Bühne: Collien Fernandes, Jana Flototto, Eva Padberg und Mimi Müller-Westernhagen (v.l.n.r.) in der neuen OTTO-Herbst-/Winter-Kollektion 2009/2010.

5 Medienandrang vor der Laptop-Bühne: Etwa 100 Journalisten und Fotografen nahmen am „HAPPY SIXTY!"-Presse-Event im Internationalen Maritimen Museum in der Hamburger Speicherstadt teil. Der Kontakt zu den anwesenden Medienvertretern wurde durch das Event langfristig gefestigt.

FRESSNAPF GMBH
FINALIST

DAS UNTERNEHMEN

Fressnapf Tiernahrungs GmbH
Westpreußenstraße 32-38
47809 Krefeld
www.fressnapf.com

Verantwortliche
» Marc Lukies
» Marco Theuring
» Peter Kuwertz

Branchenumfeld
Heimtierbedarf
(Tiernahrung und -zubehör)

Gründungsjahr
1990

Mitarbeiter
ca. 7000

Standorte
1.100 Fressnapf-Märkte in Europa,
davon rund 770 in Deutschland,
Unternehmenszentrale in Krefeld

DIE KAMPAGNE

Als führende Fachhandelskette steht Fressnapf permanent vor der Herausforderung, seinen Kunden mehr als große Auswahl und Discount zu bieten. Auf den wachsenden Konkurrenzdruck durch andere Fachhandelsketten sowie insbesondere Discounter und dem klassischen LEH (2008 entfielen ca. 65% der Umsätze bei Tiernahrung und -zubehör auf diesen Vertriebsweg) reagierte das Unternehmen mit der Entwicklung einer Event-Strategie, um sich deutlicher in der Kernzielgruppe Tierliebhaber abzugrenzen.

Ein Trend in der Handelsbranche gibt die Richtung vor: Weg vom reinen Einkaufs-, hin zum Erlebnis-Shopping. Die Fressnapf-Erlebniskommunikation trägt dem steigenden Qualitäts-und Servicebewusstsein der Verbraucher Rechnung. Fachkompetenz in Verbindung mit Erlebnisorientierung wird zum zentralen Argument für Fressnapf. Eine erste Reaktion auf die geänderten Rahmenbedingungen ist die Eröffnung der XXL-Stores, von denen es inzwischen bundesweit elf gibt. Im Fokus des XXL-Konzeptes stehen mehr direkter, persönlicher und vor allem ungezwungener Kundenkontakt. Darauf aufbauend wurde die Event-Strategie ausgerichtet, diese Grundideen über die Märkte hinaus dem Verbraucher authentisch nahe zu bringen. Wichtig sind dabei vor allem die Vermittlung positiver, unvergesslicher Momente sowohl für Besucher als auch für die Mitarbeiter. Ferner die Intensivierung des Austauschs beider Seiten miteinander, um darüber mögliche Hemmschwellen oder Berührungsängste abzubauen. Geht es doch darum, die Bereitschaft, den nächsten Einkauf gleich bei Fressnapf zu tätigen, zu forcieren. Schließlich ein klares Bekenntnis gegenüber Franchisenehmern und Industriepartnern zu geben.

Insgesamt besteht das Event-Konzept aus fünf komplementären Modulen:
1. Der Fri-Fra-Fressnapfbus:
Der Bus macht Station bei den lokalen Fressnapf-Märkten vor Ort. Im Mittelpunkt stehen für die Gäste ein paar schöne Stunden mit oder ohne Hund sowie der Austausch von Besuchern und Mitarbeitern vor Ort. Highlights sind Aktionen wie z.B. Tierfotoshooting (allein in den vergangenen drei Jahren wurden über 25.000 Tierfotos geschossen), Agilityparcours, Hüpfburg, Glücksrad, Kinderschminken oder der Fressnapf-Walker. Auf Wunsch ergänzen Komponenten wie der Fressnapf-Beautyday (Tierfrisör), das Trickdogteam oder das Discdogteam das Set-up.
2. Beteiligung an regionalen Messen und Shows, z.B. VDH Dortmund (Premium-Sponsorpartner), CACIB Saarbrücken (Sponsor-Partner).
3.Beteiligung an größeren Events, z.B. Leserfest der Morgenpost Sachsen (seit 2006 Partner und 2009 erstmalig Mitveranstalter) oder die Kinder- & Familientage des Westfunks (Partner, 11 Events Juli 2009)
4. *Mopo-Leserfest:* Im Mittelpunkt der Fri-Fra-Fressnapfbus, Informations- und Partnerstände der Franchisenehmer, Fressnapf Trickdog- und Discdogteam, Kooperation mit lokalen Organisationen wie Hundeschulen, Tierschutzverein, Tierheilpraxen oder Hundecamps. Rahmenprogramm u.a. mit Mopo-Titelfoto-Shooting, Hundequiz und Hundesport, tiermedizinische Fachberatung, Wahl der „Schnauze 2009".
5. *Kinder- & Familientage:* Vergleichbares Set-up wie Mopo-Leserfest mit Fri-Fra-Fressnapfbus, zusätzlich Beautydays sowie umfangreiche Medienkooperationen (Hörfunk, Print) mit Regionalmedien in elf Städten, Verteilung von Kindermalbüchern an alle Kindergärten im gesamten Sendegebiet.

4. Initiierung eigener Events, z.B. „St. Wauli" – Das große Hundefest für die ganze Familie.

» Seit 2007 feiert Fressnapf einmal im Jahr zusammen mit allen regionalen Märkten „St. Wauli" auf St. Pauli. Dabei handelt es sich um das größte und in dieser Form einzigartige Hundevent in Europa für die ganze Familie – ca. 15.000 m² Aktionsfläche auf dem Heiligengeistfeld in Hamburg.

» Der besondere Clou: Im Vergleich zu ähnlichen Veranstaltungen kostet St. Wauli kein Eintrittsgeld und es herrscht keine Impfpasspflicht – Hunde sind ausdrücklich willkommen. Für Frauchen bzw. Herrchen und Hund entfällt das lästige Anstehen, der Spaß kann gleich beginnen.

» Die Besucher erleben, was Hunde können, wozu selbst die modernsten Maschinen nicht in der Lage sind.

» Darüber hinaus erfahren die Gäste alles, was es für den Hund und seinen Besitzer gibt. Angefangen bei gemeinsamen Freizeitaktivitäten, über die richtige Erziehung und Ausbildung bis zur ersten Hilfe in Notfällen.

» Mit dabei der Fri-Fra-Fressnapfbus und die zuvor bereits beschriebenen Elemente bzw. Angebote.

» Qualifiziertes Catering sowie Kinderentertainment u.a. mit Kletterbergen, Erlebniswelten sowie Roller- und Tretkartbahn.

» Für Fachvorträge und Vorführungen rund um das Thema „Mensch & Tier" stehen Bühne und Aktionsflächen inkl. Licht- und Tontechnik zur Verfügung.

5. Veranstaltung von Mitarbeiterevents wie z.B. zur Eröffnung des 1.000. Fressnapf-Marktes oder im Umfeld von Leistungsshows sowie Betriebsversammlungen mit Sommer- oder Weihnachtsfest.

Begleitet werden alle Event-Aktivitäten von umfassenden Kommunikationsmaßnahmen. Allein für St. Wauli betragen Medialeistungen rund 1,8 Mio. Print- bzw. ca. 1,4 Mio. Hörfunkkontakte. Die Aktivitäten zu den Kinder- & Familientagen des Westfunks (WAZ-Mediengruppe) erreichen ca. 20 Mio. Hörer, ca. 10 Mio. Print-Kontakte, ca. 1,5 Mio. PIs im Internet sowie rd. 95.000 Besucher vor Ort.

ERGEBNISSE, DIE SICH SEHEN LASSEN KÖNNEN

1. Besucherbefragung im Rahmen der Kinder- & Familientage (1.475 Teilnehmer): 94% der Besucher haben die Fressnapf-Angebote gut bis sehr gut gefallen und gehen mit einem entsprechend positiven Markenerlebnis nach Hause.

2. Unmittelbarer Einfluss des Fri-Fra-Fressnapfbus auf den lokalen Umsatz am Beispiel der Fressnapf-Märkte in Burgdorf und Einbeck: Im Vergleich zu den durchschnittlichen Umsätzen erreichte Burgdorf am 7. Oktober 2009 eine Umsatzsteigerung von fast 75% und Einbeck am 30. September 2009 von fast 350% gegenüber einem „normalen" Durchschnitts-Vergleichstag. Ferner konnten z.B. in Einbeck an diesem Tag 320 Kunden mehr im Markt begrüßt werden.

3. Enormer Zuspruch bei Großevents: Seit 2007 haben sich z.B. die Besucherzahlen bei St. Wauli allein um 150% gesteigert. Waren es vor drei Jahren ca. 10.000 Besucher, so kamen 2009 rund 25.000 Zuschauer. Auch die anderen Großevents erfreuen sich positiver Resonanz: ca. 16.000 Besucher beim Leserfest der Morgenpost Sachsen sowie über 95.000 Besucher bei den 11 Westfunk-Events.

DIE JURY

Die Fressnapf Tiernahrungs GmbH hat sich zum Ziel gesetzt, zum Zwecke der Neukundengewinnung mehr als bloße Auswahl und Discount zu bieten.

In diesem Sinne hat das Unternehmen neue Wege beschritten. An den Standorten verschiedener Franchise-Unternehmen finden unterschiedliche Fressnapf Events statt, die dem Kunden mit oder ohne Tier positive, unvergessliche Momente in Verbindung mit zentralen Fressnapf Marken- und Unternehmenswerten vermitteln.

Die verschiedenen Events werden zentral gesteuert und vorbereitet und können je nach Bedarf und Möglichkeit an allen Fressnapf Standorten ausgeführt werden.

Das Einsetzen des Fri-Fra-Fressnapfbusses, der durch unterschiedliche Aktionen für Mensch und Tier wie Tierfotoshooting, Hüpfburg und für unterhaltsame Stunden sorgt sowie die Initiierung eigener Aktionen und Events wie den St.Wauli, Hamburg, überzeugten die Jury durch ihre Vielschichtigkeit und Kundenorientierung.

Zu bedenken wäre das Einbringen neuer Aspekte, wie Mitarbeitermotivation und Engagement im Bereich Tierschutz.

Fressnapf hat durch seine medienwirksamen Maßnahmen den Bereich Tierfachhandel verändert und eine neue Erlebniswelt geschaffen, was die Jury überzeugte, Sie als Finalisten auszuzeichnen.

1

1/2 Eines der Fri-Fra-Fressnapfbus-
Highlights für Mensch und Tier ist der
Agilityparcours. Hier müssen sich Herrchen und Frauchen zusammen mit ihrem
Vierbeiner sportlich betätigen. Egal ob es
durch eine Röhre, die Steilwand hinauf
oder durch einen Autoreifen geht –
hier sind Geschick und manchmal auch
etwas Mut gefragt.

3/4 Das Fressnapf Discdogteam und Trickdogteam sind eine der großen Sensationen
auf jedem Event: Ob Frisbeescheiben
fangen, Geschicklichkeitsübungen oder
einfach nur „toter Hund" spielen – es gibt
fast nichts, was die Hunde nicht können.

2

3

4

DZ BANK AG
FINALIST

DAS UNTERNEHMEN

DZ BANK AG
Deutsche
Zentral-Genossenschaftsbank
Platz der Republik
60265 Frankfurt am Main
www.dzbank.de
www.investment-dialog.de

Verantwortliche
» Martin Roth,
   Leiter Kommunikation & Marketing
» Anke Fischdick,
   Gruppenleiterin Events

Partneragentur
HAGEN INVENT GmbH & Co. KG
www.hagen-invent.de

Branchenumfeld
Bankenwesen

Gründungsjahr
1883

Mitarbeiter
4258

Standort
Frankfurt am Main (Hauptsitz)

Kundenzahl
30 Millionen Kunden des
genossenschaftlichen FinanzVerbundes
in Deutschland

DIE KAMPAGNE

DZ BANK „13. INVESTMENT DIALOG"

Seit 1997 findet der Investment Dialog einmal im Jahr in der Alten Oper in Frankfurt statt. Gestartet als Veranstaltung zur Aktienpräsentation hat sich der Investment Dialog zu einem Gesellschaftsdialog mit tragendem Dachthema entwickelt.
Damit leistet die DZ BANK einen aktiven Beitrag zum Dialog zwischen Wirtschaft, Politik und Gesellschaft sowie Unternehmen und Investoren. Als Referenten konnten stets Persönlichkeiten aus der obersten Ebene von Politik und Wirtschaft gewonnen werden.

Zur Zielgruppe des Investment Dialogs zählen bundesweit Vorstände der Volksbanken und Raiffeisenbanken mit deren ausgewählten Privatkunden, Geschäftspartner der DZ BANK, Vertreter der Verbundunternehmen und Medienvertreter. Jedes Jahr begrüßt die DZ BANK ca. 1.300 Gäste zum "Investment Dialog".

Die Ausgangssituation zeigte, dass sich der "Investment Dialog" nach 12 Jahren zwar als feste Veranstaltungsgröße etabliert hatte, jedoch keine größeren innovativen Erneuerungen in den letzten Jahren stattgefunden hatten.

Die Düsseldorfer Agentur für Live Communication HAGEN INVENT wurde von der DZ BANK aufgefordert, ein neues attraktives Veranstaltungskonzept zu entwickeln und zu realisieren. Dabei sollte neben der Entwicklung eines greifenden Dachthemas mit Referentenvorschlägen und Programmablauf vor allem die Kernidee „Dialog" wieder erlebbar gemacht werden. Die Gäste sollten wieder besser erreicht werden, d.h. weg von der reinen Frontbeschallung hin zum persönlichen Austausch, mit dem Ziel eines "individuellen Mehrwerts" für jeden einzelnen Gast.

„Investment Dialog" – ein etablierter Veranstaltungsname, der das Programm schnell klar macht. Das Thema sind aktuelle Trends in der Wirtschaft und Chancen an den Kapitalmärkten. Aber wie und in welcher Form findet dabei ein Dialog statt?

Dialog heißt miteinander reden, Ansichten teilen und neue gewinnen, eine lebendige Kommunikation, die alle Beteiligten aktiv mit einbindet.
Um den Gästen das aktive Gefühl „mittendrin zu sein" zu vermitteln, sodass jeder Gast am Ende einen persönlichen Mehrwert aus der Veranstaltung ziehen konnte, resultierte der Lösungsansatz: „Zurück zum Dialog".

Das Hauptinstrument des kommunikativen Austauschs sollte wieder in den Mittelpunkt gestellt und für die Gäste durchgehend erlebbar gemacht werden. In der Didaktik trugen innovative Dialogmodule sowie die vielfältigen Optionen des neuen Setdesigns als dramaturgische Elemente unter Einbeziehung der Gäste zum Austausch bei.
Mit einem spannungsgeladenen Motto, das zum Nachdenken anregte und den Bezug zur Ökonomie aufnahm, wurden die Gäste schon mit der Einladung angesprochen.

Das Motto des „13. Investment Dialogs" zu Zeiten der Wirtschaftskrise lautete: „Aufbruch ist Chance – Zeit für Antworten!"

Parallel dazu wurden die Gäste durch die Veranstaltungswebsite über Aktuelles und über Hintergründe der Referenten vorab informiert.

Mit einer persönlichen Begrüßung auf der Veranstaltung durch die Gastgeber der DZ BANK fühlte sich jeder Teilnehmer direkt angesprochen. Beim anschließenden Get-together fingen Kamerateams die Stimmen der Gäste zu themenbezogenen Fragen ein, die zu einem späteren Zeitpunkt aktiv in den Experten-Talk auf der Bühne integriert wurden. Das optimierte Wegeleitsystem sorgte zudem für schnelle und einfache Orientierung in der Alten Oper.

Den optischen Höhepunkt der Veranstaltung bildete die dreidimensionale Rauminszenierung für das Tagesprogramm im Saal:
Grundlegender Entwurfsansatz war die dynamische Verbindung der Bühne mit dem Publikumsbereich. Raumbildende Projektionsbänder, ausgehend vom Fokus der Bühne, reichten bis weit in den Zuschauerraum. Eine Atmosphäre des offenen Dialogs wurde geschaffen, die von keiner Position des Zuschauerraums ausgrenzend wirkte und ein einmaliges kommunikatives „Wir-Gefühl" erzeugte.

Die vielfältigen Kommunikationssituationen wie Vorträge, 1:1 Gespräche am zweigeteilten, beweglichen Talk-Tresen oder der Experten-Talk auf der Couch, wurden medial-flexibel unterstützt, z.B. durch den farblichen Lichtwechsel, Filmzuspieler, O-Töne der Gäste oder Gobo-Projektionen.

Corinna Wohlfeil und Christian Sievers moderierten kurzweilig im Wechselspiel. Referenten wie DZ BANK CEO Wolfgang Kirsch, Guido Westerwelle, Modeunternehmer Hans-Rudolf Wöhrl und Extremkletterer Alexander Huber erörterten aus unterschiedlichen Perspektiven ihr Verständnis von Kraft, Motivation und Chancen.

Im Anschluss hatten die Gäste die Möglichkeit, mit den Referenten an ausgewiesenen Experten-Stammtischen ins Gespräch zu kommen. Atmosphärisch wurde dies durch einen Dialog der Instrumente begleitet, einer Musikinszenierung mit dezentralen Bühnen, bei der die Künstler über Sichtkontakt miteinander kommunizieren konnten. Im Hintergrund liefen Impressionen der Tagesveranstaltung, so dass die Gäste auch zum Ende hin das „Wir-Gefühl" immer noch spüren konnten.

Mit der neuen Veranstaltungsdidaktik wurde der höchste Response bei Gästen, Referenten, Gastgebern und Medien seit 1997 erreicht. Nach dem DZ BANK Leitsatz „Zusammen geht mehr" führte der Dialog als Kern der Marke zur besseren Kommunikation mit dem Kunden und zu einem dynamischen Austausch. Dialog wurde nicht nur erlebt, sondern aktiv gelebt.

DIE JURY

Mit der Kernidee, „Dialog" erlebbar zu machen, hat die DZ-Bank ihre jährlich stattfindende Veranstaltung „Investment Dialog" zu neuen Ufern geführt. Zusammen mit der Düsseldorfer Agentur für Live Communication Hagen Invent wurde ein attraktives Veranstaltungskonzept entwickelt, mit dem Ziel, den individuellen Mehrwert eines jeden Gastes zu verbessern. Durch die konsequente Ausrichtung aller Elemente der Veranstaltung, den Dialog ins Zentrum zu stellen, konnte der Austausch zwischen den Gästen aus Politik, Wirtschaft und Gesellschaft stark verbessert werden. Damit wurde die DZ-Bank ihrem Leitsatz „Zusammen geht mehr" vollkommen gerecht.

Der Jury hat besonders die Idee der dreidimensionalen Rauminszenierung gefallen. Sie war Ausdruck dafür, Gästen, Gastgebern und Referenten ein „Wir-Gefühl" zu vermitteln und hielt wie eine Klammer den Ideenfluss zusammen.
Bei der DZ-Bank sind die Zeichen auf Dialog gestellt - hier wird er nicht nur erlebt, sonder aktiv gelebt.
Die Jury des Deutschen Preises für Wirtschaftskommunikation gratuliert zum Finaleinzug.

1

1 Die Rauminszenierung als optischer
Höhepunkt der Veranstaltung:
Eine dynamische Verbindung von Bühne
und Publikumsraum durch Projektionsbänder, die ausgehend vom Fokus der Bühne
bis in den Zuschauerraum reichend die
Bühnensituation medial-flexibel unterstützen. Ein Zeichen des offenen Dialogs –
die Atmosphäre fordert und fördert ein
intensives Wir-Gefühl.1

2

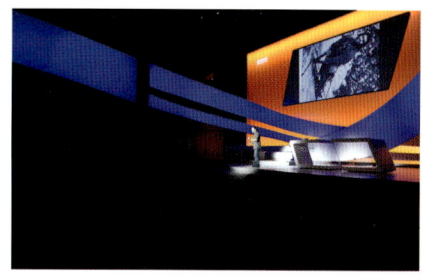

3

2 Vielfältige Kommunikationssituationen wie Doppelmoderation, Interviews, Vorträge, 1:1 Gespräche am zweigeteilten, beweglichen Talk-Tresen oder der Experten-Talk auf der Couch schafften eine dramaturgische Steigerung und führten „zurück zum Dialog".

3 Ergänzt wurde die Umsetzung durch interessante Redner und Gesprächspartner, die aus unterschiedlichen Sichtweisen das Thema erörterten, wie hier der Extremkletterer Alexander Huber. Emotional mitreißend und lebensnah erzählte er aus seinem persönlichen Blickwinkel, was Kraft, Motivation und Chancen ausmachen.

OTTO BOCK HEALTHCARE GMBH GEWINNER

DAS UNTERNEHMEN

Otto Bock HealthCare GmbH
Max-Näder-Straße 15
37115 Duderstadt
www.ottobock.de

Verantwortlicher
Dirk Artmann,
Leiter Unternehmenskommunikation
und Unternehmenssprecher

Branchenumfeld
Medizintechnik

Gründungsjahr
1919 in Berlin

Mitarbeiter / Standorte / Kundenzahl
Die Mitarbeiterzahl belief sich zum
Ende des Jahres 2009 auf 4216 weltweit.
Netzwerk aus Vertriebs- und Service-
standorten in mehr als 40 Ländern auf
fünf Kontinenten. Mehrere tausend
Kunden weltweit.

Otto Bock®

QUALITY FOR LIFE

DIE KAMPAGNE

DAS EVENT: EICHSFELD FESTIVAL, 04.-06. SEPTEMBER 2009

Die Unternehmenshistorie von Otto Bock ist mit der deutsch-deutschen Geschichte eng verbunden: Unruhen in Berlin trugen dazu bei, dass die Firma 1920, nur ein Jahr nach ihrer Gründung, ins thüringische Königsee umzog. Die entschädigungslose Enteignung nach dem Zweiten Weltkrieg veranlasste Dr. Max Näder und seine Frau Maria, die Tochter des Firmengründers Otto Bock, das Unternehmen im niedersächsischen Duderstadt neu aufzubauen. Die damals unerwartete Öffnung der Grenze 1989 erwies sich als historischer Glücksfall, der völlig neue Perspektiven bot: Das geteilte Eichsfeld, die neue Heimat des Unternehmens, wurde wieder zum Leben erweckt. Die Unternehmer-Familie Näder kaufte ihren enteigneten Stammsitz in Königsee zurück und nahm dort 1992 eine hochmoderne Fertigungsstätte für Rollstühle und Mobilitätshilfen in Betrieb. Heute stammt mehr als ein Drittel der Mitarbeiter in Duderstadt aus den neuen Bundesländern, vorrangig aus dem Obereichsfeld.

Um den 90. Geburtstag des Unternehmens und zugleich 20 Jahre Grenzöffnung zu feiern, organisierte Otto Bock ein einzigartiges Event: Das Eichsfeld Festival. Den Höhepunkt der Veranstaltung vom 4. bis 6. September 2009 bildete ein Deutschrock-Konzert mit Peter Maffay und weiteren Größen der deutschsprachigen Musikbranche. Das Konzert am Samstagabend wurde eingebettet in ein Veranstaltungs-Wochenende mit Sogwirkung weit über die Region Eichsfeld hinaus. Das gesamte Wochenende stand unter dem Zeichen der Wiedervereinigung und dieses Thema zog sich wie ein roter Faden durch alle Veranstaltungspunkte. Das Festival sollte für die Menschen in der Region ein unvergessliches Erlebnis werden. So wurden rund 200 Eichsfelder, die durch freiwilliges Bürgerengagement und Ehrenamt in Erscheinung getreten waren, mit Freikarten bedacht. Als Dankeschön für seine Mitarbeiter am Standort Deutschland reservierte Professor Hans Georg Näder, Geschäftsführender Gesellschafter des Unternehmens, etwa die Hälfte der Konzertkarten. Der Rest der Karten ging in den Vorverkauf ein und so konnten 7.000 Menschen im Bühnenbereich und 20.000 im Public Viewing Bereich das Konzert miterleben.

Eingeläutet wurde das Festival-Wochenende am Freitag, 4. September 2009 mit der emotionalen Premiere des Films „Die Wiedervereinigung im Eichsfeld 1989 und 1990" der regionalen Zeitung „Göttinger Tageblatt". Diese wurde durch das Loh-Orchester aus dem thüringischen Nordhausen musikalisch begleitet.

Das Deutschrock-Konzert am Samstagabend führte Musiker zusammen, deren Erfolgsgeschichte im geteilten Deutschland begann. Als am 9. November 1989 die Berliner Mauer fiel, arbeiteten Karat-Sänger Herbert Dreilich und Peter Maffay gerade an einem Duett: „Über sieben Brücken musst Du geh´n". Der Song wurde später zum Radiohit und zur Hymne der deutschen Wiedervereinigung. Karat ist, neben den

Puhdys, die Ost-Rock-Legende schlechthin. Alle Bands, die an diesem Samstag auf der Bühne standen (Karat, Silbermond, Nena und Peter Maffay) hatten ausnahmslos einen speziellen deutsch-deutschen Background, der zu einem Konzert nur sieben Kilometer entfernt vom ehemaligen Todesstreifen im 20. Jahr der Grenzöffnung ideal passte. Damit alle Konzertbesucher die Live-Auftritte erleben konnten, wurden in der gesamten Innenstadt sechs Großleinwände aufgebaut, auf denen das Konzert übertragen wurde.

Der Sonntag gehörte den Vereinen der Region: Tanzgruppen, Gaukler, Trecker- und Trabbivereine kamen aus Niedersachsen und Thüringen zusammen und präsentierten das Eichsfeld als wiedervereinte und zusammengewachsene Region. Und auch dieser Tag bot ein musikalisches Highlight: Die Castingband „Queensberry" sang Songs ihres aktuellen Albums und nahm sich die Zeit für eine Autogrammstunde mit ihren Fans.

Die Resonanz auf das Eichsfeld Festival war überwältigend. Die Tickets für das Konzert am Samstagabend waren innerhalb weniger Stunden ausverkauft. Bereits einige Stunden vor dem Einlass standen zahlreiche Fans vor dem Festivalgelände, um sich einen guten Platz vor der Bühne zu sichern. Doch trotz des massenhaften Andrangs strahlte diese Großveranstaltung eine enorme Entspanntheit aus. Angesichts der mehr als 50.000 Besucher, allein am Samstag kamen 33.000 Gäste in die Duderstädter Innenstadt, verbunden mit einer äußerst positiven Berichterstattung in den Medien sowie zahlreichen persönlichen Dankesschreiben, war die für das Unternehmen erzielte öffentliche Aufmerksamkeit hochgradig zufriedenstellend.

Insgesamt waren bei der Organisation des Festivals mehr als 200 freiwillige Helfer im Einsatz. 90 Techniker bauten die gigantische Bühne (16m tief, 22m breit, 12m hoch) und die hochmoderne Soundanlage mit einem Lautsprecherturm an jeder Leinwand auf. Herausragend war die Kooperation mit der LNS Landesausstellung Natur im Städtebau Duderstadt 1994 gGmbH, aber auch mit der Sparkasse und der Volksbank, die das Programm unterstützten. Der Zusammenhalt in der Region Eichsfeld wurde beim Eichsfeld Festival für alle Besucher spürbar nach außen transportiert. Durch die enge Zusammenarbeit der regionalen Netzwerkpartner wurde das Gemeinschaftsgefühl gestärkt und das Eichsfeld präsentierte sich einmal mehr als Modellregion für das Zusammenwachsen Deutschlands.

DIE JURY

Die Otto Bock Firmengruppe und die Region Eichsfeld sind eng miteinander verbunden. Eichsfeld war 40 Jahre lang ein geteilter Ort und mit dem Todesstreifen Brennpunkt Deutsch-Deutscher Geschichte. Zwei Jahre nach dem Mauerfall kehrte die Otto Bock Health Group zu ihren Anfängen zurück und schloss durch den Aufbau einer neuen Produktionsstätte in Königssee die Gräben, welche die Teilung schuf.

Otto Bock initiierte das „Eichsfeld Festival" um den Menschen in der Region und seinen hochengagierten Mitarbeitern ein Dankeschön auszusprechen. Der Anlass waren der 90. Firmengeburtstag und 20 Jahre Mauerfall. Geschickt verband das Festival diese zwei Jubiläen zu einem bunten Strauß Unterhaltung.

Besonders beeindruckt war die Jury davon, wie konsequent die Region und ihre Bewohner einbezogen wurden. Durch das vielfältige Programmangebot wurde eine große Zielgruppe angesprochen und einbezogen. Die Jury des Deutschen Preises für Wirtschaftskommunikation ist überzeugt: Das war eine Sternstunde des Event Marketings.

1

4

2

3

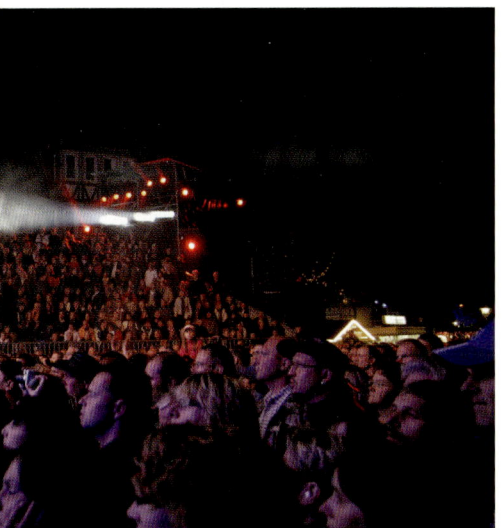

5

1 Peter Maffay setzt sich schon seit vielen Jahren mit seiner Peter Maffay Stiftung für die Belange von Kindern ein. Begeistert berichtete er beim Eichsfeld Festival zusammen mit Otto Bock Chef Hans Georg Näder über ihr gemeinsames Projekt „Schutzräume für Kinder", das in der Region realisiert werden soll.

2 Der Zusammenhalt in der Region Eichsfeld wurde beim Eichsfeld Festival für alle Besucher spürbar nach außen transportiert: Das Veranstaltungswochenende wurde von (v.l.n.r.) Wolfgang Nolte (Bürgermeister der Stadt Duderstadt), Professor Hans Georg Näder (Geschäftsführender Gesellschafter Otto Bock), Ilse Stein (Chefredakteurin „Göttinger Tageblatt") und Holger Willuhn (Vorstandsvorsitzender Volksbank Eichsfeld-Northeim) gemeinsam eröffnet.

3/4/5 Die komplette Duderstädter Innenstadt wurde in ein Festivalgelände mit aufwändigen Ton- und Lichtinstallationen verwandelt. Mehr als 50.000 Menschen erlebten das Eichsfeld Festival vor atemberaubender Kulisse.

BESTE INTERNE KOMMUNIKATION

Die Dynamik der Märkte fordert von Unternehmen eine hohe Flexibilität. Die interne Informations- und Kommunikations- politik stellt einen entscheidenden Wettbewerbs- und Er- folgsfaktor dar. Mitarbeiter werden durch transparente und klare Kommunikationsmaßnahmen von Unternehmenszielen überzeugt und bilden so die Basis für eine wertschöpfende Unternehmenskultur.

FINALISTEN

» FlexiTel TelefonService GmbH

» MTU Aero Engines GmbH

» Vodafone D2 GmbH

» Otto GmbH & Co KG

» Cognis GmbH

» NATIONAL-BANK AG

GEWINNER

» Wüstenrot & Württembergische AG

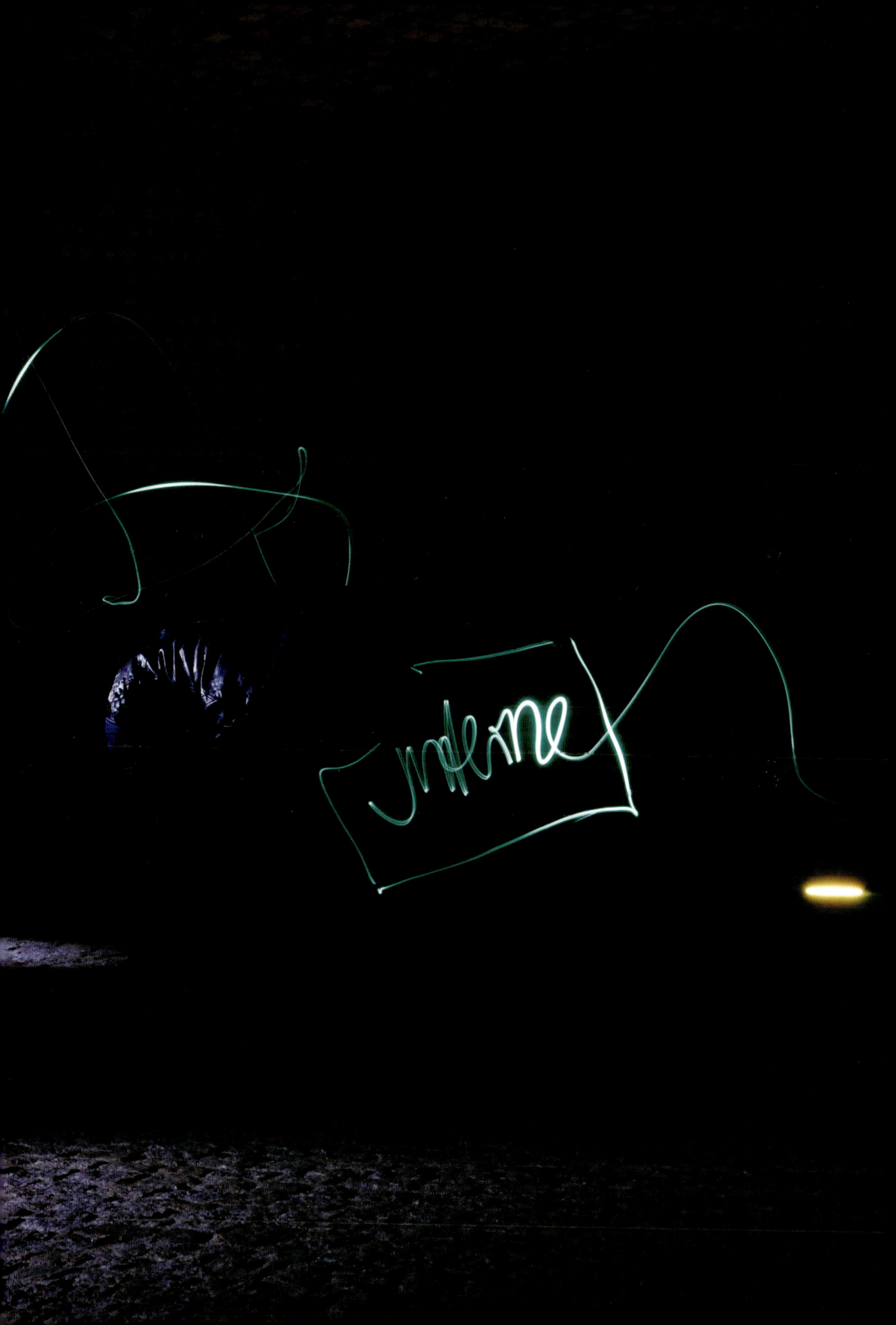

FLEXITEL TELEFON SERVICE GMBH
FINALIST

DAS UNTERNEHMEN

FlexiTel TelefonService GmbH
Lützowstr. 105 / 106
10785 Berlin
www.flexitel.de

Verantwortliche
» Joachim Schumm
  Geschäftsleitung
» Lia Deinert
  Projektleitung

Partneragentur
Da kapo
www.da-kapo.de

Branchenumfeld
Finanz- und Versicherungs-
dienstleistung

Gründungsjahr
1998

Mitarbeiter / Standort / Kundenzahl
240 / Berlin / 15

DIE KAMPAGNE

DIE AUSGANGSSITUATION
Die Teams der Abteilungen Call-Center-Leitung, Key Account Management, Projektmanagement und Kapazitätsmanagement verfolgten wenig fixe Termine, um Absprachen zu treffen. Die Entscheidungen und Absprachen wurden in eher zufälligen Treffen spontan „aus dem Bauch heraus" getroffen. Der daraus resultierende Diskussionsbedarf wurde in eine Konferenz übertragen, in der es ausschließlich um zielführende Projekte und Kapazitäten ging. Des Weiteren wurde es für uns als Dienstleister der ERGO Versicherungsgruppe aufgrund indirekter Kommunikationsstrukturen zunehmend schwierig, die Inbound-Gespräche des Kunden-Service-Center der ERGO auf dem gleichen Service-Niveau zu führen wie der KSC der ERGO Direkt Versicherungen. Die organisatorische Führung und fachliche Steuerung hatten dabei verschiedene Zielvorstellungen. Außerdem gab es kein klares Bild des Kommunikationsunternehmens FlexiTel TelefonService GmbH. Die unterschiedlichen Unternehmen (Diatel Direkt, DKV, KarstadtQuelle Versicherungen) transportierten unterschiedliche Werte in unser Unternehmen. Es fehlte an „innerer" Orientierung für die Mitarbeiter und einer klaren, informativen Positionierung für unsere Auftraggeber.

DIE ZIELE
Wir formulierten für das Geschäftsjahr 2009 folgende interne Kommunikationsziele: Integration und Organisation einer internen Kommunikationsplattform mit Steuerungsfunktion, klare und direkte Kommunikationskanäle zwischen Auftraggeber und FlexiTel sowie die Gestaltung einer Imagebroschüre für Mitarbeiter und Auftraggeber für mehr Transparenz und Orientierung.

DIE ZIELGRUPPE
Unsere Zielgruppe sind Versicherungs- und Finanzdienstleistungsunternehmen aus der ERGO Versicherungsgruppe sowie deren Kooperationspartner. Im Fokus stehen dabei die Kooperationen mit privaten und gesetzlichen Krankenkassen. Zusätzlich wollen wir außerhalb der ERGO Versicherungsgruppe Wirtschaftsunternehmen ansprechen, die Interesse an einer Premium-Dienstleistung im Versicherungsbereich haben. Mit unserer Mitarbeiterakquise visieren wir Menschen an, die Freude am Telefonieren haben und an einer vielseitigen, wertorientierten und verantwortungsvollen Beschäftigung bei einem Versicherungs-Dienstleister im Gesundheitsbereich Interesse haben. Wir sprechen dabei offene, kommunikationsstarke Menschen an, die Spaß daran haben, ihr Unternehmen eigenverantwortlich mitzugestalten.

DIE STRATEGIE
Mit der Botschaft „Kompetenz multiplizieren. Gemeinsam Erfolge realisieren." vermitteln wir unseren Zielgruppen höchsten Anspruch, Vertrauen und Gemeinschaft. Unsere Auftraggeber, die wir als Partner betrachten und nicht als Kunden, fühlen sich bei uns in den besten Händen. Unseren Mitarbeitern signalisieren wir höchste Wertschätzung und die Realisierung von Erfolgen in gemeinsamer Zusammenarbeit.

DIE UMSETZUNG

Für die Teams der Abteilungen Call-Center-Leitung, Controlling, Projektmanagement, Key Account Management und Kapazitätsmanagement wurde der „Arbeitskreis integrale Steuerung" (AIS) als Kommunikationsplattform integriert. Seine Funktionen sind die Steuerung der Organisation und der Berichterstattung sowie die Kommunikation zu den beteiligten Abteilungen. Außerdem haben wir ein Konfliktmanagement integriert, das den Beteiligten hilft, eine offene und zielführende Kommunikation zu führen. Ferner ist das Zwischenschalten des Aktionsmanagements des Key Account Managements nicht mehr notwendig. Wir haben einen geradlinigen Kommunikationsweg zu unserem Auftraggeber geschaffen und übernehmen den Inbound-Überlauf der ERGO Direkt auf gleichem Service-Niveau. Unsere Mitarbeiter und Auftraggeber werden mit unserer Imagebroschüre umfassend über die Geschichte, die Entwicklung, die Unternehmensphilosophie und wichtige innerbetriebliche Regelungen und Leistungen informiert. Sie haben einen „Kompass" erhalten, der ihnen transparent und einfach das Profil und die Philosophie unseres Unternehmens präsentiert.

DIE ERGEBNISSE

Mit dem AIS ist uns die Integration einer zentralen Kommunikationsplattform gelungen, durch die die Kommunikationswege kürzer, ruhiger, sachlicher und weitaus effektiver als bisher wurden. Das Konfliktpotenzial ist durch die sachliche Darstellung wesentlich gemindert. Die Konferenz ist keine angespannte Diskussionsrunde mehr, sondern ein konstruktives Meeting, in dem der Geschäftsführung ein Rückblick als auch eine Vorausschau zu den Erwartungen und Entwicklungen gewährt wird. Mit dem direkten Kommunikationsweg zu ERGO Direkt haben wir einen Service-Level auf höchstem Niveau geschaffen und höhere Verantwortung übernommen. Die organisatorische Führung und fachliche Steuerung hat klare und einheitliche Zielvorgaben erhalten.

Unsere Imagebroschüre hat unsere Mitarbeiter bei der Orientierung und Identifikation unterstützt. Sie erläutert auf einfache und direkte Art und Weise unsere Unternehmensphilosophie und –strategie. Wir sind dabei als attraktiver und freundlicher Arbeitgeber wahrgenommen worden. Unsere Auftraggeber haben mit der Imagebroschüre ein informatives und klar positioniertes Bild unseres Unternehmens, bei dem wir als Partner und Premium-Dienstleister wahrgenommen werden.

Wir wollen auch zukünftig als Premium-Dienstleister mit hundertprozentiger Datenschutzsicherheit wahrgenommen werden und hoffen auf kommende Aufträge von Krankenkassen, die uns vertrauen und mit uns Kompetenzen multiplizieren und gemeinsam Erfolge realisieren.

DIE JURY

Die Flexitel TelefonService GmbH gehört als Tochter der ERGO Direkt zur ERGO Versicherungsgruppe und erhielt neben den Service-Callaktivitäten eine starke Direktmarketingorientierung im Bereich Versicherungen.

Flexitel arbeitet nach dem Prinzip Wertschätzung und betreibt ihre interne Kommunikation mit flach gehaltenen Hierarchien. Das Unternehmen sah Handlungsbedarf in der Neustrukturierung der Kommunikationsorganisation, um den Mitarbeitern eine bessere Orientierung geben zu können.

Der Jury gefiel besonders, dass der Hauptfokus der Kommunikationsstrategie auf dem persönlichen Gespräch über alle Ebenen bis hin zur Geschäftsleitung lag. Die Motivation der Mitarbeiter soll so gefördert und gesteigert und die Identifikation mit dem Unternehmen angestrebt werden.

Die Kommunikation wurde neu organisiert und strukturiert. Wesentlicher Bestandteil waren die Implementierung einer integrierten Kommunikationsplattform und die Verbesserung der Kommunikationswege. Zum Jahresauftakt hat Flexitel eine Imagebroschüre herausgebracht, die regelmäßig erscheint und die transparent und einfach das Profil des Unternehmens präsentiert.

Die Jury empfiehlt, eine differenziertere Ansprache der Zielgruppe Mitarbeiter vorzunehmen und damit eine erhöhte Identifikation mit und durch das Unternehmen zu ermöglichen.

1

2

1 „Das Schönste ist, gemeinsam mit
unseren Auftraggebern Ziele zu erreichen und das in uns gesetzte Vertrauen
immer wieder zu bestätigen."
Cindy Kochan

3

4

2 „Ich freue mich auf jeden neuen Kunden
und darauf, ihn mit meiner Fachkompetenz
beraten und ihm weiterhelfen zu können."
Wolfram Hesse

3 „Ich habe hier ein sehr gutes Betriebs-
klima gefunden, was mich in der täglichen
anspruchsvollen Arbeit sehr unterstützt."
Heike Philipp

4 „FlexiTel engagiert sich ungemein für
unser Fachwissen. Damit können wir auf
Augenhöhe kommunizieren und unsere
Auftraggeber mit Ideenreichtum begeistern."
Kathrin Ziemer

MTU AERO ENGINES GMBH
FINALIST

DAS UNTERNEHMEN

MTU Aero Engines GmbH
Dachauer Straße 665
80995 München
www.mtu.de

Verantwortliche
» Josephine Leber
  Leiterin Personalentwicklung und
  Personal Services
» Eckhard Zanger
  Leiter Unternehmenskommunikation
  und Investor Relations

Partneragentur
Synnecta (teilweise)
www.synnecta.de

Branchenumfeld
Luftfahrtindustrie

Gründungsjahr
1934

Mitarbeiter
7600

Standorte
acht Standorte

DIE KAMPAGNE

Nach einer Mitarbeiterbefragung hat sich der Vorstand der MTU Aero Engines Ende des Jahres 2008 vorgenommen, die Strategien und Entscheidungen von Vorstand und Führungskräften für die Mitarbeiter transparenter zu machen, Kommunikation und Führung zu verbessern sowie den Dialog zwischen Mitarbeitern und Führungskräften zu intensivieren. Das übergeordnete Ziel lautete: Ein gemeinsames Bild von der MTU sollte geschaffen werden.

Um alle Kräfte zu bündeln und auf die Zukunft zu fokussieren, sollten Visionen und Zielsetzungen für das Unternehmen in einem neuen Leitbild formuliert werden. Dieses Leitbild erhielt die Vision: „Wir gestalten die Zukunft der Luftfahrt."

Für seine Implementierung wurde ein neues, für Mitarbeiter und Führungskräfte ungewöhnliches Roll-Out-Konzept erarbeitet. Es gewährleistete drei Dinge zur gleichen Zeit - die Einführung des neuen Leitbilds, die Anregung und Verbesserung des direkten Austauschs aller Hierarchieebenen sowie die Erhöhung der Eigenverantwortlichkeit für Veränderungen im Unternehmen. In unternehmensweiten Workshops erarbeiteten die Mitarbeiter Antworten auf die zentralen Fragen: „Welche Aufgaben hat die MTU und wie wollen wir unsere gemeinsamen Ziele erreichen?"

In den aufwendigen Diskussions- und Vermittlungsprozess der Dialog-Kommunikation, die als Kaskade von oben nach unten verlief, wurden alle Mitarbeiter - weltweit rund 7.600 Personen - eingebunden und sind es noch. Auf jeder Hierarchieebene führten Führungskräfte Workshops mit Mitarbeitern der jeweils darunter liegenden Ebene durch: So wurde unternehmensweit sichergestellt, dass die Kaskade vom Vorstand bis zu jedem einzelnen Teammitglied reichte. Mittelpunkt des strategischen Ansatzes war, dass die Führungskräfte als Treiber der MTU-Strategie und des Leitbildes - also als Change Manager - agieren, und nicht eine zentrale Organisation. Insgesamt wurden etwa 500 Workshops veranstaltet, die jeweils mindestens fünf Stunden lang dauerten - das ergibt 40.000 Mitarbeiter-Stunden.

Flankiert wurde die Aktion durch eine intensive Berichterstattung in den klassischen Unternehmensmedien Intranet und Mitarbeiterzeitung. Neben regelmäßigen Berichten erschien eine Sonderausgabe der Mitarbeiterzeitung „contact".

„Gemeinsam in die Zukunft" – das ist die Überschrift des gesamten Aktionspakets und des neuen Leitbildes der MTU. Unter ihm fächern sich die Leitsätze auf, die das Selbst-verständnis des Unternehmens widerspiegeln und den Weg in die Zukunft weisen. Das Leitbild hat fünf Schwerpunkte:
» Produkte, Technologie, Wachstum   » Zusammenarbeit und Verhalten
» Mitarbeiter und Führung   » Partner, Kunden, Aktionäre
» Umwelt und Gesellschaft.

Die Werte und Leitsätze wurden im Rahmen der „Zukunftswerkstatt" vermittelt. Mit Hilfe ausführlicher Schulungen und Moderationsunterlagen haben alle Führungskräfte mit ihren Abteilungen, Teams und Mitarbeitern die Werte, Leitsätze und Ziele des Unternehmens herausgearbeitet und diskutiert.

Zur Vermittlung der neuen Leitsätze im Unternehmen wurde ein für die MTU völlig neuer Ansatz gewählt: das Dialogbild, eine großformatige Darstellung der MTU. Auf einem Bild mit einem Format von 2,60 x 1,20 m entfaltet sich die gesamte MTU-Welt – dargestellt sind unter anderem alle Produkte und ihre Anwendungen, Kunden sowie die weltweiten Standorte. Die Mitarbeiter finden sich in vielfältiger Weise wieder – etwa in verschiedenen Arbeitssituationen in Werkshallen und Büros oder beim Kunden -, und haben auf diesem Weg einen persönlichen Bezug zum Bild.

Aufgabe eines jeden Teams war es, das Bild gemeinsam zu erkunden. Jeder Mitarbeiter konnte ein anderes Detail erklären, wusste Hintergründe oder erschloss Zusammenhänge. Schnell wurde klar, dass man mit dem gesammelten Wissen des Teams große Teile der MTU-Welt erklären konnte. Wo Hintergrundwissen fehlte, unterstützte die Führungskraft. Nach eingehender Diskussion erfolgte abschließend die Transferleistung: Die Leitsätze wurden auf den eigenen Arbeitsbereich heruntergebrochen; abgeleitet wurden Zielsetzungen zur weiteren Leistungsverbesserung sowie konkrete Umsetzungsmaßnahmen. Am Ende der Workshops erhielt jeder Teilnehmer eine verkleinerte Version des Dialogbilds als Faltblatt mit dem schriftlich formulierten Leitbild auf der Rückseite. Zudem wurden im Unternehmen mehrere hundert großformatige Leitbildposter aufgehängt.

Als weitere dauerhafte Aktivität zur Förderung der ebenenübergreifenden Kommunikation initiierte der Vorstand mit dem „MTU-Dialog" Gesprächsrunden zwischen Vorstand und Mitarbeitern aller Ebenen. Im ersten Jahr haben bereits über 300 Mitarbeiter von allen deutschen und internationalen Standorten teilgenommen.

Fazit: Das Projekt „Gemeinsam in die Zukunft" ist im gesamten Unternehmen auf sehr positive Resonanz gestoßen. Für die Teilnehmer der Zukunftswerkstätten war die Methode „Dialogbild" neu, ungewöhnlich, überraschend und motivierend. Die Mitarbeiter haben sich in hohem Maße mit den Darstellungen und Inhalten des Bildes identifiziert. Die aktive Beteiligung der Teilnehmer war signifikant höher als bei früheren Workshop-Formaten.

Die nächste Mitarbeiterbefragung im Sommer 2010 soll zeigen, welche Informationen in der Breite des Unternehmens angekommen sind und wo weitere Intensivierung notwendig ist. Wichtig ist, dass es sich bei der Implementierung des Leitbildes nicht um eine einmalige Aktion handelt, sondern um den Anfang eines langfristig angelegten Weges. In der derzeitigen Phase werden die bereichsintern festgestellten Handlungsfelder weiter bearbeitet. In den nächsten Monaten und Jahren sollen Schwerpunktthemen aus dem Leitbild unternehmensweit bearbeitet werden. Unterstützend und motivierend soll sich auch auswirken, dass der Mitarbeiterpreis „MTU Award" in Zukunft auch für herausragende Leistungen verliehen wird, die die Umsetzung des Leitbilds vorantreiben. „Gemeinsam in die Zukunft" bleibt also ein Dauerbrenner.

DIE JURY

Angesichts der Entwicklung der MTU Aero Engines Holding AG vom kleinen Teil des Konzerns Daimler zur Selbstständigkeit wurde das Leitbild des führenden Triebwerkherstellers Deutschlands neu überarbeitet und an die veränderte Situation angepasst. Die Mitarbeiterkampagne unter dem Motto „Wir gestalten die Zukunft der Luftfahrt" ermöglichte es, das neue Leitbild in den Köpfen der 7.600 Mitarbeiter zu verankern und gleichzeitig andere Verbesserungspotentiale wahrzunehmen: Gesamtzusammenhänge des Handelns der MTU zu verstehen und den Dialog zwischen Vorstand und Mitarbeitern zu fördern.

In Interaktiven Workshops wurde mit einem Dialogbild der Beitrag jedes Einzelnen am Funktionieren des Triebwerkherstellers herausgearbeitet. Besonders beeindruckt hat die Jury, dass die Mitarbeiter aktiv an der Implementierung des neuen Leitbilds mitarbeiteten: Die allgemeinen Leitsätze wurden von jedem Team in für den Arbeitsbereich spezifische Gedanken umformuliert. Hervorzuheben ist auch, dass durch die Moderation der Workshops durch die Führungsebene mehr Transparenz und die Möglichkeit zum Dialog entstanden.

Auch wenn die zahlenmäßigen Erfolge der Kampagne noch durch eine geplante Mitarbeiterbefragung festgestellt werden müssen, waren die Maßnahmen nach Ansicht der Jury sehr gut auf das Erreichen des Ziels ausgerichtet und demnach sehr effektiv.

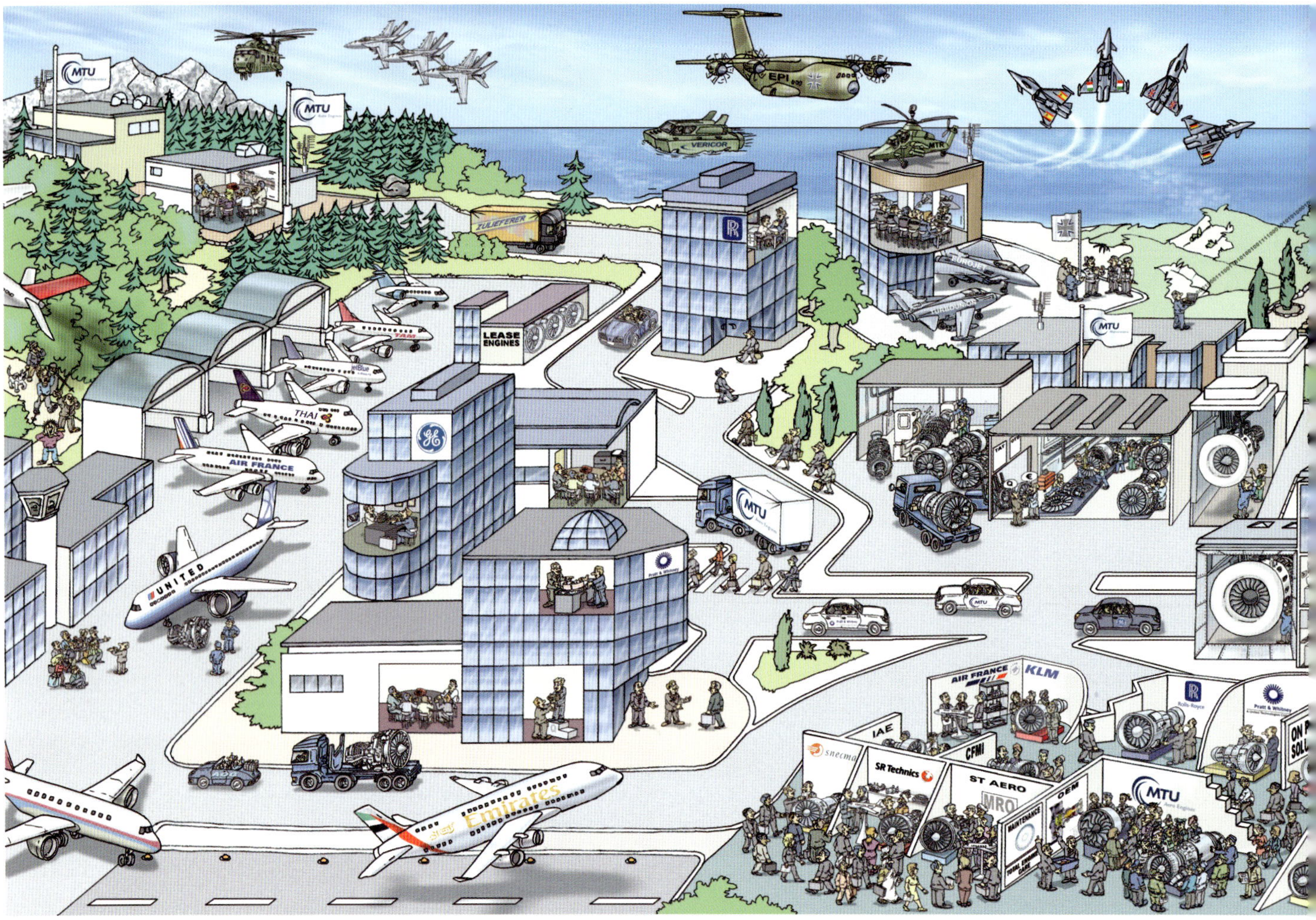

1

MTU Aero Engines

contact extra

Zeitung für die **Mitarbeiterinnen und Mitarbeiter** der MTU Aero Engines, August/September 2009

Zukunft braucht Veränderungsbereitschaft

Im Sommer 2009 starteten die Zukunftswerkstätten an den deutschen Standorten – der Kick-off für den unternehmensweiten Veränderungsprozess „Gemeinsam in die Zukunft"

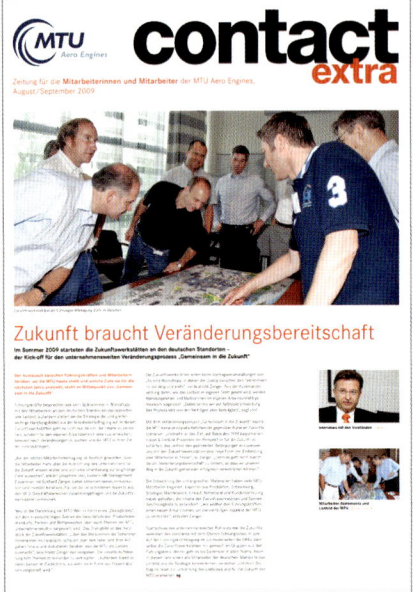

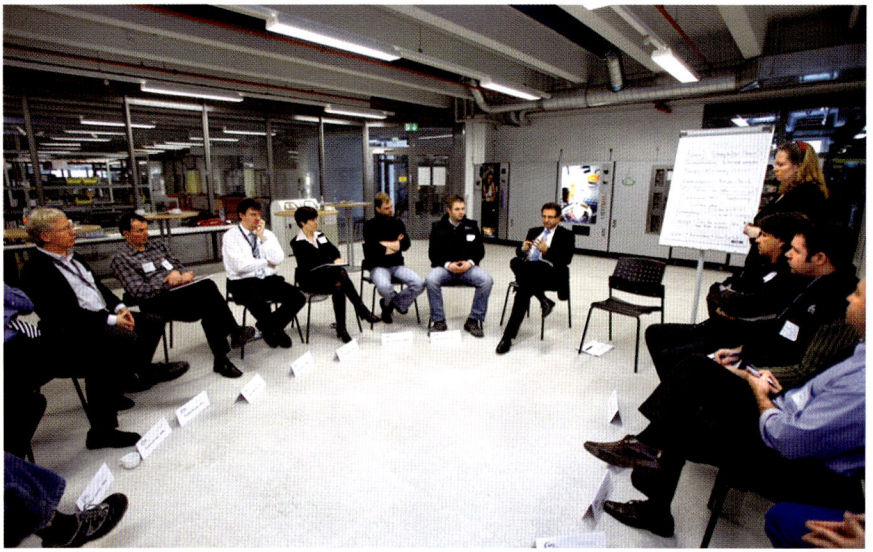

2

3

1 In rund 500 Zukunftswerkstätten haben Führungskräfte und Mitarbeiter über die Strategie und das neue Leitbild der MTU Aero Engines diskutiert. Medium war das „Dialogbild", eine zeichnerische Darstellung

2 Das Projekt „Gemeinsam in die Zukunft" wird begleitet von einer umfangreichen Berichterstattung in den internen Medien der MTU Aero Engines – hier eine Sonderausgabe der Mitarbeiterzeitschrift „contact".

des Unternehmens und seines Marktes.

3 Das direkte Gespräch zwischen Vorstand und Mitarbeitern ermöglicht der „MTU-Dialog" - hier eine Gesprächsrunde mit CEO Egon Behle.

VODAFONE D2 GMBH
FINALIST

DAS UNTERNEHMEN

Vodafone D2 GmbH
Am Seestern 1
40547 Düsseldorf
www.vodafone-deutschland.de

Verantwortlicher
Michael Röll,
Stv. Leiter Konzernkommunikation,
Politik & Stiftungen

Branchenumfeld
Telekommunikation

Gründungsjahr / Mitarbeiter / Kunden
1990 / 15.000 / ca. 39 Millionen

DIE KAMPAGNE

2008 übernimmt Vodafone Deutschland den Festnetzanbieter Arcor. Beide Unternehmen bilden den ersten integrierten Kommunikationsanbieter Deutschlands. Der neue Verbund muss nicht nur die Organisation den veränderten Rahmenbedingungen anpassen, sondern auch die Markenführung und Unternehmenskultur. Durch einen Integrationsprozess soll sichergestellt werden, dass die Mitarbeiter die strategische Neupositionierung des Unternehmens verstehen, ihr folgen und sie am Ende leben.

Um die Mitarbeiter auf dem Weg der Veränderung mitzunehmen, setzte die Interne Kommunikation auf das strategische Leitmotiv „Vertrauen". Dieses sollte durch vier kommunikative Eckpfeiler erzeugt werden:
» Hohe Visibilität des Vorstandes
» Dialogorientierte Kommunikation
» Aktive Einbindung von Führungskräften und Mitarbeitern
» Entwicklung eines gemeinsamen Werteprozesses

Als oberste Prämisse für den Verlauf des Werte- und Markenprozesses galt, eine transparente, aufeinander abgestimmte und dennoch persönliche Form der Informationsvermittlung zu gewährleisten, um möglichen Ressentiments der Mitarbeiter frühzeitig zu begegnen und diese abzubauen. Hierbei übernahmen die Geschäftsführung sowie die Führungskräfte beider Häuser eine zentrale Rolle, da sie als Multiplikatoren, Botschafter und nicht zuletzt Motivatoren den Prozess aktiv gestalten sollten.

Die Planung sah einen 2-Stufen-Plan zur Umsetzung der Strategie vor. Im Vorfeld von Phase 1 entwickelte die Kommunikation zunächst eine Storyline, die nicht nur die strategische Notwendigkeit des Zusammenschlusses verdeutlichte, sondern auch die kulturellen Aspekte und Ziele aufzeigte. Diese „Geschichte der Integration" diente allen Führungskräften als Blaupause für die Kommunikation nach innen und außen.

Um zu überprüfen, ob die Basis für den anschließend geplanten Werte- und Markenprozess gelegt war (Phase 2), führte die Interne Kommunikation Ende 2008 eine Mitarbeiterbefragung durch. Diese zeigte, dass der intensive Dialog zwischen Management und Mitarbeitern die Haltung der Beschäftigten zur Fusion der beiden Firmen nachhaltig beeinflusst hatte. So hielten 85 Prozent der Mitarbeiter das Zusammenwachsen der beiden Firmen für richtig. Auf diesem Fundament konnte nun Phase 2 der Kommunikationsstrategie aufbauen und die Aktivitäten zum Werte- und Markenbildprozess 2009 starten.

UMSETZUNG
Der Start des gemeinsamen Werteprozesses erfolgte Anfang 2009. Über das Intranet wurden zunächst Mitarbeiter gesucht, die die Erhebung der Werte aktiv unterstützen wollten. Es meldeten sich von Vodafone und Arcor rund 150 Kandidaten. Diese schlossen sich im zweiten Schritt mit jeweils zehn Kollegen zusammen, um gemeinsam mit diesen in einem Workshopformat ihrer Wahl jeweils vier Werte zu

ermitteln. Zu diesen Werten entwickelte das Team zudem Maßnahmen, wie diese innerhalb der Firma als auch im Umgang mit Kunden mit Leben gefüllt werden können. Die Ergebnisse von 1.500 Mitarbeitern wurden anschließend durch ein Gremium gesichtet und auf insgesamt zwölf Werte und die dazugehörigen Maßnahmen verdichtet. Diese wurden in einer Onlineabstimmung allen Mitarbeitern zur Wahl gestellt. An diesem Voting beteiligten sich über 5.000 Kollegen. Ihre Wahl fiel am Ende auf die beiden Werte – Vertrauen! und Wertschätzung. Diese von den Beschäftigten auserkorenen Werte wurden mit den Eigenschaften „Schnelligkeit" und „Einfachheit", die von der Vodafone Group für alle Landesgesellschaften des Konzerns als verbindende Elemente festgelegt wurden, verknüpft. Dieses Quartett bildet heute das Kulturgerüst für Vodafone Deutschland.

Nach der Entwicklung und Ausgestaltung des gemeinsamen Wertekorsetts für den integrierten Kommunikationskonzern galt es im zweiten Schritt, diese in das Unternehmen zu tragen und mit Leben zu füllen.

Um die Markenstrategie und die Werte des Unternehmens den Mitarbeitern näherzubringen, ließ Vodafone fünf Trucks speziell auf den Markenauftritt von Vodafone anpassen. Das Innere der Trucks diente schließlich als Trainingsraum, um die Mitarbeiter in Sachen Marke und Werte zu schulen.

Im Herbst 2009 folgte die Phase der Verankerung und Weiterentwicklung des Werteprozesses. Die Interne Kommunikation nutzte hierzu die Rundreise des Vodafone-Deutschland-CEO Fritz Joussen durch alle Standorte des Unternehmens. Im Vorfeld der bundesweit insgesamt elf Veranstaltungen wurden die Mitarbeiter der jeweiligen Region gebeten, einen so genannten Wertecheck auszufüllen. In diesem sollten die Mitarbeiter angeben, inwieweit aus ihrer Sicht die Kulturveränderungen bezogen auf die Werte und Eigenschaften im Alltag bereits zu spüren sind, wo positive Seiten des Wandels auftreten und wo es Nachholbedarf gibt.

Die Ergebnisse dieser Wertechecks wurden dem CEO bei jeder Veranstaltung vorgestellt und anschließend mit den Mitarbeitern im Plenum diskutiert. Die bewusste Auseinandersetzung der Beschäftigten mit dem Werteprozess sollte die weitere Verankerung des Kulturwandels unterstützen und die Stärken und Schwächen in der Organisation offenbaren.

ERGEBNISSE

Die vom Kommunikationsbereich gewählten Maßnahmen trugen maßgeblich dazu bei, die Mitarbeiter auf dem Weg der Veränderung mitzunehmen und eine positive Grundstimmung für den Kultur- und Markenwandel bei Vodafone Deutschland aufzubauen. Eine repräsentative Umfrage in der Belegschaft Ende 2009 ergab, dass sich 90 Prozent der Mitarbeiter gut über die neue Unternehmenskultur informiert fühlen. 87 Prozent der Beschäftigten identifizieren sich mit ihr. 98 Prozent finden es wichtig, dass Werte im Unternehmen gelebt werden. Besonders positiv ist, dass 93 Prozent der Befragten motiviert sind, die neue Unternehmenskultur aktiv mitzugestalten.

DIE JURY

Die Integration von Arcor in Vodafone Deutschland führte dazu, dass das Unternehmen auf fast 15.000 Mitarbeiter anwuchs und die Geschäftsfelder um die Sparten Festnetz, Internet und Breitband-Datendienste erweitert wurden.

Für die Beschäftigten beider Unternehmen waren Veränderungen im Arbeitsumfeld unvermeidbar. Es galt eine gemeinsame Unternehmenskultur zu ermöglichen, ohne den Mitarbeitern Arcors ihre Identität zu nehmen. Um die unterschiedlichen Unternehmenskulturen zusammenwachsen zu lassen, wurden die Mitarbeiter auf den Weg der Veränderung mitgenommen und sie gestalteten die gemeinsamen Werte mit.

Die Vermittlung und die Verankerung der neuen gemeinsamen Werte wurden dann in das Unternehmen getragen. Dabei wurde auf persönliche Kommunikation wert gelegt.

Die Mitarbeiter wurden mit mobilen Trainingsräumen, den Brand Trucks, an ihren Standorten besucht und geschult. Nach Ansicht der Jury hat Vodafone Deutschland seine neue Unternehmenskultur gefunden. Nur ein Ausblick in die Zukunft, wie diese dauerhaft gelebt werden soll, ist nicht klar erkennbar. Die Jury gratuliert zum verdienten Finaleinzug!

1

2

3

4

6

5

1/2 5 Trucks, 15.000 Kilometer, 2.500 Schu-
lungsstunden – Vodafone Deutschland
führte im Sommer die größte und
innovativste Trainingsmaßnahme der
Unternehmensgeschichte durch. Fast
12.000 Mitarbeiter wurden in rund acht
Wochen in rollenden Schulungsräumen
mit der neuen Markenstrategie und den
Unternehmenswerten vertraut gemacht.

3 Im Foyer der Vodafone-Zentrale in
Düsseldorf hängt eine so genannte Wer-
telampe. Diese setzt sich aus Statements
der Führungskräfte des Unternehmens
zum Werteprozess zusammen und dient als
Symbol für den Willen zum kulturellen
Wandel. Die Skulptur erstreckt sich über
mehrere Etagen des Gebäudes – für alle
Kunden und Mitarbeiter tagtäglich sichtbar.

4/5/6 Der Chef von Vodafone Deutschland,
Friedrich Joussen, ging mit gutem Beispiel
voran. In ganz Deutschland stellte er sich
der Diskussion mit den Mitarbeitern über
die neue Markenphilosophie und die Werte
des integrierten Kommunikationskonzerns.
Das Ergebnis: 93 Prozent der Mitarbeiter
wollen die neue Unternehmenskultur aktiv
mitgestalten.

OTTO
FINALIST

DAS UNTERNEHMEN

Otto (GmbH & Co KG)
Wandsbeker Straße 3-7
22172 Hamburg
www.otto.de / www.otto.com

Verantwortlicher
Thomas Voigt,
Direktor Wirtschaftspolitik und
Kommunikation (Otto Group)

Branchenumfeld
Versand- und Onlinehandel

Gründungsjahr
1949

Mitarbeiter
ca. 4.000

DIE KAMPAGNE

Hörte man sich in der Vergangenheit auf den Fluren der Hamburger Unternehmens-zentrale unter den Mitarbeitern um, fehlte manchmal das gewisse „OTTO-Feeling". Der Lifestyle, den die Marke OTTO gegenüber seinen Kunden verkörpert, war für den Einzelnen nicht immer spürbar. Hinzu kam die angespannte Marktsituation, die den Mitarbeitern eine hohe Anpassungsfähigkeit abverlangte und eine starke Identifika-tion mit dem Unternehmen und seinen Zielen voraussetzte.

Das Jahr 2009 sollte zudem ein besonderes Jahr für das Unternehmen werden – und somit auch für seine Mitarbeiter: Das 60-jährige Firmenjubiläum stand vor der Tür, und die Umsatz- und Kundenzahlen erreichten einen neuen Höchstwert. Genügend Anlässe also, um „Danke" zu sagen. Fest stand: Die rund 4.000 Mitarbeiter sollten nicht länger nur für OTTO arbeiten, sondern OTTO als Marke leben. Kurzum: Sie sollten „OTTO sein".

So entstand die Idee der internen Mitarbeiterkampagne „Ich bin OTTO!". Die Ver-mittlung von Identifikationspunkten und der Mode- und Lifestyle-Kompetenz des Unternehmens standen dabei von vornherein im Mittelpunkt. Ein kreatives Arbeits-klima und der Austausch mit Kollegen über die üblichen Hierarchieebenen hinweg waren ebenso von Bedeutung. Gleichzeitig sollte jeder Mitarbeiter eine Plattform erhalten, um die Marke OTTO als Botschafter nach außen zu tragen und sich so für mehr Umsatz zu engagieren.

Diese erklärten Ziele bildeten die Grundlage für die Umsetzung von zahlreichen Mitarbeiter-Events in insgesamt sieben Aktionszeiträumen in 2009. Inhaltlich wurde einerseits mit Veranstaltungen zu Themen wie Lifestyle oder Networking direkt auf die Zielsetzungen eingegangen. Andererseits waren auch aktuelle Anlässe, wie zum Beispiel das 60-jährige Firmenjubiläum oder Weihnachten, thematische Aufhänger für die Mitarbeiter-Events. Dabei waren die meisten Aktionen direkt in den Arbeits-alltag der Mitarbeiter integriert und bewusst unkonventionell und kreativ gestaltet. Vom Azubi bis zum Vorstandsvorsitzenden – eingeladen war jeder Mitarbeiter.

Den Auftakt der Mitarbeiterkampagne machten die „Fashion-Days" zum Start des neuen mytrend-Katalogs im März 2009. Sieben Tage rund um die Themen Fashion und Lifestyle hatten zum Ziel, den OTTO-Mitarbeitern die Kernkompetenz ihres Arbeitgebers vor Augen zu führen und die modischen Seiten an sich selbst zu entdecken. So erfuhren die Mitarbeiter in Vorträgen die neuesten Modetrends der kommenden Saisons, lernten in der „Style & Smile"-Aktion von professionellen Stylisten, wie man Accessoires richtig einsetzt und nahmen an einem Fotoshoo-ting teil. Darüber hinaus animierten erweiterte Mitarbeiterrabatte zum erneuten „Kennenlernen" der hauseigenen Produktpalette, und mit kleinen Buttons konnte auf bereits erworbene OTTO-Outfits am Körper hingewiesen werden. Die Mitarbeiter erlebten außerdem, wie in Intranet-Diskussionsrunden in einer selten dagewe-senen Offenheit diskutiert und gemeinsam nach Lösungen gesucht wurde. Jeder Einzelne war hier gefragt, sein persönliches Know-how einzubringen.

DIE JURY

Bei den „Network-Days" im April standen die fachübergreifende Vernetzung und der Austausch der Mitarbeiter untereinander im Vordergrund. Beispielhaft hierfür war die Organisation von Mitarbeiterverabredungen zum „Blind-Lunch" oder lockeren Diskussionsrunden mit Vorstand und Direktoren beim „Espresso-Talk". Daneben zielten die Network-Aktionen auch auf das Werben von Kunden außerhalb des Unternehmens ab. So waren Mitarbeiter animiert, ihre Freunde und Verwandten mit der „Spar doch 10€"- Freundschaftskarte zu werben. Mit dem Kauf von T-Shirts aus der „Ich bin OTTO!"-Kollektion konnten sich die Kollegen noch sichtbarer miteinander vernetzen.

Die weiteren Aktionszeiträume trugen Namen wie „Moving-Days", „HAPPY SIXTY!" oder „Xmas-Days" und wurden ähnlich facettenreich durch verschiedene Veranstaltungen inszeniert. So gab es zum Beispiel das Angebot zur Teilnahme am Hamburger HSH-Nordbank-Run, an Lesungen mit OTTO-Vorstandsmitgliedern und Direktoren sowie an diversen Kurztrainings, Koch- und Fitnesskursen.

Nach einem Großteil der Maßnahmen Ende 2009 war klar: Die interne Kommunikationskampagne „Ich bin OTTO!" hat alle gesetzten Ziele mehr als erreicht. Durch kontinuierliche Aktionen über das gesamte Jahr hinweg wurde vor allem die Identifikation der Mitarbeiter mit dem Unternehmen und das Vertrauen in ihren Arbeitgeber gefestigt. Es war gelungen, die Geschäftsführung, mit der viele Mitarbeiter im Alltag kaum in Berührung kommen, jedem Einzelnen auf moderne und sympathische Weise näher zu bringen. So fand ein wertvoller Austausch zwischen Kollegen und Vorgesetzen über die üblichen Dienstwege hinweg statt. Auch der Verantwortungs- und Identifikationsbegriff wurde kreativ in Szene gesetzt: Die rege Teilnahme an den ausschließlich freiwilligen Aktionen zeigte, dass die Mitarbeiter selbst die Verantwortung für Wissenserwerb und Mitsprache übernehmen. Eine im Oktober 2009 durchgeführte interne Mitarbeiterbefragung bestätigte das neu gelebte „OTTO-Feeling" schließlich durch einen deutlichen Anstieg der positiven Bewertungen in fast allen Bereichen der Unternehmenskultur und Organisationsprozesse.

Der Versandhandel OTTO GmbH & Co KG ist bekannt für seine Kundenorientiertheit, nicht zuletzt durch den berühmten Slogan „OTTO...find´ ich gut!". Mit einer überzeugenden und umfassenden Mitarbeiterkampagne sorgte das Unternehmen dafür, dass das auch die 5.000-köpfige Belegschaft behaupten kann.

Der Konzern arbeitete differenzierte Ziele heraus, die durch kreative und das eigene Handeln anregende Maßnahmen umgesetzt wurden. Bemerkenswert ist hierbei der Einsatz des Corporate Designs bis ins kleinste Detail, um die Identifikation der Mitarbeiter zu stärken. Von einer T-Shirt-Kollektion über Fotoshootings bis hin zu Trendvortragen zum Thema Mode wurde ihnen der Lifestyle des Versandhandels spielerisch, aber effektiv näher gebracht.

Der Jury fiel besonders auf, dass OTTO sich erfolgreich um eine kontinuierliche, über das gesamte Jahr verteilte Ansprache der Mitarbeiter bemühte, um eine nachhaltige Verinnerlichung des Firmenbildes zu erreichen.

In der Zukunft würden wir uns freuen, wenn die Mitarbeiter noch mehr in relevante Unternehmens-entscheidungen einbezogen würden. Die Jury gratuliert zu einer kreativen und erfolgreichen Kampagne!

1

1 Gemeinsam zum Ziel: Die Teilnahme
am HSH-Nordbank-Run in der Hamburger
Hafencity gab Grund, auf sich und seinen
Arbeitgeber OTTO stolz zu sein. Der Lauf
wurde im Rahmen der „Moving-Days"
organisiert. Mit Plakaten und Flyern wurd-
en die Kollegen zum Anfeuern animiert.

2 „Dufte Arbeit!": Als Dankeschön für das
Erreichen eines zentralen Unternehmens-
ziels verteilten Vorstand und Führungskräfte
von OTTO während der „Danke-Aktion"
süße Leckereien an alle Mitarbeiter.
Auf diesem Bild (v.l.n.r.):
» Stephan Rönn, Direktor OTTO Europe
» Alexander Birken, OTTO-Vorstand
   Personal und Steuerung

3/4 Zwei OTTO-Mitarbeiter beim „Ich
bin OTTO!"-Mitarbeiter-Fotoshooting im
Rahmen der „Fashion-Days". Aktionen
wie diese sensibilisierten die Angestellten
für die Themen Fashion und Lifestyle –
OTTOs Kernkompetenz.

2

3

4

COGNIS GMBH
FINALIST

DAS UNTERNEHMEN

Cognis GmbH
Rheinpromenade 1
40789 Monheim am Rhein
www.cognis.com

Verantwortliche
» Susanne Marell
   Vice President
   Corporate Communications
» Susanne Sengel
   Senior Communications Manager
» Yvonne Specht
   Communications Manager
» Barbara Pflitsch
   Communications Assistant

Partneragentur
JP | KOM GmbH
www.jp-kom.de

Branchenumfeld
Spezialchemie

Gründungsjahr
1999

Mitarbeiter / Standorte
5.600 / 62 in 30 Ländern

DIE KAMPAGNE

10. GEBURTSTAG IM SCHATTEN DER KRISE – EIN JUBILÄUM, VIELE AKTIONEN
DIE SITUATION

Am 1. August 2009 ist Cognis zehn Jahre alt geworden. Der ehemalige Unternehmensbereich von Henkel war im August 1999 als 100-prozentige Tochtergesellschaft ausgegliedert und anschließend verkauft worden. Seitdem hat Cognis weitreichende Veränderungen durchlaufen. Heute ist das Unternehmen ein Global Player und besetzt in seinen Märkten führende Positionen – nicht zuletzt dank der harten Arbeit und dem Commitment seiner Mitarbeiter.

DIE ZIELE

Anfang 2009 hat Cognis schnell und entschlossen auf die weltweite Wirtschaftskrise reagiert und ein umfassendes Kostensenkungsprogramm gestartet. Dies hat allen Mitarbeitern viel abverlangt. Dennoch sollte das 10-jährige Bestehen mit allen Mitarbeitern weltweit gefeiert werden. Ziel war es, den Teamgeist, die Motivation und das Commitment der Mitarbeiter zu stärken und ihr Wissen über die Geschichte und die Strategie von Cognis zu erhöhen. Vor dem Hintergrund der Wirtschaftskrise war es dabei wichtig, einen angemessenen Rahmen für die Jubiläumsfeierlichkeiten zu finden.

DIE STRATEGIE

Entscheidender Bestandteil der Strategie war es, die Mitarbeiter intensiv in die Vorbereitungen einzubeziehen. Alle Aktivitäten waren so angelegt, dass die Teilnehmer durch die Planung und Durchführung für sich eine besondere persönliche Erfahrung mitnehmen konnten. Zudem mussten kulturelle Unterschiede und lokale Besonderheiten berücksichtigt und das Bild eines Unternehmens mit einer von allen geteilten Vision vermittelt werden.

Die Cognis Kommunikation entschied sich für das Prinzip „Global denken, lokal handeln". Übergeordnete Kommunikationsaktivitäten wurden global von der Unternehmenszentrale koordiniert und in die verschiedenen Regionen/Länder kaskadiert. So wurde sichergestellt, dass in allen Ländern dieselben Botschaften kommuniziert wurden. Lokale Komitees mit Vertretern der Mitarbeiter planten und organisierten jeweils die Feierlichkeiten an ihrem Standort.

GLOBAL DENKEN

Als verbindendes Element wurde ein „10 Jahre"-Logo entwickelt – eine herzförmige Version der Cognis-Iris, eingebunden in den Satz „I love Cognis". Eine „10 Jahre Cognis- Präsentation markierte den Start der Jubiläumsfeiern. Die Präsentation fasst die Unternehmensstrategie emotional ansprechend zusammen und spiegelt das heutige Image von Cognis mit Zitaten aus den Medien wider. In einem zweiten Teil beschreiben Mitarbeiter aus der ganzen Welt, was sie an ihrer Arbeit bei Cognis am meisten schätzen. In einer Serie von Kurz-Interviews im Intranet mit dem Titel „Wir sind Cognis" beantworteten die Mitarbeiter Fragen zu ihrer Arbeit bei Cognis und ihren Hobbies. In der letzten Frage übergab der Interviewte das Wort an einen Kollegen, so dass sich eine Interviewkette über die ganze Welt bildete. In einem Brief bedankte sich das Cognis Führungsteam bei allen Mitarbeitern für ihre harte Arbeit. Ein Sondernewsletter gab einen kurzen Überblick über die Unternehmensgeschichte und erläuterte die Strategie. Statements von Mitarbeitern und ein Interview mit dem ehemaligen CEO beleuchteten das Jubiläum aus einer persönlichen Sicht. Im infonet (Cognis Intranet) gab es eine „10 Jahre Cognis"-Rubrik. Diese beinhaltet alle Kommunikationsmaterialien zum Jubiläum und Berichte über die lokalen Feierlichkeiten in der ganzen Welt. Die Beiträge aus den Ländern und die Rückschau auf das bisher Erreichte sollten die Mitarbeiter stolz auf ihr Unternehmen machen.

LOKAL HANDELN

Viele Kulturen, unterschiedlichste Ideen: Mitarbeiter in Korea feierten das Jubiläum mit einem Domino-Event. Tausende Dominosteine wurden vorsichtig in künstlerischen Formationen aufgebaut, um dann gemeinsam feierlich umgestoßen zu werden. Mitarbeiter in Thailand pflanzten Mangroven-Bäume an der nahegelegenen Küste, um diese gegen weitere Erosion zu schützen. An manchen Standorten bestand die Feier aber auch einfach aus einem Picknick im Grünen oder die Mitarbeiter trafen sich zum gemeinsamen Kochen. Im Intranet machte ein Foto-Wettbewerb die Trends Wellness und Sustainability, die im Zentrum der Cognis Strategie stehen, zum Thema. Mitarbeiter aus der ganzen Welt waren eingeladen, ihre Bilder hierzu einzureichen und ihren persönlichen Gewinner zu wählen. In einem Geburtstagsvideo im Intranet übermittelten Mitarbeiter aus der ganzen Welt ihre persönliche Glückwunsch-Botschaft.

DIE ERGEBNISSE

Das Feedback auf die Aktivitäten war überwältigend positiv: Die Mitarbeiter nahmen rege an den lokalen Jubiläumsfeiern teil. Im Intranet stieg die Zahl der Klicks auf die „10 Jahre Cognis"-Rubrik innerhalb von sieben Monaten auf fast 100.000 an. Dies entspricht ungefähr der Hälfte aller Zugriffe im Newsbereich zu diesem Zeitraum – ein Indiz dafür, wie sehr die Aktivitäten zur gesamten Nutzung des Mitarbeitermediums beigetragen haben. 95 Mitarbeiter haben mit ihren Fotoeinreichungen dargestellt, wie sie die Trends Wellness und Sustainability in ihrem Alltag erleben. Zahlreiche Mitarbeiter aus aller Welt – vom Manager bis zum Arbeiter – haben an der Interviewkette „Wir sind Cognis" teilgenommen. Wegen des großen Interesses wurde die Serie verlängert.

So unterschiedlich die Aktivitäten auch waren, sie hatten eins gemeinsam: alle stärkten den Teamgeist und das Commitment für Cognis, und sie setzten Zeichen für eine erfolgreiche Zukunft.

DIE JURY

Anlässlich des zehnten Geburtstages der Cognis GmbH sorgte das Unternehmen dafür, dass dieser gebührend gefeiert wurde, um gleichzeitig seine 5.600 Mitarbeiter auf die Zukunft einzuschwören. Der Anbieter für Produkte der Spezialchemie erkannte hierbei, dass dies vor allem angesichts der gesamtwirtschaftlichen Lage, auf die auch Cognis reagieren musste, notwendig wurde, um die Motivation der Mitarbeiter aufrecht zu erhalten und zu steigern.

Überzeugend war für die Jury die konsequente Planung und Umsetzung der Aktivitäten nach dem Prinzip „Global denken, lokal handeln". Sowohl die von der Unternehmenszentrale ausgehenden Maßnahmen als auch die in den Tochtergesellschaften mit Hilfe der Mitarbeiter umgesetzten Events führten zu einer regen Teilnahme der Mitarbeiter an den Feierlichkeiten und stärkten wie gewünscht das Commitment „vom Produktionsmitarbeiter bis zur Top-Führungskraft".

Aufgrund der weltweiten Präsenz des Unternehmens lag der Fokus darauf, einerseits auf kulturelle Unterschiede einzugehen, andererseits aber ein einheitliches Bild von Cognis zu vermitteln, was der Jury besonders positiv auffiel. Für zukünftige Maßnahmen wäre ein Feedback-Kanal für die Mitarbeiter wünschenswert. Wir gratulieren der Cognis GmbH zu dieser überzeugenden Kampagne!

1

1 T-Shirt statt Nadelstreifen: Das Management Board und tausende Mitarbeiter streiften sich im Jubiläumsjahr das „10 Jahre Cognis"-T-Shirt über und demonstrierten Stolz auf die eigene Unternehmensgeschichte.

2 Ein Baustein von vielen: Überall auf der Welt feierten Cognis Mitarbeiter das Jubiläum. In Korea organisierten die Mitarbeiter ein Domino-Event. Tausende Dominosteine wurden vorsichtig in künstlerischen Formationen aufgebaut, um dann gemeinsam feierlich umgestoßen zu werden.

3 Lokale Komitees planten und organisierten jeweils die Feierlichkeiten an ihrem Standort. Gelebte Nachhaltigkeit bei Cognis in Thailand: Die Mitarbeiter pflanzten zum Jubiläum Mangroven-Bäume an der nahegelegenen Küste, um diese gegen weitere Erosion zu schützen.

4 Das „10 Jahre Cognis"-Logo: Eine herzförmige Version der Cognis-Iris, eingebunden
in den Satz „I love Cognis".
Das Logo war stets wiederkehrender
Begleiter bei den Jubiläumsfeiern auf
der ganzen Welt.

NATIONAL-BANK AG
FINALIST

DAS UNTERNEHMEN

NATIONAL-BANK AG
Theaterplatz 8
45127 Essen
www.national-bank.de

Verantwortliche
Karin Christoph,
Leiterin Unternehmens-
kommunikation

Partneragentur
Klunk Kommunikation
www.klunk-kommunikation.de

Branchenumfeld
Banken & Finanzwirtschaft

Gründungsjahr
1921

Mitarbeiter
über 800 Mitarbeiter

Standort
24 in Nordrhein-Westfalen

Kundenzahl
über 100.000

DIE KAMPAGNE

„EINBLICK": DIE ZEITUNG FÜR MITARBEITERINNEN UND MITARBEITER DER NATIONAL-BANK – DIE STRATEGISCHE ZIELSETZUNG

Der Titel des „Einblicks" ist Anspruch und Wirklichkeit zugleich. Das Ziel war es, die innerbetriebliche Kommunikation zu verbessern und im Rahmen neuer strategischer Ausrichtungen „Einsichten in" und „Aussichten auf" die Bank zu geben. Die Mitarbeiterinnen und Mitarbeiter der NATIONAL-BANK sollen durch die Herausgabe des „Einblicks" möglichst umfassend und zeitnah über die wichtigsten Ereignisse im Unternehmen informiert werden. Durch die Kommunikation der strategischen Ziele und deren Umsetzung soll eine klare Orientierung geboten und sollen Befürchtungen abgebaut werden. Ziel ist es, Begeisterung für die Zukunftsplanung der Bank zu wecken und zudem den Mitarbeiterinnen und Mitarbeitern persönliche Chancen im Veränderungsprozess aufzuzeigen.

Ein weiterer Aspekt interner Kommunikation ist die Unterstützung und Optimierung der externen Kommunikation. Mitarbeiterinnen und Mitarbeiter sind ein nicht zu unterschätzender Multiplikator für die Leistungen und das Image eines Unternehmens. Durch die Mitarbeiterzeitschrift „Einblick" werden den Mitarbeiterinnen und Mitarbeitern die Werte der Bank vermittelt und wird eine interne Markenbildung aufgebaut, die ein einheitliches Bild der NATIONAL-BANK in der Öffentlichkeit gewährleistet.

DAS REDAKTIONELLE KONZEPT

Der Erfolg einer Mitarbeiterzeitschrift bemisst sich nach der Zahl ihrer Leser. Eine wesentliche Voraussetzung ist, dass die Mitarbeiterinnen und Mitarbeiter der NATIONAL-BANK den „Einblick" als „ihr" Medium anerkennen. Dies wird u. a. durch die Einbindung der Mitarbeiterinnen und Mitarbeiter in die Themenauswahl und Texterstellung gewährleistet. Außerdem kommen punktuell Mitarbeiterinnen und Mitarbeiter mit ihren Themen persönlich zu Wort. Bei möglichst vielen Mitarbeiterinnen und Mitarbeitern muss das Interesse an den Inhalten der Zeitschrift geweckt werden. Dies wird einerseits durch das äußere Erscheinungsbild und die Gestaltung, andererseits durch die Verwendung unterschiedlicher journalistischer Stilmittel wie Reportage, Interview, Best-Practice-Bericht etc. unterstützt.

Die Texte müssen sprachlich, stilistisch sowie inhaltlich für alle Mitarbeiterinnen und Mitarbeiter zugänglich sein. Daraus folgt, dass seitens der Redaktion die Vielfalt der Themen auf die wichtigsten Schwerpunkte beschränkt und diese für alle verständlich dargestellt werden müssen. Die Einteilung des „Einblicks" in vier Abschnitte, die sich als standardisierte Rubriken durchgängig in jeder Ausgabe wiederfinden, erleichtert den Mitarbeiterinnen und Mitarbeitern die Orientierung. Die vier Rubriken des „Einblicks" sind:

STRATEGIE & LÖSUNG: Dieser Abschnitt enthält vorrangig strategische Informationen durch den Vorstand. In jeder Ausgabe wird ein Schwerpunktthema vorgestellt. Die Darstellung des jeweiligen Leitthemas erfolgt aus unterschiedlichen Blickwinkeln des Unternehmens als Sachartikel, Reportage oder Interview.

MARKT & KUNDEN: Themen aus den Marktbereichen und Niederlassungen sind Inhalte dieses Abschnittes. Das Spektrum reicht von Erfahrungsberichten über Kundenporträts bis hin zu Serviceleistungen und Finanzlösungen.

NAMEN & NACHRICHTEN: Dieses Kapitel enthält Informationen aus den Markt- und Zentralbereichen der NATIONAL-BANK. Dargestellt werden aktuelle Nachrichten, Berichte über Ergebnisse von Tagungen und Workshops sowie Mitarbeiterprofile und –porträts.

MENSCHEN & MITARBEITER: Dieser Abschnitt ist vorrangig den persönlichen Themen der Mitarbeiterinnen und Mitarbeiter gewidmet und dient dem Emotionsfaktor. Es sind allerdings keine seichten Geschichten, sondern interessante Berichte mit persönlichen Aspekten und emotionale Highlights für das Zusammengehörigkeitsgefühl gefragt. Auf diesen Seiten werden u. a. die Themen des Betriebsrates besprochen.

DIE GESTALTERISCHE UMSETZUNG
Der „Einblick" erscheint drei bis viermal im Jahr und wird an alle Mitarbeiterinnen und Mitarbeiter im Unternehmen ausgeliefert. In der Diskussion, ob als Print- oder Onlineversion, hat sich die NATIONAL-BANK für eine Printversion entschieden. Eine Printversion ist langlebiger und hat „Sammelcharakter". Die Printversionen haben sich in der NATIONAL-BANK als „Nachschlagewerke" bewährt – den „Einblick" gibt es inzwischen in der vierten Ausgabe. Gestalterisch lehnt sich der „Einblick" hinsichtlich Format (A3), Layout und Papierauswahl an eine Tageszeitung an. Das Farbspektrum ist auf die Farben des Logos der NATIONAL-BANK, Grün und Grau, begrenzt.

DIE JURY

Die National-Bank AG gehört zu einer der wenigen unabhängigen Regionalbanken in Deutschland. Vor mehr als 80 Jahren in Berlin gegründet, verbindet sie heute mit ihrem Sitz in Essen eine enge Partnerschaft mit der Region Rhein und Ruhr.

Um den mehr als 800 Mitarbeitern an 23 Standorten in NRW ein klare Orientierung zu bieten und die interne Markenbildung zu verstärken, wurden sie mit der neuen Mitarbeiterzeitschrift „Einblick" über ihr Unternehmen informiert.

Schwerpunkt bildete dabei die Schaffung von Transparenz mit dem Ziel, die gemeinsame Identität und Motivation zu fördern. Besonders die Einbindung von Mitarbeitern und ihren Themen wurde berücksichtigt, um die Identifikation mit dem Medium zu erreichen.

Bei der Konzeption der Mitarbeiterzeitung wurde zudem auf Verständlichkeit und Spannung gesetzt. Überzeugend wirkte auf die Jury die konsequente Ausrichtung am Qualitätsanspruch. Die Mitarbeiterzeitung schafft mit ihren redaktionell gut aufgearbeiteten Inhalten einen guten Ansatz, um den Dialog mit den Mitarbeitern zu verstärken.

In der Zukunft würde es uns freuen, wenn ein stärkerer Fokus auf mehr Interaktion mit den Mitarbeitern gelegt würde.

Ihre Meinung ist
uns wichtig!

Schreiben Sie Ihre Fragen oder Anregungen zu FIT_09.
Auf Wunsch gerne auch anonym. Die Weiterleitung der
E-Mails erfolgt nur verschlüsselt.
fit_09@national-bank.de

STRATEGIE & LÖSUNG

„Mein Rat: den Wandel beherzt angehen"
Fortsetzung des Interviews
mit Dr. Thomas A. Lange

Fortsetzung von Seite 1

Vorteile einer zentralen Kreditbearbeitung:
- Qualitätsverbesserung der Risikoanalyse
- Qualitätsverbesserung des Risikomanagements
- Bündelung von Spezial-Know-how
- Vertiefung der Branchenkenntnisse
- optimierte Beratungskompetenz für den Kunden

Aufgaben eines Family Office:
- objektive Beratung für Inhaber großer Familienvermögen
- Beratung in Vermögens-, Rechts- und Steuerfragen
- Strategieberatung
- Vermögenserhalt über Generationen
- Vermögensverwaltung und Controlling

„Jetzt kommt
es darauf
an, die neuen
Prozesse an-
zunehmen ..."

1 Interviews mit dem Vorstand über die Zukunft und Strategie der NATIONAL-BANK sind eine fester Bestandteil der Mitarbeiterzeitschrift.

2 Gestalterische Elemente, die zum Dialog auffordern, finden sich in jeder Ausgabe des „Einblicks". Die Rückmeldungen und Fragen der Mitarbeiterinnen und Mitarbeiter werden von der Redaktion oder den zuständigen Bereichen bearbeitet. Auch der Vorstand steht für Fragen zur Verfügung.

3 Von strategischen Visionen bis hin zu menschlichen Geschichten – Mitarbeiterzeitschriften leben von der Vielfalt der Themen. Die Einteilung des „Einblicks" in vier Abschnitte, die sich als standardisierte Rubriken durchgängig in jeder Ausgabe wiederfinden, erleichtert den Mitarbeiterinnen und Mitarbeitern die Orientierung.

EINBLICK

N NATIONAL-BANK

Zeitung für Mitarbeiterinnen und Mitarbeiter der NATIONAL-BANK | Ausgabe 2 | Februar 2009

3

Qualifizierte Vertriebsunterstützung vor Ort
Neues Mitarbeiterprofil: FK-Referent

Die Umstrukturierung der Kreditanalyse im Markt bringt ein neues Mitarbeiterprofil mit sich:
Es heißt Firmenkundenreferent oder kurz: FK-Referent.

Auf die künftigen FK-Referenten warten vielfältige Herausforderungen
Ihre Kernaufgabe ist die qualifizierte Vertriebsunterstützung der Firmenkundenbetreuer vor Ort. Wenn
der Firmenkundenbetreuer zu Terminen unterwegs ist, sind sie die Ansprechpartner für die Kunden.
Sie sind zuständig für die Informationsbeschaffung zur Neukundenakquise sowie für die Vor- und
Nachbereitung von Kundenbesuchen, insbesondere bei Nichtkunden. Ein weiteres Tätigkeitsfeld ist
die Vorbereitung und Umsetzung von zentralen und dezentralen Vertriebsmaßnahmen. Darüber hinaus sind sie im Rahmen der Unterstützung für den Firmenkundenbetreuer verantwortlich für den
Datenhaushalt, z. B. in SAM oder bei der Segmentierung. Künftige FK-Referenten müssen kundenori-
entiert sowie kontaktfreudig sein. Gefordert werden sehr gute Kenntnisse der wesentlichen Firmen-
kundenprodukte sowie der für die Firmenkunden spezifischen IT-Anwendungen.

Was zeichnet einen FK-Referenten aus:
• Teamplayer mit Eigeninitiative
• Kunden- und Vertriebsorientierung
• fundiertes Produkt-Know-how
• sehr gute Kenntnis der IT-Anwendungen

4

Die „junge" Geschäftsstelle der NATIONAL-BANK
Eine alternative Betreuungs- und Vertriebsform mit Perspektive

Anja Gelbarth und ihr Stellvertreter Markus Mahlen
freuen sich auf ihre neue Aufgabe

Die NATIONAL-BANK ist für ihre gute Ausbildung und die dazugehörigen besten Prüfungsergebnisse im IHK-Bezirk Essen bekannt.
Ziel unserer Ausbildung ist es, erfolgreiche Nachwuchskräfte zu fördern und zu entwickeln. Die Instrumente zur Unterstützung der
Ausbildung haben sich in den letzten Jahren stärker denn je auf
die Thematik Vertrieb und Praxisorientierung ausgerichtet, zumal
die im Jahr 1998 reformierte Ausbildungsordnung einen wesentlichen Schwerpunkt auf die Beratung und den Verkauf legt.

Innovatives Ausbildungsmodell
Mit Einrichtung einer Azubifiliale in Essen-Huttrop gibt es eine – für
unsere Region – nun ganz neue Möglichkeit für unsere Auszubildenden, ihr Können im Vertrieb auszuprobieren und diesen Prozess weiterzuentwickeln.
Für die Geschäftsstelle gelten grundsätzlich die gleichen Rahmenbedingungen wie für alle anderen Geschäftsstellen. Alle Geschäfte
im Rahmen unseres standardisierten Privatkundengeschäfts werden in die Verantwortung unseres Nachwuchses übertragen. Haupt-
aufgabe unserer Auszubildenden ist die Abwicklung des anfallen-
den Tagesgeschäfts, die aktive Ansprache und Beratung unserer
Kunden sowie die Akquisition von Neukunden. All die Aktivitäten
werden von Frau Gelbarth überwacht, die sich ihrerseits durch eine
lange und breite Erfahrung im Privatkundengeschäft und zu Aus-
bildungsfragen in den letzten Jahren besonders verdient gemacht
hat. Herr Mahlen wird die Coaching-Aktivitäten von Frau Gelbarth
vor Ort unterstützen.
Eine hohe Kundenzufriedenheit durch sehr gute Beratungsqualität
zu gewährleisten gilt selbstverständlich auch in Huttrop. Hierfür
haben wir uns besondere Maßnahmen zur Qualitätssicherung einfal-
len lassen. Grundsätzlich werden unsere Auszubildenden erst ab
dem zweiten Lehrjahr nach Huttrop kommen, um sich das grundlegende Know-how in ihren Heimatzweigstellen im Vorfeld aneignen
zu können. Die eingesetzten Azubis haben sowohl interne Vertriebs-
als auch Kommunikationstrainings absolviert. Darüber hinaus haben
wir unsere internen Fachseminare zum Thema standardisiertes
Privatkundengeschäft noch praxisorientierter ausgestaltet.

Mit „jungen" Ideen Neukunden gewinnen
Unsere Auszubildenden werden in wechselnden Teams zu je vier
Personen im Abstand von zwei bis drei Monaten in der Azubifiliale
sein. Zu den Vertriebszielen gehört primär immer die Gewinnung von
Neukunden. Das zweite Schwerpunktthema wird ca. vier Wochen vor
dem jeweiligen Einsatz von Frau Gelbarth – angelehnt an die allgemeinen Vertriebsaktionen der Bank – vorgegeben. So hat das
Team im Vorfeld die Gelegenheit, innovative Vertriebsansätze zu
entwickeln und für den sofortigen Einsatz vor Ort vorzubereiten.
Das Projekt findet in unserer Region eine erstmalige Umsetzung,
da es auf Dauer angelegt ist und als strategisches Personal-
entwicklungsinstrument eingesetzt wird. Wir gehen davon aus,
dass sich auch unsere Kunden über die jungen Gesichter freuen
werden und dieses Projekt mit unterstützen. Im Rahmen der noch
zu entwickelnden Kommunikationskampagne werden wir darauf
achten, dass unseren Kunden klar wird, dass eine hohe Beratungsqualität und Azubistatus keine Gegensätze sein müssen!
Wir erlehen, dass unsere Auszubildenden den Gedanken begeistert
aufgegriffen haben, und sind sicher, dass deren ganzes Engagement dem Erfolg dieser Maßnahme gilt.

— 10 —

5

---

4 Nur der Wandel bringt Erfolg.
Neue Mitarbeiterprofile, die im Rahmen
von Veränderungsprozessen entstehen,
werden im „Einblick" erläutert.

5 Im Wettbewerb um qualifizierte Nachwuchskräfte kommt es auf die richtige
Personalstrategie an. In konsequenter
Fortschreibung ihrer Position als einer der
führenden Arbeitgeber in Deutschland geht
die NATIONAL-BANK innovative Wege im
Rahmen der praxisorientierten Ausbildung.

Die „junge" Filiale der NATIONAL-BANK ist
ein einmaliges Projekt im Marktgebiet der
NATIONAL-BANK. Die Mitarbeiterinnen
und Mitarbeiter werden im „Einblick" über
das Projekt und seinen Verlauf informiert.

WUESTENROT &
WUERTTEMBERGISCHE AG
GEWINNER

Wüstenrot & Württembergische AG
Gutenbergstraße 30
70176 Stuttgart
www.ww-ag.com

Verantwortlicher

Frank Weber
Direktor Konzernentwicklung
und Kommunikation

Gründungsjahr

1828 Württembergische bzw.
1921 Wüstenrot

Mitarbeiter

15000 W&W-Angehörige, davon
9000 im Innendienst und
6000 im Außendienst

Standorte

3 Hauptstandorte
Stuttgart, Ludwigsburg und Karlsruhe

Obwohl bereits 1999 fusioniert, gab es bis 2006 wenig Berührungspunkte zwischen Wüstenrot (Bausparen/Bank) und der Württembergischen (Sach-/Personenversicherung). Mitarbeiter wie Führungskräfte fühlten sich nach wie vor entweder Wüstenrot oder der Württembergischen zugehörig. Cross Selling fand kaum statt. Deshalb wurde 2006 das konzernweite Erneuerungsprogramm „W&W 2009" aufgesetzt, um das Zusammenwachsen massiv anzuschieben. Als Katalysator diente das neue, gemeinsame Selbstverständnis „W&W – DER Vorsorge-Spezialist". Dieses wurde Anfang 2008 definiert und besagt, dass (nur) aus dem gemeinsamen Leistungsspektrum heraus Wüstenrot & Württembergische jedem Menschen seine persönliche Vorsorge-Lösung zusammenstellen kann. Bevor jedoch dieser neue, gemeinsame Anspruch nach außen getragen werden kann, müssen alle Mitarbeiter dafür gewonnen werden. Es galt also, das Zielbild „W&W – DER Vorsorge-Spezialist" in einem geordneten Prozess konzernweit zu vermitteln (2008) und nachhaltig im täglichen Geschäft jedes W&W-Mitarbeiters zu verwurzeln (ab 2009).

Die konzernweite Vermittlung des Zielbilds erfolgte im Laufe des Jahres 2008 über eine Workshop-Kaskade: In den Workshops der Vorstände mit ihren Abteilungsleitern wurde das neue, gemeinsame Selbstverständnis für jede Abteilung spezifiziert. Im Workshop jedes Abteilungsleiters mit seinen Bereichs- und Gruppenleitern folgte dann die bereichs- und teamspezifische Konkretisierung des Vorsorge-Spezialisten. Bevor der Vermittlungsprozess die „Basis" erreichte, wurde erstmals eine konzernweite Mitarbeiterbefragung durchgeführt – als „Nullmessung", um das Stimmungsbild der Belegschaft vor der breiten Zielbild-Einführung zu erfassen. Zweitens fand ein „W&W-Führungskräfte-Tag" statt, wo alle Vorstände und Führungskräfte emotional auf das Zielbild eingeschworen wurden. Sie sollten sich ihrer Verantwortung bewusst werden, ihre Mitarbeiter nachhaltig für das neue, gemeinsame Selbstverständnis zu gewinnen.

Mit den Zielbild-Workshops der Mitarbeiter erreichte der Vermittlungsprozess die Basis: Jedes Team der W&W-Gruppe arbeitete mit seinem Gruppenleiter aus, wie es den Vorsorge-Spezialisten im täglichen Geschäft umsetzen will. Diese Maßnahmenpläne wurden dem Zielbild-Projektteam zurückgemeldet, außerdem dem Abteilungsleiter und – auf Abteilungsebene konsolidiert – dem Vorstand. Die Umsetzung der erarbeiteten Maßnahmen verantwortet jeder Gruppenleiter selbst. Unterstützend wurden drei Kommunikationsformate eingeführt, die eine Kultur der Zusammenarbeit über Hierarchie- und Geschäftsfeld-Grenzen hinweg initiieren – als langfristig tragfähige Basis für den gemeinsamen Erfolg von W&W als „DER Vorsorge-Spezialist":

DIREKT VOM MANAGEMENT BOARD
(TOP-DOWN-KOMMUNIKATION VERBESSERN)

Jedes Team der W&W-Gruppe bekommt ab Januar 2009 bei einer seiner Besprechungen Besuch eines Vorstandsmitglieds. Dieses stellt die Vision des Vorsorge-Spezialisten persönlich vor und macht den Bezug zu aktuellen Themen und zum besuchten Konzernteil deutlich. Der Gruppenleiter zeigt im Gegenzug den Beitrag seines Teams zur Zielbild-Realisierung auf. Was die Mitarbeiter in ihrem Zielbild-Workshop erarbeitet hatten, wird hier somit auf seinen Umsetzungsstatus beleuchtet. Die restliche Zeit gehört dem offenen Austausch. Der Vorsorge-Spezialist bekommt auf diese Weise ein „Gesicht" und wird für die Mitarbeiter erlebbar.

DIREKT ZUM MANAGEMENT BOARD
(BOTTOM-UP-KANAL ERGÄNZEN)

Um allen Mitarbeitern der W&W-Gruppe zu ermöglichen, jederzeit von sich aus mit dem Konzernvorstand in Kontakt zu treten, startete im Februar 2009 die Intranet-Plattform „Direkt zum Management Board". Dabei kann jeder Nutzer sein Anliegen veröffentlichen und für oder gegen alle veröffentlichten Beiträge stimmen. Dies priorisiert die Anliegen und zeigt, wo mehrheitliche Bedürfnisse liegen. Der Vorstand erkennt schnell, wo es sich zu handeln – und zu investieren – lohnt. Außerdem entscheidet die Abstimmung, welche drei Anliegen der Konzernvorstand in der jeweils folgenden Woche beantworten muss.

VERNETZUNGSTREFFEN
„WIR SIND DER VORSORGE-SPEZIALIST" (MITARBEITER ZUSAMMENBRINGEN)

Um die Mitarbeiter-Teams der W&W-Gruppe auch untereinander in geschäftsfeldübergreifenden Kontakt zu bringen, werden ab 2009 zusätzlich "Vernetzungstreffen" bezuschusst – und zwar mit 20 Euro Verpflegungsbudget pro Mitarbeiter. Teams unterschiedlicher Geschäftsbereiche treffen sich dabei zum lockeren abendlichen Austausch im selbst gewählten Rahmen (Kegeln, Grillen...) – DIE Initialzündung für alle Beteiligten, auch künftig aufeinander zuzugehen.

Die Workshop-Kaskade hat alle 9.000 Innendienst- und 6.000 Außendienst-Kollegen eingebunden. Die teamspezifisch erarbeiteten Maßnahmenpläne, das Zielbild mit Leben zu füllen, sind alle in der Umsetzung – was im Rahmen der Vorstandsbesuche in den Gruppen nachgefasst wurde. Besuch „Direkt vom Management Board" haben mittlerweile fast alle der 300 Innendienst-Gruppen erhalten. Der damit initiierte Dialog wurde in vielen Fällen über die Feedback-Plattform „Direkt zum Management Board" fortgesetzt. Beide Formate erfreuen sich so positiver Resonanz, dass sie auf den Außendienst ausgedehnt wurden. Die entsprechenden Vorstandsbesuche in Geschäftsstellen und Agenturen finden seit Januar 2010 statt. In die Dialog-Plattform ist der Außendienst hingegen bereits seit September eingebunden, was die Nutzerzahl auf über 10.000 gesteigert hat. Diese haben bereits über 250 Anliegen an die Konzernspitze gerichtet, die mit rund 120.000 Stimmen bewertet wurden. Bislang 54 Top-Anliegen wurden auf diese Weise gewählt und vom Management Board beantwortet.

Insgesamt wird gerade das Wechselspiel aus Vorstandsbesuchen und Feedback über die Intranet-Plattform als großer Fortschritt in Richtung Dialog-Kultur und Vertrauensaufbau gewertet. Die Mitarbeiter-Befragung, die im Oktober 2009 mit den exakt gleichen Fragen wie 2008 durchgeführt wurde, untermauert das: Vertrauten vor Jahresfrist erst 34% aller Befragungs-Teilnehmer dem Management Board und seiner Entscheidungskompetenz, sind es jetzt bereits 43%.

DIE JURY

„DER Vorsorge-Spezialist" Wüstenrot und Württembergische AG glänzte wie andere Finalisten auch mit einer gesamtheitlichen und effektiven Mitarbeiterkampagne:
In einer optimalen Kombination aus Top-Down- und Bottom-Up-Maßnahmen in Verbindung mit sowohl formellen als auch informellen Aktivitäten stärkte die Unternehmensgruppe das Vertrauen in die Konzernspitze und förderte gleichzeitig Mitbestimmungsmöglichkeiten der 15.000 Mitarbeiter im Innen- und Außendienst.
Die umfassende Planung der Kampagne passt zum Anspruch des Konzerns, seinen Kunden in Zeiten der finanziellen Unsicherheit private Rundum-Vorsorge aus einer Hand anzubieten.

Was die Jury jedoch am meisten überzeugte: das Vorhaben, die 1999 aus einer Fusion hervorgegangene Unternehmensgruppe endlich zu einem gemeinsamen Selbstverständnis zu führen. Dieses Ziel wurde auf überzeugende Weise operationalisiert: jeder Mitarbeiter von W&W soll in eigenen Worten den Nutzen der Partnerschaft ausdrücken können. Mit der erfolgreichen Umsetzung der Kampagne „Zusammenwachsen zum Vorsorge-Spezialisten – Einführung eines gemeinsamen Zielbilds in der W&W-Gruppe" hat der Konzern bewiesen, dass er Veränderungen und damit verbundene Schwierigkeiten bewältigen und daraus Erfolge generieren kann.

Wir sind deshalb stolz, W&W zum Gewinner in der Kategorie Beste Interne Kommunikation zu küren!

1

2

1 Dem Gedanken der persönlichen Verantwortung und Solidarität seit ihrer Gründung
verpflichtet, treten Wüstenrot und die
Württembergische auf dem Markt der finanziellen Vorsorge seit 1999 gemeinsam an.

2 Schwieriger Brückenschlag zwischen 1999
und 2008: Erst die Einführung des Zielbildes
„W&W – DER Vorsorge-Spezialist" brachte
Mitarbeitern und Führungskräften beider
Geschäftsfelder die dringend benötigte
gemeinsame Perspektive.

3 Zusammenwachsen heißt auch zusammen
zu wachsen: Als „DER Vorsorge-Spezialist"
will die W&W-Gruppe wieder stärker zulegen
als der Wettbewerb. Und das ertragreich
genug, um in die Zukunft investieren zu
können und langfristige Perspektiven zu
begründen.

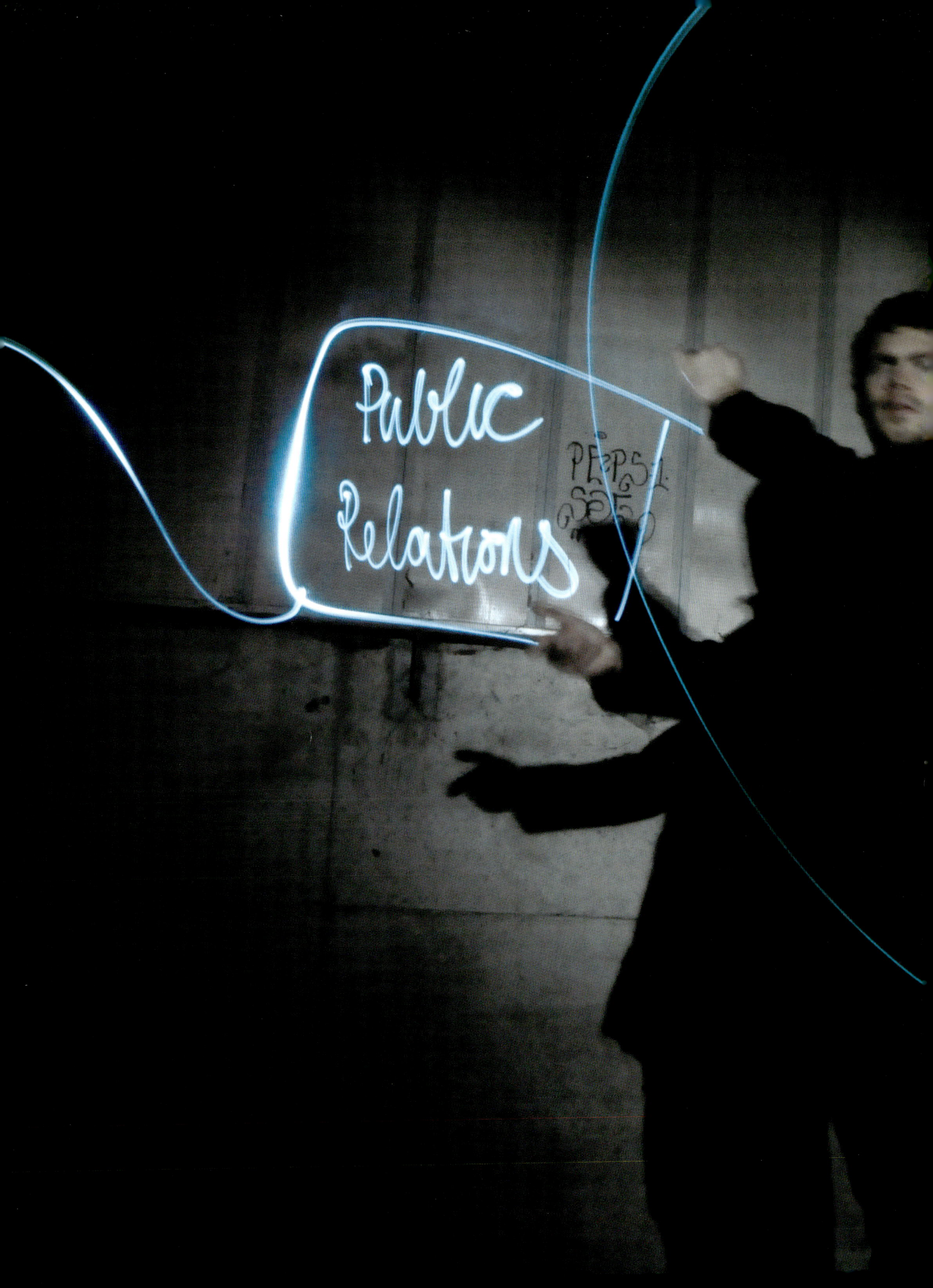
Public
Relations

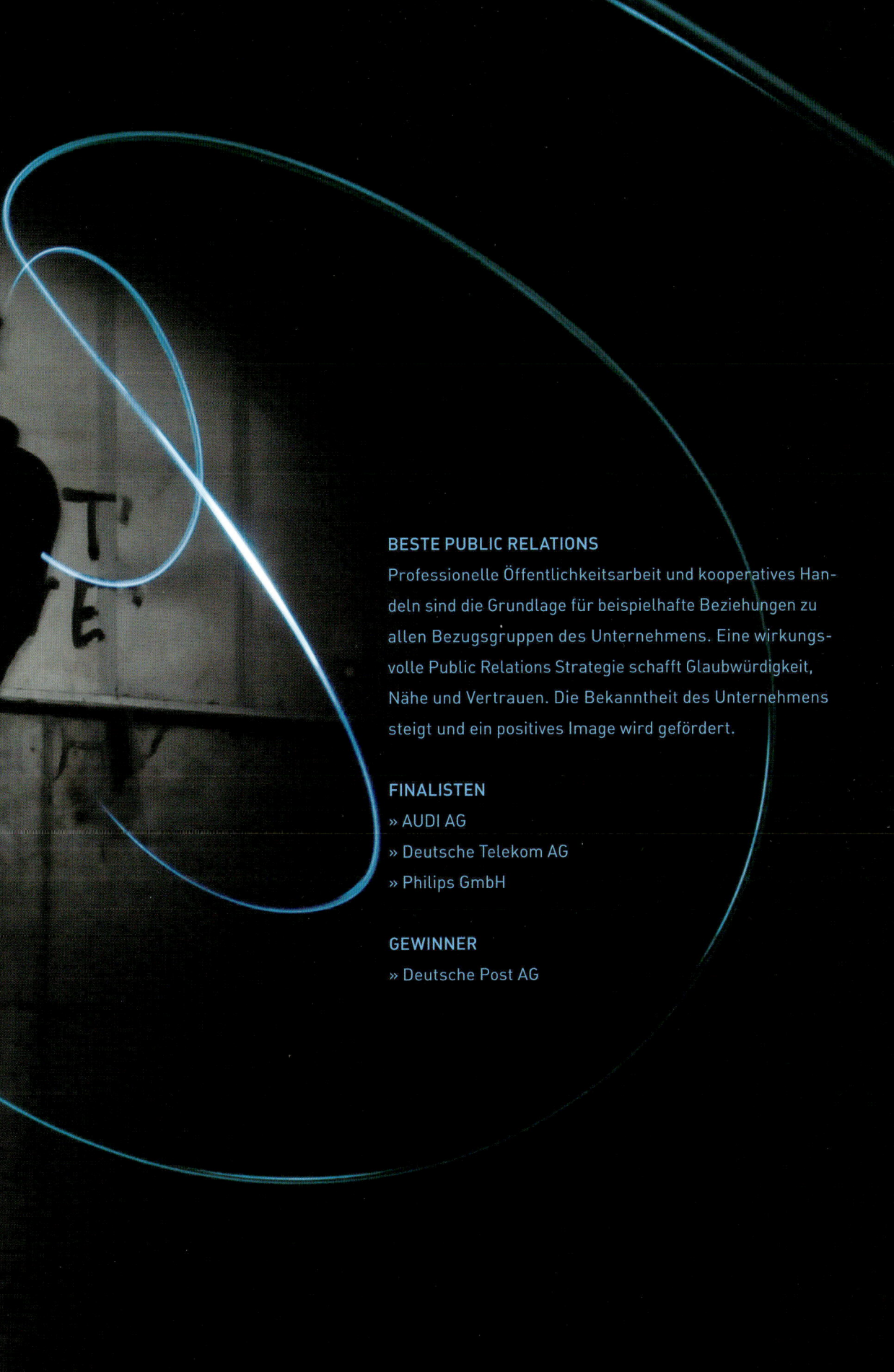

BESTE PUBLIC RELATIONS

Professionelle Öffentlichkeitsarbeit und kooperatives Handeln sind die Grundlage für beispielhafte Beziehungen zu allen Bezugsgruppen des Unternehmens. Eine wirkungsvolle Public Relations Strategie schafft Glaubwürdigkeit, Nähe und Vertrauen. Die Bekanntheit des Unternehmens steigt und ein positives Image wird gefördert.

FINALISTEN

» AUDI AG

» Deutsche Telekom AG

» Philips GmbH

GEWINNER

» Deutsche Post AG

AUDI AG
FINALIST

DAS UNTERNEHMEN

AUDI AG
85045 Ingolstadt
Deutschland
www.audi.de

Verantwortlicher
Toni Melfi
Leiter Audi Kommunikation

Projektverantwortung
Audi A1 MediaGuide
» Stephan Öri,
  Leiter Audi Kommunikation Produkt
» Tilman Schneider,
  Audi Kommunikation Lifestyle

Partneragentur
Neue Digitale / Razorfish
www.neue-digitale.de

Branchenumfeld
Automobilindustrie

Gründungsjahr
1909

Mitarbeiter
ca. 58.000

Standorte
Ingolstadt, Neckarsulm, Gyor (Ungarn),
Changchun (China), Brüssel (Belgien)
und Aurangabad (Indien)

Audi
Vorsprung durch Technik

DIE KAMPAGNE

VORSPRUNG DURCH TECHNIK. KURZ: INTERNET
DER AUDI A1 MEDIAGUIDE MIT EXKLUSIVER JOURNALISTS' CORNER

Der Audi A1 ist ein neues Automobil – und damit eine große Herausforderung für die Techniker, für die Designer, für die gesamte Mannschaft bei Audi. Gleichzeitig erschließt Audi mit dem kompakten Premium-Auto eine völlig neue Zielgruppe. Neben zahlreichen Anforderungen, die dieses besondere Produkt erfüllen muss, steht aber auch die Kommunikation vor neuen Herausforderungen: Wer sind unsere neuen Kunden, welche Interessen haben sie – und im Kontext der Kommunikation – welche Medien nutzen sie eigentlich?

Der Audi A1 fährt im Segment der kleinen Kompaktautos. Hier sind die Kunden eher jünger, 25 bis 35 Jahre alt. Und sie nutzen das Internet als primäre Informationsquelle. Die ARD/ZDF-Online-Studie 2009 bestätigt, dass diese junge Zielgruppe zu rund 90 Prozent im World Wide Web zu Hause ist. Erstmals hat sich die Audi Kommunikation daher entschieden, die Weltpremiere eines neuen, für Audi so wichtigen Automobils, online stattfinden zu lassen. Zu diesem Zweck wurde der Audi A1 MediaGuide kreiert, eine interaktive, benutzerfreundliche und international zugängliche Datenbank.

Ein wichtiger Teil des Audi A1 MediaGuide (www.audi-a1-mediaguide.de): Die passwortgeschützte „Journalists' Corner". Sie ermöglichte es Journalisten, exklusive Inhalte zum neuen Auto abzurufen. Dabei war die Weltpremiere im Februar 2010 der Höhepunkt eines umfangreichen kommunikativen Spannungsbogens. Denn auch das ist neu: Schon knapp zwei Monate, bevor erste Fotos des neuen A1 veröffentlicht wurden, konnten Journalisten schrittweise wichtige Detailinformationen zu Design, Produktionsstandort, Technik und Qualität sowie Strategie abrufen. In einem Redaktionsplan war die Themenfolge für Journalisten jederzeit einsehbar – wichtig für Transparenz und Benutzerfreundlichkeit.

Zielmedium Internet: Alle Beiträge rund um den A1 wurden für Websites und Online-Portale optimiert. So spielten Videos neben Pressemeldungen und Fotos eine wichtige Rolle. Alle Formate wurden in doppelter Ausführung angeboten, einmal druck- oder sendefähig, zum anderen komprimiert und für das Internet optimiert. Und da sich die Kommunikation an Journalisten und Internetnutzer weltweit richtete, standen alle Texte und Filme in deutsch und englisch zum Download bereit.

Natürlich sind die Journalisten die primäre Zielgruppe der Kommunikation. Sie sind die Experten, die entscheiden, ob eine Information, ein Beitrag, ein Foto oder ein Video für die Leser oder Nutzer eines Mediums interessant ist. Im Internet bedeutet dies: Klickt sich oder klickt sich nicht?

Das zu prognostizieren stellt die Kommunikation vor eine Reihe von Fragen: Müssen die Inhalte informieren, oder eher emotional sein? Sollen Audi-Experten Hintergründe erklären, oder ist es der VIP-Faktor, der schlussendlich den Ausschlag gibt? Bei der Pressearbeit zum A1 wurden alle Bereiche bedient: sachliche Hintergrundinformationen, emotionale Designbeiträge und Themenbausteine mit VIP-Beteiligung.

Besonders gut gelang der Spagat mit dem „A1 Street Art Special". Im Zeitraffer sprühte ein Audi-Designer ein Graffiti des damals noch geheimen Autos an eine Betonwand. Der Beitrag hatte zum einen Neuigkeitswert, denn es war die allererste, wenn auch abstrakte, Abbildung des A1. Gleichzeitig war der Film unterhaltsam. Entsprechend gut verbreitete sich das Video sowohl in etablierten Onlinemedien als auch über Social Media wie YouTube (Stichwort Web 2.0).

Videostatements von Audi-Vorständen und Hintergrundgespräche mit Audi-Experten wurden von Journalisten intensiv nachgefragt – was sich an Seitenabrufen in der passwortgeschützten Journalists' Corner ablesen ließ –, spielten aber in der unmittelbaren Berichterstattung eine eher untergeordnete Rolle. Aber: Die Aussagen wurden im weiteren Verlauf der Berichterstattung wieder aufgegriffen.

Bei der A1 Testfahrt mit den Bayern-Profis Philipp Lahm und Bastian Schweinsteiger erwies sich der VIP-Faktor als unschlagbar. Zwar wurde auch hier das Auto nicht gezeigt, denn die Premiere im Internet stand zu diesem Zeitpunkt noch aus, die mediale Resonanz war allerdings beeindruckend. Nur das „A1 Street Art Special" und die tatsächliche Weltpremiere erzielten noch höhere Reichweiten.

Als das Geheimnis des neuen Audi A1 am Tag der Weltpremiere endlich gelüftet wurde, berichteten alle wichtigen Medien. Und das – speziell im Internet – sogar umfangreicher als bei anderen Audi-Modellen in der Vergangenheit. Interessant: Für die A1-Vorkommunikation war die Weltpremiere das Finale – doch normalerweise ist sie der Auftakt der Kommunikation rund um ein neues Automobil. Ohne das Auto zu zeigen ist es nun gelungen, acht Wochen lang Berichterstattung sowohl in klassischen Medien als auch dem Internet zu generieren.

Für uns Audi-Kommunikatoren hat sich gezeigt: Will man seine Themen erfolgreich in den neuen Medien spielen, ist es entscheidend zu verstehen, wie man künftig in der für die Kommunikation zunehmend wichtigen – aber auch komplexen – Internetwelt agieren muss. Die Umsetzung der A1-Kommunikationsstrategie war nicht nur erfolgreich, sondern auch sehr lehrreich. Speziell über Bedürfnisse von Onlinemedien und Anforderungen von Onlinejournalisten haben wir viel gelernt. Zum einen, welche Informationen spannend sind und zum anderen, auf was für einer Plattform wir sie anbieten müssen – das hat mit dem Audi A1 MediaGuide sehr gut funktioniert

DIE JURY

Das Motto „Vorsprung durch Technik" gilt bei dem Automobilhersteller Audi nicht nur für seine Modellpalette, sondern wirkt sich auch auf die PR-Kampagne des neuen Audi A1 aus.

Die Audi AG ist ein Unternehmen, das sich einem hart umkämpften Markt gegenüber sieht. Die Einführung des Audi A1 auf dem Genfer Autosalon stellte somit eine besondere Herausforderung an die eingesetzte PR-Kampagne dar. Souverän schafft es Audi, die neuen Medien in die Kampagne mit einzubinden und gewährleistet Exklusivität und Glaubwürdigkeit auf hohem Niveau.

Attraktiv für die junge Zielgruppe ist das Auftreten in den Social Media Kanälen, wobei Audi stets zielgruppengerechte Inhalte bereitstellt und eine Vielzahl an interaktiven Features anhietet. Die Umsetzung der Kampagne ist frisch, dynamisch und international. Zudem überzeugen die Testimonials Bastian Schweinsteiger, Philipp Lahm und Justin Timberlake.

Leider unzureichend in die Kampagne eingebunden sind jedoch die internen Anspruchsgruppen. Hier hätte sich die Jury mehr Engagement gewünscht. Trotzdem entsprechen die strategischen Maßnahmen der Unternehmensphilosophie und sind nach Ansicht der Jury ebenso gelungen wie die eigentliche Premiere des Audi A1.

1

1 Als das Geheimnis des neuen Audi A1 am Tag der Weltpremiere endlich gelüftet wurde, berichteten alle wichtigen Medien. Und das – speziell im Internet – sogar umfangreicher als bei anderen Audi-Modellen in der Vergangenheit.

2 Das „A1 Street Art Special" war die allererste, wenn auch abstrakte, Abbildung des A1. Im Zeitraffer sprühte ein Audi-Designer ein Graffiti des damals noch geheimen Autos an eine Betonwand.

3 Schon knapp zwei Monate, bevor erste Fotos des neuen A1 veröffentlicht wurden, konnten Journalisten schrittweise wichtige Detailinformationen, beispielsweise zum Design, abrufen. Ein Thema: André Georgi, Licht-Designer bei Audi, erklärte die Lichtgrafik des A1.

2

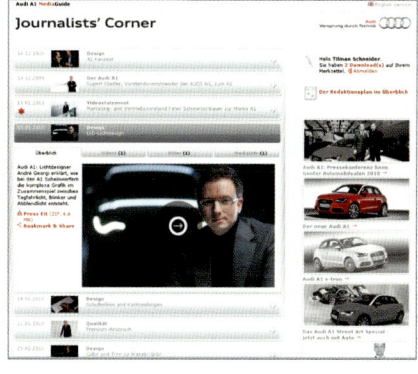

3

4

4 Bei der A1 Testfahrt mit den Bayern-
Profis Philipp Lahm und Bastian Schweinsteiger erwies sich der VIP-Faktor als
unschlagbar.

DEUTSCHE TELEKOM AG
FINALIST

DAS UNTERNEHMEN

Deutsche Telekom AG
Friedrich-Ebert-Allee 140
53113 Bonn
www.telekom.com

Verantwortlicher
» Marc Sausen
» Malte Reinhardt

Branchenumfeld
Telekommunikation

Gründungsjahr
1995

Mitarbeiter
260.000

Standorte
Vertretungen in rund 50 Ländern

Kunden
200.000.000

DIE KAMPAGNE

LIGA TOTAL! - DER NEUE SPIELER AUF DEM MEDIENSPIELFELD

Die Deutsche Telekom ist Marktführer für das interaktive Fernsehen via DSL – auch IPTV genannt. Seit vier Jahren bewirbt und vertreibt die Telekom das IPTV-Produkt „Entertain" in Deutschland. Seit 2006 besitzt die Deutsche Telekom die Übertragungsrechte für die Fußball-Bundesliga. Die ersten drei Spielzeiten der Fußball-Bundesliga übertrug der damalige Partner Premiere auf Basis von „Entertain" im Auftrag der Deutschen Telekom. Um den technischen Möglichkeiten des Produkts gerecht werden zu können, schrieb die Deutsche Telekom Anfang 2009 den Auftrag zur TV-Produktion der Fußball-Bundesliga neu aus. Die Constantin Medien AG setzte sich gegen alle Mitbewerber durch und erhielt den Zuschlag für den Auftrag, die Fußball-Bundesliga zu produzieren. Dies war auch gleichzeitig der Startschuss für eine Konkurrenzsituation auf dem deutschen Pay-TV-Markt, die es bis dato nie gegeben hat. Die Deutsche Telekom vertreibt die Übertragung der Bundesliga unter dem Namen „LIGA total!" exklusiv via IPTV und Mobilfunk an ihre Kunden. Mit „LIGA total" gibt es in Deutschland zum ersten Mal einen Wettbewerb um Kunden des Pay-TV.

DAS GRUNDGERÜST FÜR DIE GEZIELTE PR-ARBEIT

Die Deutsche Telekom vermarktet seit 2007 aktiv das Produkt „Entertain" und möchte damit auch die Kompetenz der Telekom als TV-Plattformbetreiber in den Vordergrund stellen. Diese Herausforderung muss als Basis für die gesamte PR-Kampagne zu „LIGA total" betrachtet werden. Alle PR-Maßnahmen hatten nur ein Ziel: Die Einführung einer Marke und Stärkung der Markenbekanntheit.
Zwei Zielgruppen wurden identifiziert und durch die PR-Kampagne angesprochen: Journalisten / Multiplikatoren und Endverbraucher

Im April 2009 fiel der Startschuss für die PR-Kampagne zum neuen Fußball-TV-Angebot der Deutschen Telekom. Die Strategie war, die Zeit bis September 2009 zu nutzen, um das Thema medial präsent zu gestalten und auf einem hohen Medienresonanz-Niveau zu halten. Dieser Zeitraum teilte sich in zwei Phasen: Markenetablierung und Aktivierungsphase.
Die Phase der Markenetablierung dauerte zwei Monate startete Ende April 2009. Die Strategie für die erste Phase war es, „LIGA total!" respektive die Deutsche Telekom als Wettbewerber zu „Sky" zu etablieren. In dieser Phase fokussierte sich die Deutsche Telekom fast ausschließlich auf die Zielgruppe der Journalisten und Multiplikatoren. Im Juli begann die Phase der Aktivierung. Von Juli bis September sprach die Deutsche Telekom mit der PR-Kampagne zusätzlich zu den Journalisten auch die Konsumenten an. In der Aktivierungsphase ging es um die Kommunikation der Alleinstellungsmerkmale auf dem deutschen Pay-TV-Markt.

PHASE 1: DIE ETABLIERUNG DER MARKE DURCH GEZIELTE PR

Mit dem Ziel die Marke „LIGA total!" zu etablieren, hat die Deutsche Telekom die ersten zwei Monate – nach neuer Auftragsvergabe an Constantin im April – genutzt, um ein Medienecho zu erzeugen und dieses über zehn Wochen konstant zu halten:

»Kick-Off Pressekonferenz« in der „Blauen Kugel" in Berlin am 23. April 2009 zur Vorstellung des neuen Produktionspartners
»60 geladene Journalisten anwesend
»Gezielte Interviews von Leitmedien mit Marketingchef Christian P. Illek
»Kontinuierliche Redaktionsbesuche bei überregionalen und regionalen Tageszeitung und Sportmedien
»integrierte Zusammenarbeit aller überregionalen und regionalen Pressesprecher der Deutschen Telekom
»Gezielte Hintergrundgespräche mit Key-Medien und Marketingchef Christian P. Illek

PHASE 2: DIE AKTIVIERUNG DER KUNDEN DURCH GEZIELTE PR

Mit der Produktausgestaltung Anfang Juli begann auch die Aktivierungsphase. Hierbei ging es jetzt stärker um die Kommunikation der Alleinstellungsmerkmale wie technische Möglichkeiten und Preis. Ziel war es möglichst viele fußballinteressierte Kunden für das Produkt zu gewinnen und eine Kaufentscheidung zu forcieren:
» „LIGA total!" Pressekonferenz am 08. Juli auf dem Studiogelände von Constantin Medien in München und Vorstellung von Johannes B. Kerner als „LIGA total!" Moderator
»Teilnahme von rund 150 Journalisten
»Einbindung von „LIGA total!" in die Telekom-Advertorial-Serie im Playboy in der Juli-Ausgabe 2009
»Einrichtung des Facebook-Accounts „LIGA total!"
»Einbindung der Marke „LIGA total!" während des T-Home Cups (Fußball-Turnier vieler Bundesliga-Vereine vor Saisonstart)
»Schaltung von deutschlandweiten Flying Pages (Tageszeitungsumleger) in sechs überregionalen Tageszeitungen direkt vor Beginn der neuen Fußballsaison 2009 / 2010
»Zuspitzung des Pay-TV-Wettbewerbs in Punkto „Preis" & kommunikativer Angriff auf den Konkurrenten „Sky"
»Radiokooperationen: Ende Juli startete eine 2-wöchige Teasingphase der Kooperation mit regionalen Radiosendern in Köln, Berlin, Hamburg, München, Bonn, Nürnberg und Stuttgart
»Zum Eröffnungsspiel am 07. August 2009 – Kerners erstem Einsatz – fanden drei parallele „LIGA total!-Journalisten-Viewings" in Hamburg, München und Berlin statt
»Big Bang-Veranstaltung zum Abschluss der PR-Kampagne am zweiten Spieltag
»Erlebnistag für Journalisten mit „Blick hinter die Kulissen" von „LIGA total!" auf dem Studiogelände in München
»Teilnahme von mehr als 60 Journalisten

ZIELE ERREICHT – PR-KAMPAGNE ERFOLGREICH

Die Marke „LIGA total!" konnte erfolgreich etabliert werden und die Vermarktungsziele für 2009 wurden erreicht. Die PR-Kampagne hat zur Erreichung dieser Ziele entscheidend beigetragen.

DIE JURY

Im Zuge einer Kooperation mit der Constantin Medien AG vertreibt die Deutsche Telekom unter dem Produkt „LIGA total!" sämtliche Inhalte der Fußball Bundesliga. Diese werden seit April 2009 mit einer umfangreichen PR-Kampagne beworben.

Zu den strategischen Zielen zählen die Etablierung der Marke „LIGA total!" sowie die Steigerung von Marktanteilen. Zu diesem Zweck bediente sich die Deutsche Telekom neben den klassischen PR-Maßnahmen eher ungewöhnlicher Instrumente.

Gestartet wurde mit einer Kick-Off Pressekonferenz und emotionalen Trailern. Interessant wurde es in den weiterführenden Maßnahmen. So konnten zum Beispiel Bewerber in einem Livecasting einen Praktikumsvertrag gewinnen und Journalisten wurde ein Blick hinter die Kulissen gewährt.

Die Jury wertet die Gesamtheit der Aktionen als ausgewogen und aufeinander abgestimmt. Die USP wird deutlich kommuniziert und insgesamt ist die Kampagne hervorragend auf die gewünschte Zielgruppe ausgerichtet. Sie spricht neben Journalisten und Multiplikatoren besonders Endverbraucher an.

Für den Sieg fehlte der Jury allerdings eine stärkere nachhaltige Orientierung der Maßnahmen. Dennoch verhalf die gute Umsetzung der Kampagne der Deutschen Telekom ins Finale.

1 Die Moderatoren und Kommentatoren von „LIGA total!" wurden am 8. Juli 2009 in den Studios von Constantin Medien München vorgestellt.

3

5

4

2 Johannes B. Kerner und Christian P. Illek präsentieren „LIGA total!" auf der Pressekonferenz in München.

3/4 Marketing-Chef Christian P. Illek stellt das neue Bundesliga-Format vor. Bei „LIGA total!" gibt es alle Spiele der Bundesliga in HD.

5 Das neue „LIGA total"-Logo auf dem Trikot von Bayern München, hier beim T-Home-Cup.

PHILIPS FINALIST

DAS UNTERNEHMEN

Philips GmbH
Lübeckertordamm 5
20099 Hamburg
www.philips.de

Verantwortlich
Philips Unternehmenskommunikation

Branchenumfeld
Mischkonzern, tätig in den Bereichen
Medizintechnik, Beleuchtung,
Konsumentenprodukte für Haushalt
und Unterhaltung

Gründungsjahr
1891 Eindhoven / NL
1926 Deutschland

Mitarbeiter
116.000 weltweit
7.000 deutschlandweit

Standorte
Aktiv in weltweit mehr als 60 Ländern
Deutschland: Hamburg (Firmenzentrale
für Deutschland/Österreich/Schweiz),
Aachen, Springe, Plauen, Böblingen,
Herrsching, Ulm, Goch

Kunden
Viele Millionen

DIE KAMPAGNE

Wie erklärt ein Hersteller mehreren Millionen Kunden, dass in deren Küchen ein mögliches Sicherheitsrisiko besteht – ohne Panik zu verursachen und ohne zu verharmlosen?

Eines der erfolgreichsten Produkte von Philips ist der Kaffeeautomat Senseo. Weltweit wurde die Senseo rund 25 Millionen Mal verkauft, in Deutschland allein rund sieben Millionen Mal (mal). Lange vor dem Boom der Coffeeshops und Kaffeevollautomaten für Zuhause sorgte die Senseo bereits seit den 90er Jahren dafür, dass der ehemals rückläufige Kaffeemarkt wieder einen positiven Impuls erhielt.

Nachdem im Sommer 2008 ein Konsument eine „geplatzte Senseo" meldete, startete Philips eine aufwändige Untersuchung der Fehlerursache. Schließlich wurde die Ursache des Fehlers gefunden: eine Verkettung mehrerer und sehr seltener Umstände. Zwischenzeitlich hatten sich weitere Senseo-Benutzer gemeldet und Ende des Jahres 2008 war deutlich, dass Handeln erforderlich ist.

Da Philips sich als Unternehmen für Gesundheit und Wohlbefinden positioniert, war sehr schnell klar, dass – auch wenn nur ein extrem geringes tatsächliches Risiko besteht – gehandelt werden muss, wenn die Möglichkeit der Beeinträchtigung von Gesundheit und Wohlbefinden eines Kunden besteht.

Philips entschließt sich zum Rückruf von bis zu sieben Millionen Kaffeemaschinen des Typs Senseo.

Der große Unterschied zu einer klassischen Kampagne lag darin, dass es nicht in erster Linie darum ging, möglichst breit aktiv zu kommunizieren. Aufgrund der großen Verbreitung der Senseo und der großen Anzahl sich potenziell betroffen fühlender Konsumenten, war abzusehen, dass die „Story automatisch breit laufen" würde. Priorität war also, zu einem selbst bestimmten Zeitpunkt mit der Kommunikation zu starten und von Anfang an den Tenor der Berichterstattung weitgehend zu bestimmen. Spätere Nachbesserungen im Sinne von „musste das Unternehmen inzwischen einräumen" sollte es möglichst nicht geben.

Somit bestand das Kommunikationsziel darin, die verschiedensten Zielgruppen – Konsumenten, Handelspartner, Kooperationspartner, Mitarbeiter, Medien – mit einer abgestimmten und zeitlich exakt geplanten Botschaft zu erreichen, die von vornherein die richtige Balance aus umfassender Information und Vermeidung von Panik gewährleistete.

Schwerpunkt der Kommunikationsvorbereitung war daher, in Planspielen die verschiedensten Szenarien durchzuspielen: Wie reagieren, wenn der Zeitplan nicht gehalten werden kann? Wie möchte ich als Betroffener informiert werden? Wie lässt sich eine – in die „falsche" Richtung gehende – Eigendynamik in der Berichterstattung verhindern?

Ergebnis der Planspiele war schließlich eine zeitlich exakt abgestimmte Kampagne: am 14. April 2009 werden morgens um 8:00 Uhr Mitarbeiter, Kooperationspartner, Handelspartner und registrierte Konsumenten über die geplante Rückrufaktion informiert. Gleichzeitig geht eine ausführliche Webseite zum Thema online. Um 10:00 Uhr gibt ein Managementmitglied einer Nachrichtenagentur ein Interview zum Thema. In den darauf folgenden Stunden werden dutzende von Medienanfragen mit immer der gleichen Tonalität – offen, umfassend, nicht verharmlosend, aber auch nicht Panik erzeugend – beantwortet. Gleichzeitig wird die (Online-) Berichterstattung beobachtet und es erfolgt sofortige Meldung bei den Medien, wenn irreführende Wortwahl („explodieren" statt „platzen") verwendet wird. Ergebnis ist, dass nahezu alle Medien umgehend korrigieren.

Durch eine bundesweit und flächendeckend geschaltete Anzeige (Sicherheitshinweis) in Tageszeitungen erfolgt am 15. April die zweite Stufe der Kommunikation – gleichzeitig werden Google-Ads geschaltet.

Obwohl der Ablauf des Rückrufes für den Kunden relativ komplex war – Kunde musste sich registrieren, bekam dann einen Leerkarton zugeschickt, schickte seine Senseo zur Reparatur ein und bekam sie nach sieben bis zehn Tagen zurück – wurde weder in den beobachteten Blogs und Foren noch in den Medien eine negative Tendenz in der Berichterstattung festgestellt. Der Tenor war weitgehend neutral und berichtend. Es gab wenige negative Ausreißer in Richtung einer Sensationsberichterstattung, dafür aber auffällige positive Kommentare, die anerkannten, dass Philips ein Unternehmen ist, dass die Sicherheit seiner Kunden ernst nimmt, sich kümmert und nicht verschweigt. Unaufgefordert zugeschickte positive E-Mails von Konsumenten – die es ansonsten praktisch nie in Zusammenhang mit einer „Reparaturerfahrung" gibt – unterstreichen, dass der gewählte Weg der offenen Kommunikation richtig war. Auch dass der Kunde schnell und regelmäßig zu den weiteren Schritten informiert wurde – einschließlich des Sofortversandes eines „Entkalkungssets" nach erfolgter Registrierung – baute Vertrauen auf. Medial war das Thema jedenfalls nach wenigen Tagen „vom Tisch" – ein Traumergebnis bei Krisenkommunikationsthemen.

DIE JURY

Wenn man sich zum Ziel gesetzt hat, die Lebensqualität von Menschen durch die Einführung von technischen Innovationen zu verbessern und Produkte anbietet, die in der Medizin sowie im Haushalt den Bedürfnissen der Kunden entsprechen sollen, dann wiegt es naturgemäß schwer, wenn die erforderliche Qualität einmal nicht dem Standard entspricht und es zu unvorhergesehenen Ereignissen kommt.

Doch wie der Konzern Philips diese Situation managte, ist für die Jury lobenswert. Die Entscheidung, Millionen Kaffeemaschinen zurückzurufen, kann äußerst prekär sein, doch mit der konsequenten Umsetzung dieser Maßnahme und einem strategisch zentral organisierten Zeitplan konnte der Konzern seine Reputation bewahren und ist seiner Verantwortung nachgekommen. Getreu dem Firmenslogan „Sense and Simplicity" agierte das Unternehmen von Beginn an mit Fingerspitzengefühl.

Der Konzern entschied sich für eine umfassende, offene und glaubhafte Kommunikation mit allen betroffenen Stakeholdern. Die eingeleitete Rückrufaktion sowie die PR-Aktivitäten sind als weitgehend positiv einzuschätzen, sollten jedoch noch zeitnaher eingesetzt werden. Die Jury würde sich wünschen, dass sich auch andere Unternehmen daran ein Beispiel nehmen.

WICHTIGER SICHERHEITSHINWEIS PHILIPS SENSEO® KAFFEEMASCHINEN

Philips hat bei einigen Senseo® Kaffeemaschinen, die zwischen Juli 2006 (Woche 27) und November 2008 (Woche 47) hergestellt wurden, ein Sicherheitsproblem festgestellt. Das tatsächliche Risiko liegt unter drei Fällen bezogen auf jeweils eine Million der genannten Kaffeemaschinen. Da für uns das Wohlergehen unserer Kunden ein sehr wichtiges Anliegen ist, haben wir uns zu einem freiwilligen Rückruf der betroffenen Maschinen entschlossen, um diese zu reparieren.

Die Typenbezeichnungen der betroffenen Produkte lauten:

HD7805, HD7810, HD7811, HD7812, HD7814, HD7816, HD7820, HD7822, HD7823, HD7824, HD7830, HD7832, HD7841 & HD7842

Das mögliche Problem betrifft nur Kaffeemaschinen, die stark verkalkt sind. Verkalkung wird durch das Wasser verursacht, das für die Zubereitung des Kaffees verwendet wird. Einige Wassersorten enthalten einen erhöhten Kalziumanteil, mit der Folge, dass sich eine Kalkablagerung im Inneren der Maschine festsetzen kann. In seltenen Fällen – wenn eine starke Kalkablagerung und ein zusätzlicher elektrischer Defekt zusammentreffen – kann ein integrierter Sicherheitsmechanismus versagen. In dieser speziellen Situation kann ein Druckanstieg zu einem plötzlichen Auseinanderbrechen der Maschine führen. Dadurch können elektrisch leitende Teile freigelegt werden. Außerdem besteht die Möglichkeit, durch sich unkontrolliert lösende Teile verletzt oder durch Wasserdampf verbrüht zu werden.

Philips empfiehlt den Verbrauchern Folgendes:

1) Bitte überprüfen Sie die Typenbezeichnung (z.B. HD7810) und den Produktionszeitraum (z.B. 08363 – Erklärung siehe Grafik) auf dem Etikett an der Unterseite Ihrer Senseo® Maschine.

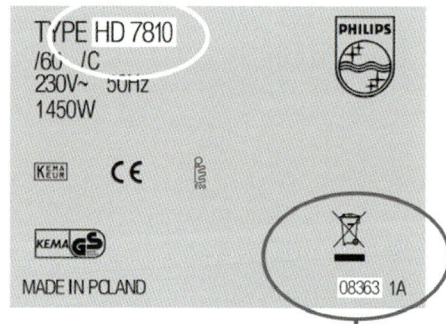

2) Wenn laut Typenbezeichnung und Produktionszeitraum Ihre Senseo® zu den betroffenen Maschinen gehört, besuchen Sie bitte unsere unten angegebene Internetseite. Hier erhalten Sie Informationen zur weiteren Vorgehensweise und bekommen auch Informationen zur Entkalkung Ihrer Senseo® Maschine. Darüber hinaus haben Sie die Möglichkeit, unsere unten angegebene kostenlose Service-Telefonnummer anzurufen. Wir danken Ihnen für Ihre Kooperation und bitten um Entschuldigung für die entstehenden Unannehmlichkeiten.

www.reparatursenseo.de
0800-6648301

1

2

1 Rund sieben Millionen Senseo-Besitzer allein in Deutschland sollten über den flächendeckend geschalteten Sicherhinweis informiert werden. Ohne Panik zu verursachen und ohne zu verharmlosen.

2 Zwar war das tatsächliche Risiko extrem gering, doch wenn ein Unternehmen für Gesundheit und Wohlbefinden steht, muss es reagieren, wenn Gesundheit und Wohlbefinden der Konsumenten beeinträchtigt werden können.

DEUTSCHE POST AG
GEWINNER

Deutsche Post AG
Konzernzentrale
Charles-de-Gaulle-Str. 20
53113 Bonn
www.dp-dhl.de

Verantwortliche
Heike Humpf
Leiterin PR

Branchenumfeld
» Dienstleistung
» Transport&Logistik
» Globaler Handel

Gründungsjahr
1990

Mitarbeiter
rund 500.000

Standorte
120.000 Zielorte in 220 Ländern
und Territorien

Deutsche Post DHL

DIE WELT BIS INS JAHR 2020 – DIE GLOBALE DELPHI-ZUKUNFTSSTUDIE „DELIVERING TOMORROW - KUNDENERWARTUNGEN IM JAHR 2020 UND DARÜBER HINAUS" BLICKT AUF DIE ANFORDERUNGEN FÜR ÖKONOMIE, ÖKOLOGIE UND UNTERNEHMEN.

Wie wird sich das Verhalten von Konsumenten bis ins Jahr 2020 verändern? Welche übergreifenden politischen und weltwirtschaftlichen Rahmenbedingungen werden unternehmerisches und privates Handeln beeinflussen? Worauf müssen sich Unternehmen bereits heute vorbereiten, welche strategischen Weichen können und sollten sie stellen? Dies sind nur einige der zentralen Fragen, mit denen sich die Delphistudie „Delivering Tomorrow – Kundenerwartungen im Jahr 2020 und darüber hinaus" befasst.

Die Deutsche Post DHL gehört mit rund 500.000 Mitarbeitern zu den größten Unternehmen der Welt. Für den Logistikkonzern sind die genannten Themen wichtige Gebiete, die bei der weiteren unternehmerischen Entwicklung berücksichtigt werden. Für den weltweit tätigen Dienstleister sind zudem die Erwartungen der Kunden oberste Leitlinie für die tägliche Arbeit.

Unternehmen sehen sich aktuell mit dem rasanten Wandel ihres Geschäftsumfeldes und rasch steigender Komplexität konfrontiert. Die Finanzkrise ist nur ein – wenn auch zentrales – Element, das den Wandel vorantreibt. Schlüsselfaktoren sind außerdem das wachsende Interesse an nachhaltigen Geschäftskonzepten in Politik und Öffentlichkeit, die Verknappung der Rohstoffe sowie die Zukunftsrelevanz technischer Innovationen. Alle Branchen – und ganz besonders die Logistikindustrie – sind von diesen Entwicklungen betroffen. Stärker als je zuvor müssen Unternehmen bereit sein, sich an veränderte Situationen anzupassen. Das Management stellte die Studie auf Kongressen in Europa vor. Kunden wurden in Workshops von ihren Key Account Managern, Analysten und Anleger VON Investor Relations informiert.

Um sich und seine Kunden auf die Herausforderungen der Zukunft vorzubereiten, erarbeitete die Deutsche Post DHL nach der Delphi-Methode die umfassende Zukunftsstudie. Präsentiert werden Expertenmeinungen und Analysen zu Themengebieten wie Globalisierung, Wirtschaft, Technologie, Logistik, Umwelt und Gesellschaft. Die Studie zeigt die Trends in diesen Bereichen bis ins Jahr 2020 und darüber hinaus auf. Die Zielsetzung der Studie ist eine zweifache: die Herausforderungen der Zukunft genauer zu untersuchen und Handlungsszenarien anzustoßen. Gleichzeitig positioniert sich die Deutsche Post DHL als zukunftsorientierter und innovativer Logistikanbieter mit hoher gesellschaftlicher Verantwortung. Durch die Aufnahme zahlreicher Ergebnisse in seine bis ins Jahr 2015 reichende Konzernstrategie zeigt der Konzern, dass er die gewonnenen Erkenntnisse selbst ernst nimmt und gerade für die Logistikindustrie Handlungsbedarf sieht und bereits in Angriff genommen hat.

Zehn Kernergebnisse für die nächsten zehn Jahre wurden identifiziert. Dazu gehören: Der Klimawandel wird die zentrale Herausforderung und löst eine „grüne Revolution" bei Produkten und Dienstleistungen aus. Das Internet verändert weltweit das Kundenverhalten und die Kundenerwartungen. Convenience, Komfort und Simplicity sind die zentralen Anforderungen. Die Logistikbranche wird zum Trendsetter und setzt neue Standards im Bereich von Kooperationen und „grünem" Business. Die Wertschöpfungskette verlängert sich in alle Richtungen für Dienstleistungen rund um die Logistik.

Die Positionierung des Konzerns als innovativer Vorausdenker und auf Kundennutzen ausgerichteter Global Player hatte einen besonderen Fokus in der Kommunikation der Studie. Die Präsentation der Ergebnisse nahm dabei vier Zielgruppen in den Blick: die Medien, bestehende und potentielle Kunden, Analysten und Lobbyisten sowie die Mitarbeiter. Im Vorfeld der Veröffentlichung wurden klare Botschaften für diese Zielgruppen formuliert und mit Hilfe einer breit gefächerten PR-Strategie verbreitet.

Startschuss für „Delivering Tomorrow" war eine öffentliche Veranstaltung, das Globe Forum 2009 in Stockholm. Dort stellte CEO Frank Appel die Studie erstmals der Öffentlichkeit vor. Zu der Veranstaltung waren zahlreiche internationale Medienvertreter eingeladen worden, zeitgleich wurden die Medien weltweit per Presseaussand informiert. Daraus folgten unzählige Presseanfragen und eine umfassende internationale Berichterstattung. Das Management stellte die Studie auf Kongressen in Europa vor. Kunden wurden in Workshops mit den Key Account Managern, Analysten und Anleger in Präsentationen der Investor Relations informiert. In einem Internet-Special unter www.dp-dhl.de/delphi stellt die Deutsche Post DHL der externen Öffentlichkeit die Studie vor. Zudem wurden Teile der Inhalte für das Medium Hörbuch aufbereitet. Eine E-Book-Version stellt die Studie in einem alternativen Medium bereit. Auch für die Mitarbeiter wurden alle Kanäle der internen Kommunikation genutzt.

Die Resonanz auf die Delphi-Studie ist bis heute sehr groß und insgesamt außerordentlich positiv sowohl bei Medien, Wirtschaft, Wissenschaft als auch Kunden. Die Konsistenz der Botschaften – Ergebnisse der Studie finden sich in Kernpunkten der Konzernstrategie 2015 – wird weltweit anerkannt. Da das Interesse an diesem weltumspannenden und umfassenden Blick in eine mögliche Zukunft seit Veröffentlichung der Studie nicht abreißt, hat die Deutsche Post DHL im Jahr 2010 mit dem Veranstaltungsformat „Delphi Dialog 2020" für Austausch und Information begonnen, um auch weiterhin Zukunft aus erster Hand zu generieren. Aus ursprünglich vier geplanten Foren wurden für 2010 bereits sieben.

DIE JURY

Schon lange reicht es Unternehmen nicht mehr, nur im Hier und Jetzt zu agieren. Um sich in Zeiten des unaufhaltsamen Wandels etablieren zu können, ist eine zukunftsorientierte Konzernstrategie nötig. Zudem gilt es, den Kunden als ausschlaggebenden Einflussfaktor zu betrachten. Er bestimmt regelrecht den Wandel des Marktes.

Die Deutsche Post DHL zeigt mit ihrer Studie eindrucksvoll, dass sich die Ziele der Zukunfts- und der Kundenorientierung nicht im Wege stehen. Mit großem Interesse verfolgte die internationale Presse die Delphistudie des Unternehmens und auch die eigenen Mitarbeiter wurden über Ergebnisse und Folgen dieser informiert.

Zudem ist die Tatsache hervorzuheben, dass die Deutsche Post DHL es schafft, die komplexen Erkenntnisse auf ein Maß zu reduzieren, das größtmögliches Verständnis bei den anvisierten Zielgruppen garantiert. Es gelingt dem Unternehmen, sämtlichen Zielgruppen eine konsistente Botschaft zu vermitteln und sich zudem als zukunftsorientierter, innovativer Logistikanbieter mit hoher gesellschaftlicher Verantwortung zu positionieren.

Die Jury freut sich, der Deutschen Post DHL den Goldenen Funken in der Kategorie „Beste Public Relations" verleihen zu dürfen.

1 CEO Frank Appel präsentierte die Studie erstmals am 4. Juni 2009 beim Globe Forum in Stockholm. Das war der Startschuss für eine weltweite PR-Kampagne zur Verbreitung der Inhalte und der Positionierung der Deutschen Post DHL.

2 Der „Delphi Dialog" fand erstmals im Januar 2010 statt. Moderator Stefan Aust befragte CEO Frank Appel und Johan Peter Paludan, Direktor des Copenhagen Institute for Futures Studies.

„Delivering Tomorrow – Kundenerwartungen im Jahr 2020 und darüber hinaus"

Zehn Trends für die nächsten zehn Jahre

GLOBALE ENTWICKLUNGEN: Weltwirtschaft wächst

1. Der Klimawandel wird die zentrale Herausforderung und löst eine „grüne" Revolution bei Produkten und Dienstleistungen aus – nachhaltige Energieerzeugung steht an der Schwelle zum Durchbruch.

2. Die soziale Schere geht weltweit weiter auseinander – die Gefahr sozialer Konflikte wächst und führt zu stark steigenden Aufwendungen für Sicherheit.

3. China ist der unbestrittene Gewinner des wirtschaftlichen Wachstums und schließt zur technologischen Elite auf.

VERÄNDERTE KUNDEN: Neue Bedürfnisse, Erwartungen, Verhaltensweisen

4. Das Internet verändert weltweit Kundenerwartungen und -verhalten radikal. Im Fokus der Kunden stehen: Individualisierung, Transparenz, Verfügbarkeit, Geschwindigkeit.

5. Umweltgerechter und bewusster Konsum bestimmen zunehmend das Kaufverhalten.

6. Convenience, Komfort und Simplicity sind die zentralen Anforderungen.

7. Die Kommunikation zwischen Mensch und Maschine kann die Kommunikation von Mensch zu Mensch nicht ersetzen.

VERÄNDERTE LOGISTIK: Die neue Leitbranche

8. Die Logistikbranche wird zum Trendsetter und setzt neue Standards im Bereich von Kooperationen und „grünem" Business.

9. Offshoring und Outsourcing schaffen neue Möglichkeiten – die Wertschöpfungskette verlängert sich in alle Richtungen für Dienstleistungen rund um die Logistik.

10. Die Logistikanbieter entwickeln sich zunehmend zu Beratungsunternehmen, ihre Zusatzdienste bieten Mehrwert für die Kunden.

4

DELIVERING
TOMORROW

Kundenerwartungen im Jahr 2020 und darüber hinaus
Eine globale Delphistudie

5

---

3 Das Interesse am „Delphi Dialog" ist so groß, dass für 2010 bereits sieben anstelle der ursprünglich vorgesehenen vier Veranstaltungen geplant sind.

4 Kurz und bündig: Zehn Trends für die nächsten zehn Jahre wurden ermittelt und für die weitere Verbreitung der Ergebnisse aufbereitet.

5 Das Titelbild und „Symbol" der Delphi-Studie „Delivering Tomorrow" ist ein Werk des Schweizer Typografen und Schrift-Designers Adrian Frutiger. Er hat auch eine der Hausschriften des Konzerns Deutsche Post DHL entwickelt, die nach ihm benannte Frutiger. Die Titelseite der Studie, die in deutscher und englischer Sprache erschienen ist, ist wie der gesamte Inhalt bewusst schlicht gehalten.

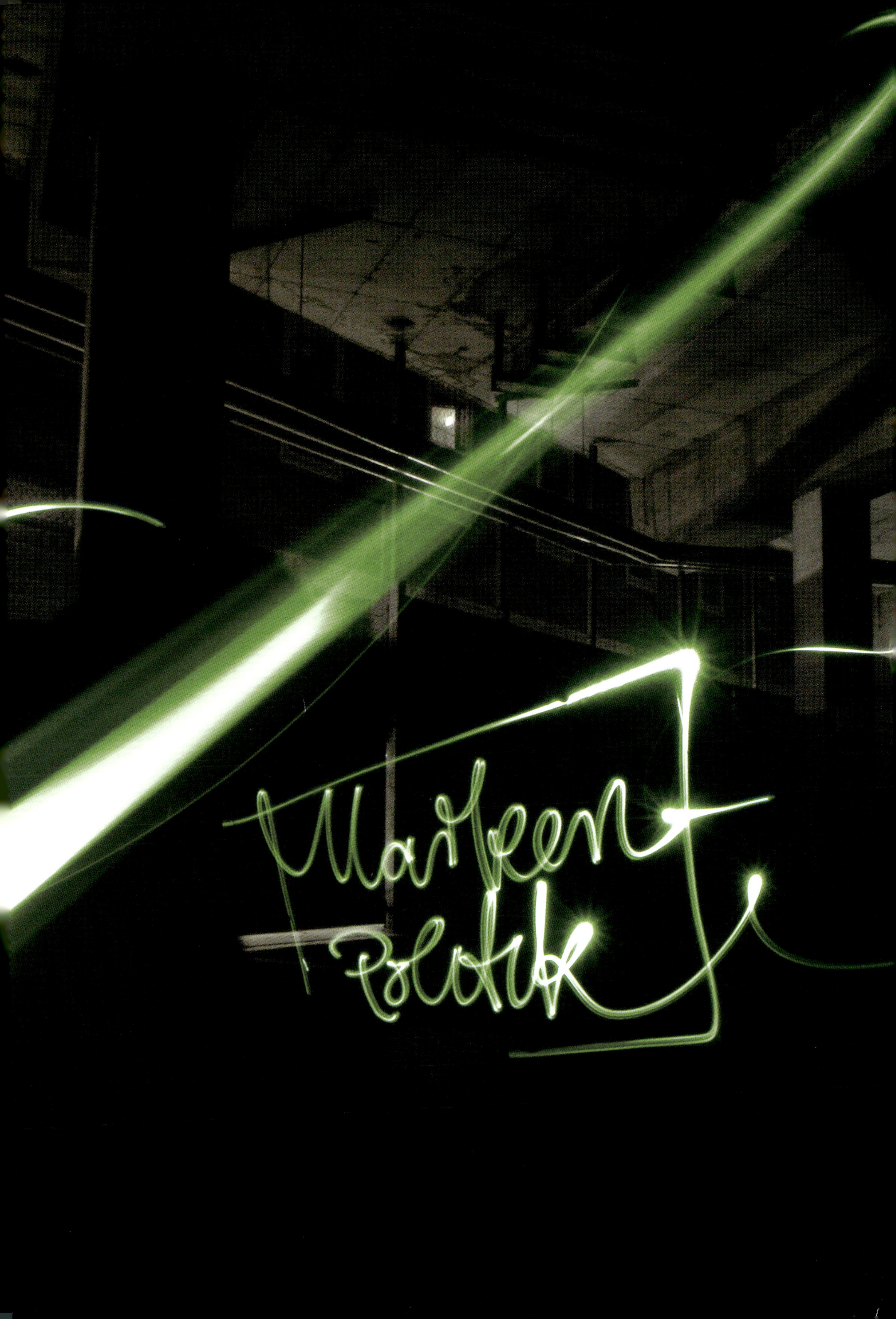
Marken
Politik

BESTE MARKENPOLITIK

Starke Marken sind immaterielle Wertschöpfer. Eine klare und konsequente Markenführung ermöglicht eine eindeutige Unternehmens- und Produktpositionierung. Alle kommunizierten Elemente, ob Inhalte, visuelles Erscheinungsbild oder akustische Wiedererkennungsmaßnahmen, müssen ein stimmiges Gesamtbild ergeben. Mit Qualitäts- und Leistungsversprechen können Unternehmen einen Mehrwert gegenüber Konkurrenten realisieren, sich differenzieren und nachhaltig Wettbewerbsvorteile sichern. Erfolgreiche Marken bieten Verbrauchern Orientierung und Sicherheit.

FINALISTEN

» Otto Bock HealthCare GmbH

» TeamBank AG

» Westfälische Provinzial Versicherung AG

GEWINNNER

» Bundesverband der Deutschen Volksbanken
  und Raiffeisenbanken

OTTO BOCK HEALTHCARE GMBH
FINALIST

DAS UNTERNEHMEN

Otto Bock HealthCare GmbH
Max-Näder-Straße 15
37115 Duderstadt
www.ottobock.de

Verantwortlicher
Dirk Artmann,
Leiter Unternehmenskommunikation
und Unternehmenssprecher

Partneragentur
Ausstellungsdesign:
Art+Com AG, Berlin

Branchenumfeld
Medizintechnik

Gründungsjahr
1919 in Berlin

Mitarbeiter / Standorte / Kundenzahl
Der Umsatz der Otto Bock Health-
Care betrug 2009 rund 501,5 Millionen
Euro. Die Mitarbeiterzahl belief sich
zum Ende des Jahres 2009 auf 4.216
weltweit. Netzwerk aus Vertriebs- und
Service-standorten in mehr als 40
Ländern auf fünf Kontinenten. Mehrere
tausend Kunden weltweit.

QUALITY FOR LIFE

DIE KAMPAGNE

SCIENCE CENTER MEDIZINTECHNIK IN BERLIN

Mit dem Science Center Medizintechnik ist Otto Bock 2009 nach Berlin zurückgekehrt, wo 1919 die Geburtsstunde des Unternehmens schlug. Mit der Eröffnung dieser einmaligen Bühne für Technologien für Menschen mit Handicap hat sich ein Kreis in der Familiengeschichte geschlossen, die durch Kontinuität und Verlässlichkeit geprägt ist. Ziel des Science Center Medizintechnik ist es, Medizintechnik erlebbar und damit das Hightech-Unternehmen Otto Bock HealthCare und seine Produkte einer noch breiteren Öffentlichkeit bekannt zu machen. Der Mensch steht dabei klar im Mittelpunkt – sowohl bei der Auswahl der Exponate und Aktionen als auch bei der Ansprache der Besucher. Unter dem Motto „Begreifen, was uns bewegt" werden selbst komplexe medizinische und technische Zusammenhänge für jedermann verständlich und ansprechend präsentiert. Mit dem Science Center Medizintechnik will Otto Bock Interesse wecken und informieren, aber auch Hemmschwellen und Vorurteile abbauen und so das Image von Menschen mit eingeschränkter Mobilität in der Öffentlichkeit verändern – denn ein Leben mit Behinderung muss heute kein behindertes Leben mehr sein. Otto Bock fördert somit den gesamtgesellschaftlichen Dialog zum Thema Mensch und Mobilität. Angesprochen werden sollen nicht nur die Fachleute der Branche, die das Unternehmen und seine Produkte kennen, sondern vor allem interessierte Laien. Der Schwerpunkt liegt daher auf einer Informationsdramaturgie, die unterschiedlichen Interessen und Vorkenntnissen gerecht wird. Die Zielgruppe ist sehr heterogen: Die Besucher des Science Center Medizintechnik sind vom Alter, vom sozialen Hintergrund sowie vom Vorwissen und Bezug zu Otto Bock sehr unterschiedlich. Ihnen stehen so genannte Science Guides zur Seite, die die einzelnen Exponate und Produkte erläutern. Zudem gehören auch Mitarbeiter und potenzielle Mitarbeiter, Kunden sowie Medienvertreter zur Zielgruppe des Science Center Medizintechnik.

Dass es im Science Center Medizintechnik um Mobilität geht, wird schon auf den ersten Blick deutlich: Die markante Fassadengestaltung ist der Struktur von Muskelfasern nachempfunden. Und auch im Innern ist das Science Center Medizintechnik nicht mit einem Ausstellungsraum zu vergleichen. Wer die interaktive Erlebniswelt betritt, soll buchstäblich begreifen, was uns bewegt. Das Science Center Medizintechnik bietet Technologie zum Anfassen. Kreative mediale Installationen folgen einem Ziel: Sie wollen das Besondere im scheinbar Selbstverständlichen erfahrbar machen. Wir gehen und greifen jeden Tag. Aber was dabei im Körper geschieht, entzieht sich dem Bewusstsein. Jeder hat die Chance, hier mehr über sich selbst zu erfahren. Otto Bock verzichtet auf eine reine Produkt-Ausstellung, sondern stellt im Science Center Medizintechnik transparent und spielerisch dar, was zum Beispiel hinter modernen Hightech-Prothesen steckt: das natürliche Vorbild, der menschliche Körper.

Die drei öffentlichen Gebäudeebenen mit zusammen 450 Quadratmetern bilden eine offene Bühne der Medizintechnik. Der Besucher lernt spielerisch, wie komplex scheinbar selbstverständliche Bewegungsabläufe wie das Gehen oder das Greifen sind. Zudem wird anschaulich verdeutlicht, wie das Verständnis biologischer Abläufe die Forschung und Entwicklung in der Medizintechnik inspiriert. Praktische Beispiele geben Einblick in die menschliche Anatomie und die Bionik. Ein weiterer Themen-Schwerpunkt ist die Bedeutung von medizintechnischen Innovationen für Menschen mit Handicap. Die Gäste erleben unmittelbar die Funktionalität von Prothesen, Orthesen oder Rollstühlen, wie zum Beispiel auf einem virtuellen Parcours über den Pariser Platz in Berlin. Die oberen Etagen des Hauses werden für Begegnungen mit Experten aus Orthopädie-Technik, Medizin und Rehabilitationstherapie sowie für Seminare der Otto Bock Academy genutzt. Zu diesem Bereich gehört auch ein Kompetenz-Zentrum mit einer Orthopädie-Werkstatt zur praxisgerechten Demonstration moderner Patientenversorgungen. Ziel dabei ist auch, für die Branche Orthopädie- und Rehabilitationstechnik eine international wahrnehmbare Dialogplattform zu schaffen. Otto Bock zeigt, was moderne Medizintechnik leistet und schafft eine Bühne für Menschen mit Handicap, um das Thema Behinderung zu enttabuisieren.

Bereits Wochen vor der Eröffnung war das Science Center Medizintechnik, das von den Berlinern liebevoll „Muskelhaus" genannt wird, Stadtgespräch. Die außergewöhnliche, menschlichen Muskelfasern nachempfundene Fassade zieht die Blicke der Passanten auf sich und weckt das Interesse für die Ausstellung im Inneren. Mehr als 500 Gäste aus Politik, Wirtschaft und der Orthopädie- und Medizintechnikbranche waren bei der Eröffnung im Juni anwesend. Inzwischen haben mehr als 95.000 Menschen das Science Center Medizintechnik besucht, darunter zahlreiche Gäste aus Wirtschaft, Politik und Gesellschaft sowie internationale Besuchergruppen.

Auch eine Ehrung hat das Science Center Medizintechnik bereits erhalten: Am 3. Oktober 2009 wurde es als „Ort im Land der Ideen" ausgezeichnet. Rund 7.000 Besucher kamen am Tag der Deutschen Einheit ins Science Center Medizintechnik, das im Rahmen der Veranstaltung „Medizintechnik erleben – ein Abend im Science Center Medizintechnik" bis 24 Uhr geöffnet war.

DIE JURY

Eine starke Marke zu sein, bedeutet, eine klare, konsequente Markenstrategie zu verfolgen und die Marke und ihre Produkte erfolgreich zu kommunizieren. Im Juni 2009 eröffnete die Otto Bock HealthCare GmbH unter dem Motto „Begreifen, was uns bewegt" das erste Science Center zur Medizintechnik im Herzen Berlins.

Die markante und kreative Architektur des Science Centers ist nach der Struktur von Muskelfasern konzipiert und ein richtiger Blickfang für die Berliner Bevölkerung. Das Ziel des Science Centers ist es, die Medizintechnik erlebbar und damit das Unternehmen als Marke sowie deren Produkte bekannt zu machen.

Mit der umfassenden Einreichung erhielt die Jury einen tiefen Einblick in die Prozess- und Kommunikationsabläufe der Otto Bock Firmengruppe. Die cross-mediale Kommunikation und Verknüpfung der Unternehmensgeschichte zur Marke ist eine äußerst gelungene Maßnahme in der Markenpolitik.

Der Jury fehlte jedoch eine stärkere Emotionalisierung, verbunden mit der Rückkehr zur Gründungstätte der Otto Bock Firmengruppe. Trotzdem ist für die Jury eine eindeutige Markenpersönlichkeit zu erkennen.

Otto Bock HealthCare GmbH hat die Maßnahmen zur Festigung des Markenprofils ausgezeichnet umgesetzt und ist damit verdienter Finalist des Deutschen Preises für Wirtschaftskommunikation.

1

2

3

4

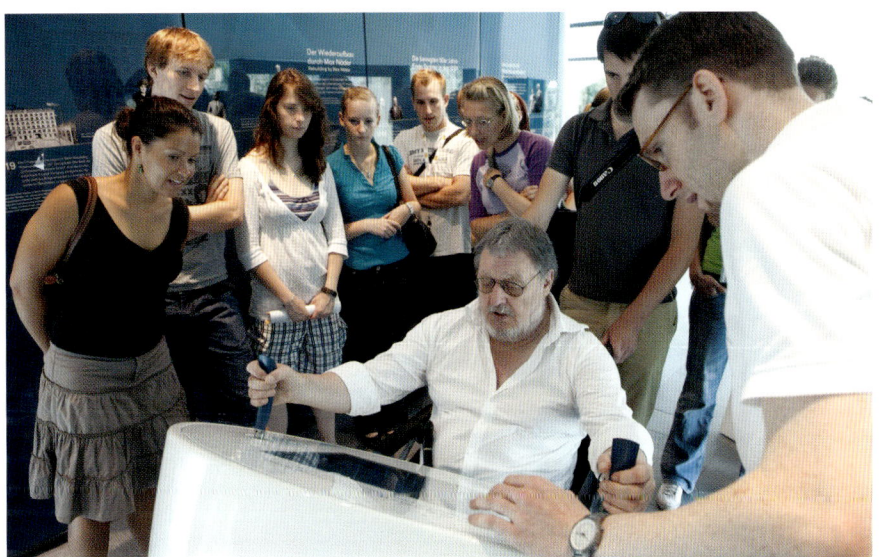

5

1/2/3 Das Science Center Medizintechnik befindet sich in Berlin in der Ebertstraße, zentral gelegen zwischen Brandenburger Tor und Potsdamer Platz. Die außergewöhnliche, menschlichen Muskelfasern nachempfundene Fassade zieht die Blicke der Passanten auf sich und weckt das Interesse für die Ausstellung im Inneren.

4 In weniger als einem Jahr Bauzeit wurde das Otto Bock Science Center Medizintechnik fertig gestellt und am 16. Juni 2009 in Anwesenheit des damaligen Bundesaußenministers Frank-Walter Steinmeier, Thüringens damaligem Ministerpräsident Dieter Althaus, Berlins Regierendem Bürgermeister Klaus Wowereit sowie mehreren hundert Gästen feierlich eingeweiht. Klaus Wowereit ließ es sich dabei nicht nehmen, die interaktiven Installationen selbst zu testen.

5 Medizintechnik zum Staunen und Anfassen: Die interaktiven Installationen im Science Center Medizintechnik laden zum Mitmachen ein. Die Gäste können unmittelbar die Funktionalität von Prothesen, Orthesen oder Rollstühlen selbst erleben.

TEAM BANK AG
FINALIST

DAS UNTERNEHMEN

TeamBank AG
Rathenauplatz 12-18
90489 Nürnberg
www.easycredit.de

Verantwortlicher
Jörg Bruch

Partneragenturen
» Brand:Trust GmbH
  www.brand-trust.de
» Ideenhaus GmbH
  www.ideenhaus.de
» Serviceplan Gruppe
  www.serviceplan.de
» Zenithmedia GmbH
  www.zenithmedia.de

Branchenumfeld
Finanzdienstleistungen

Gründungsjahr
1950

Mitarbeiter / Kundenzahl
1.067 / über 500.000

Standorte
Nürnberg (DT) und Wien (AT)

DIE KAMPAGNE

2003 wurde die Norisbank AG mit ihrer Produktmarke easyCredit von der DZ AG Bank erworben. 2006 erfolgte der Verkauf der Unternehmensmarke norisbank, des gesamten Filialnetzes sowie aller 350.000 Kunden an die Deutsche Bank, um sich zukünftig nur noch auf das Ratenkreditgeschäft, das unter der Produktmarke easy-Credit gebündelt ist, zu fokussieren. Der Verlust der Distributionsschiene und die damit verbundene Umstellung des Geschäftsmodells auf ein B2B Unternehmen, das seine Produkte überwiegend indirekt über die Partnerbanken des genossenschaftlichen Volksbanken Raiffeisenbanken-Verbundes anbietet, machte ab 2006 eine komplette Umstellung der Wettbewerbsstrategie erforderlich. Das nun in TeamBank AG umbenannte Unternehmen entwickelt sich vom reinen B2C zum B2B und B2C Unternehmen, vom Generalisten zum Experten für Ratenkredite. Bei der TeamBank AG bestand die Herausforderung nicht nur darin, sich gegen den Wettbewerb am Markt durchzusetzen, sondern auch gegen die hauseigenen Ratenkreditprodukte der Partnerbanken und dem genossenschaftlichen VR-Wunsch-Kredit. Verstärkt wurde das Problem dadurch, dass die Marke easyCredit bei Kundenbefragungen zwar als sehr bekannt (Fokus der Marketingmaßnahmen 2003-2007 lag auf Steigerung der Markenbekanntheit durch aufmerksamkeitsstarke, stark polarisierende Werbung) aber als wenig attraktiv wahrgenommen und ihr hedonistisch, lauter Auftritt von den Partnerbanken als abstoßend empfunden wurde. Mit der 2008 begonnenen Neupositionierung der Marke easyCredit steht der Aufbau von Markenattraktivität und die Etablierung im FinanzVerbund der Volksbanken Raiffeisenbanken unter der Hervorhebung der Leistungs- und Fairnessmerkmale, zur Abgrenzung vom Preiswettbewerb, im Vordergrund der Marketing-Maßnahmen.

Vor diesem Hintergrund - und dem rein konditionsgetriebenen Wettbewerbsumfeld im Ratenkreditmarkt – gab es für 2009 zusätzliche Herausforderungen:
» die Finanzmarktkrise setzt die Marken aller Finanzdienstleistungsanbieter unter Druck;
» durch die Konjunkturkrise wird eine Investitions- und Konsumzurückhaltung der Verbraucher erwartet;
» die gesamte Wettbewerbssituation verschärft sich, Wettbewerber wie die readyBank verstärken die Vertriebs-Aktivitäten (Verkauf über Sparkassen-Filialnetz), sodass sich im Laufe des Jahres auch Wettbewerber, wie die Fortis-Bank, vom Markt zurückziehen.

DIE MARKETING- UND WERBEZIELE

Bis 2013 will die TeamBank die Marktführerschaft im deutschen Ratenkreditmarkt erlangen. Die Marke easyCredit soll die Erreichung dieses Ziels unterstützen, indem sie zur attraktivsten Marke im Ratenkreditmarkt entwickelt wird. Mit dieser Zielsetzung wurden folgende Einzelziele definiert:
Ziel 1: Steigerung der Neukundengewinnung mit Kundenzuführung in das Filialnetz der VR-Banken
Ziel 2: Steigerung der Markenattraktivität von easyCredit bei gleichzeitigem Halten der hohen Markenbekanntheit

Ziel 3: Steigerung der Werberinnerung, da unter anderem ein auf die Marktsituation zugeschnittenes, spezielles Aktionsprodukt („Konjunkturpaket") entwickelt wurde
Ziel 4: Erhöhung der Abschlussbereitschaft.

DIE KREATIV-STRATEGIE
Kredite werden vor allem dann aufgenommen, wenn sich im Leben eines Menschen etwas Grundlegendes verändert. Veränderungen werden teilweise – und vor allem in wirtschaftlich schwierigen Zeiten – eher als unangenehm und bedrohlich wahrgenommen.
In schwierigen Zeiten halten die Menschen ihr Geld zusammen, verschieben teure Anschaffungen und lehnen kreditfinanzierte Käufe von Luxusgütern strikt ab. Die gesellschaftlichen Vorbehalte gegenüber „Leben auf Pump" verstärken gerade in solchen Situationen die Zurückhaltung sogar bei notwendigen Ausgaben, da den Konsumenten bewusst wird, dass unglückliche persönliche Umstände – wie Kurzarbeit oder Arbeitslosigkeit - auch die Rückzahlung größerer Kredite gefährden können.

Mit dem Ziel der Steigerung der Markenattraktivität greift easyCredit diesen gesellschaftlichen Nährboden – Vorbehalte gegenüber Finanzdienstleitungsmarken und Verunsicherung des Konsumenten bezüglich geplanter Anschaffungen – positiv auf und hat das sogenannte „Konjunkturpaket" (Kredite zwischen 1.000 und 5.000 € mit 25% Rabatt auf den Zinssatz) entwickelt. Dieses Produkt spiegelt ideal die Positionierung als fairer Begleiter, der notwendige Anschaffungen auch in wirtschaftlich schwierigen Zeiten ermöglicht, und wird Mittelpunkt der deutschlandweiten Kommunikationskampagne. In kurzen Geschichten werden Konsumenten gezeigt, in deren Leben sich durch überraschende Vorfälle etwas ungeplant verändert. Diese Episoden werden mit einem positiven Augenzwinkern erzählt – mit dem Leitgedanken „Freuen Sie sich auf Neues im Leben!". Die Helden dieser Geschichten begegnen diesen Überraschungen damit, dass sie die Herausforderung dadurch meistern, dass notwendige Finanzierungen mit Hilfe von easyCredit ermöglicht werden. Hierbei tritt der Fairman als Symbolfigur für easyCredit und als Markenbotschafter auf, dabei wird er von einem Berater der Volksbanken Raiffeisenbanken begleitet. Gemeinsam präsentierten die Beiden die Produktvorteile und Leistungsmerkmale von easyCredit und zeigten somit den smarten und verantwortungsbewussten Lösungsweg auf.

Diese Leistungsmerkmale, die eine differenzierende und relevante Abgrenzung zum Wettbewerb schaffen, werden durch diese Mechanik klar, verständlich und v.a. kunden- und lebensnäher vermittelt. In der Gestaltung der gesamten Kampagne wird der Vertriebspartner VR-Banken deutlich prominenter dargestellt als in bisherigen Maßnahmen, um durch die positiven Ausstrahlungen beider Marken zum einen Neukunden in die Filialen des Vertriebspartners zu führen und gleichzeitig die Abschlussbereitschaft für easyCredit zu erhöhen.

Der Claim „Für Ihr Leben gut" betont den Fairness-Gedanken, den Kundennutzen und die Kundenfreundlichkeit.

DIE JURY
EasyCredit zeichnete sich lange durch einen hedonistischen, lauten Auftritt aus. Dies machte die Marke zwar sehr bekannt, für Kunden und Partnerbanken allerdings wenig attraktiv.

Die Aufgabenstellung war demnach eine Neupositionierung der Marke easyCredit, gekoppelt mit einer internen Verankerung des Markenverständnisses unter den eigenen Mitarbeitern. Seit 2008 findet demnach ein umfangreicher Markenrelaunch statt, in dem die Markenattraktivitätssteigerung von easyCredit im Vordergrund steht.

Basis hierfür ist die Positionierung: „Herausragende Momente - fair ermöglicht." Hinzu kommt eine kontinuierliche Weiterentwicklung mit dem Fokus auf den Bedürfnissen der Kunden. Die Figur des „Fairman" wurde entwickelt, um einen sympathischen Botschafter für die Marke zu schaffen.

Durch den sorgfältigen Markenrelaunch konnte sich das Unternehmen unter anderem die Positionierung als fairster Ratenkredit Deutschlands sowie eine Identifikation aller TeamBank-Mitarbeiter mit dem easyCredit-Auftritt erarbeiten.

Die Jury des Deutschen Preises für Wirtschaftskommunikation war überzeugt von der umfangreichen Bewerbung, teilweise blieben jedoch Zweifel an der Glaubwürdigkeit der Marke bestehen. Dennoch gelingt easyCredit mit der vollzogenen Neupositionierung und einem stimmigen Gesamtkonzept der Einzug ins Finale.

1

2

3

4

5

6

Plakatserie

1 „Ordnen Sie Ihre Finanzen für ein gutes
neues Jahr."
2 „Kredit-Offensive"
3 „Gut, wenn man eine Reserve dabeihat."

4 „Freuen Sie sich auf Neues im Leben."
5 „Freuen Sie sich auf Neues im Leben."
6 „Fair: Kredite zusammenlegen und
Wechselvorteile nutzen."

WESTFAELISCHE PROVINZIAL VERSICHERUNG AG
FINALIST

DAS UNTERNEHMEN

Westfälische Provinzial Versicherung
Aktiengesellschaft
Provinzial-Allee 1
48159 Münster
www.provinzial-online.de

Verantwortliche
» Thomas Langer
» Jessica Günther
» Lars Mrongowius

Partneragenturen
» JOM (Jäschke Operational Media)
  www.jomhh.de
» Ogilvy & Mather
  www.ogilvy.de

Branchenumfeld
Versicherungsdienstleistungen

Gründungsjahr
1722

Mitarbeiter / Kundenzahl/ Standorte
1.800 / 1,8 Millionen / Münster

DIE KAMPAGNE

Das Unternehmensziel ist die Festigung der Marktführerschaft in Westfalen und die Abwehr neuer preisaggressiver Versicherungen durch stabiles Wachstum im Bestand. Kundenbindung durch Intensivierung der Geschäftsbeziehungen hat Vorrang vor Neukundengewinnung. Auf die Marketing-Kommunikation heruntergebrochen wird das Ziel formuliert, das Markenbild der Provinzial und damit den Vorverkauf sowie die Markenloyalität nachhaltig zu stärken. Operativ bedeutet dies, die Position der Provinzial im Relevant Set der Verbraucher zu verbessern und die Marke als erste Wahl in Westfalen zu etablieren.

STRATEGIE

Um die Strategie umzusetzen, nutzte die Provinzial die Kraft des Schutzengels, um in den Köpfen der Verbraucher verankert zu sein. Die Rolle des Schutzengels als lebenslanger Begleiter sollte dabei deutlicher herausgestellt werden. Im Zuge der Strategieanpassung sind dabei drei neue Filme entstanden, in denen die Provinzial die Rolle des Schutzengels präzisiert hat. Die Filme „Seifenkiste", „Hängematte" und „Leiter" bedienen dabei das Bild des lebenslangen Begleiters und nicht mehr nur des ständigen Begleiters. Gerade im Bereich Kfz wurden die Motive dabei im besten Sinne einer integrierten Kommunikation sowohl in der Funk- als auch in der Plakatkampagne aufgegriffen. Auch eine Online-Komponente setzte zudem auf interaktive Elemente, die vor allem den Nutzen der Produkte für den Verbraucher sichtbar machen sollten. Spielerisch taucht der Verbraucher dabei in die Welt der Versicherungen ein. Zusätzlich war eine Micro-Site entstanden, die einen vertriebsorientierten Beratungsansatz verfolgte, ohne jedoch einen Vertragsabschluss zu ermöglichen. Vielmehr hatte die Micro-Site das Ziel, den Interessenten direkt in den Vertrieb zu vermitteln. Für die Provinzial gilt nach wie vor der Grundsatz, dass zum Abschluss einer komplexen Versicherung ein persönliches Beratungsgespräch gehört. Während die Kampagnen in den strategischen Massenmedien eher imagefördernd wirkten, lieferten sie in den interaktiven und taktischen Medien eher Produktinformationen und qualifizierte Beratungsangebote. Zusätzlich zu diesen Kampagnen ist mit einer neuen Podcast-Serie ein Online-Angebot entstanden, das die Rolle der Provinzial als Begleiter auch abseits des Versicherungsgeschäfts unterstreicht.

Die angepasste Mediastrategie hatte zur Folge, dass neben der TV-Kampagne eine Funk-Online-Ausrichtung für mehr Interaktivität sorgen sollte. Speziell im Herbst hatte eine regional ausgesteuerte Kampagne das Ziel, über massive Funkkontakte die Nutzung der Online-Angebote der Provinzial zu steigern. Flankiert wurden diese Maßnahmen durch intensive Plakatwerbung.

ERGEBNISSE

Die Marke der Provinzial ist auch in 2009 wieder stärker geworden. Die Bruttoeinnahmen stiegen um 8,7 Prozent. Das Werbebudget hat im Vergleich zum Vorjahr um 3 % zugelegt. Gleichzeitig wurde die Budgeteffizienz gesteigert und die Kosten pro Prozentpunkt spontaner Werbeerinnerung um 5 % gesenkt. Im Jahresmittel wurde eine stärkere Werbeerinnerung gemessen.

Dabei blieb das Niveau der spontanen Markenbekanntheit in 2009 weiterhin hoch. Bei der gestützten Markenbekanntheit konnte die Provinzial sogar noch einmal zulegen. Im Wettbewerbsvergleich steht die Provinzial in Westfalen an zweiter Stelle. Alle anderen Unternehmen erzielen in Westfalen nur eine geringe Markenbekanntheit.

Präferenz für die Marke Provinzial: Hier zeigen sich die Erfolge einer langfristig angelegten Strategie. Die Markenkommunikation erzielt stetige Aufbauwirkung bei Relevant Set und bei First Choice. In beiden Dimensionen ist die Provinzial in Westfalen führend. Dazu trägt das Key Visual seinen Anteil bei. Der Schutzengel setzt sich bei Kampagnenerinnerungen immer mehr durch und bleibt in den Köpfen hängen. Gerade die neue Kampagne versetzte dem hohen Niveau der Erinnerungswerte einen neuen Schub. Der Schutzengel wirkt insofern präferenzsteigernd. Die Hebeleffekte des Schutzengels in der Werbeerinnerung auf Relevant Set mit 23 % und First Choice mit 67 % sind in 2009 besonders hoch. Hier zeigen die neuen Filme deutlich ihre Wirkung. Auch die Online-Maßnahmen haben überzeugend für die Marke gearbeitet. Die Kfz-Herbstkampagne erzielte überdurchschnittliche Click-Raten, geringe Absprungraten und hervorragende Kontakte für den Vertrieb. Die neue „Lebe leicht"-Podcast-Serie ist im Herbst gestartet und hat in kürzester Zeit über 200.000 Abonnenten erreicht. (Quelle: eTracker)

FAZIT

Die Kampagnen haben in 2009 viel für die Entwicklung der Marke geleistet. Die Weiterentwicklung des Schutzengel-Konzepts hat sich direkt auf die Werbeerinnerung ausgewirkt. Insbesondere die Hebelwirkung auf die Präferenzbildung ist mit 67 % riesig. Der durchschlagende Erfolg der Kampagnen für die Marke und schließlich für den vertrieblichen Erfolg ist nachweißlich auf das Markenkonzept zurückzuführen. Die gelungene Kreation und die effiziente Mediaplanung haben die Vorgaben der Markenpolitik vorbildlich umgesetzt.

Die Ergebnisse beruhen, wenn nicht anders ausgewiesen, auf: ICON ADDED VALUE in Nürnberg.

DIE JURY

Die Westfälische Provinzial versteht sich seit fast 300 Jahren als zuverlässiger Versicherer in Westfalen und ist heute Marktführer auf ihrem Gebiet. Die emotionale Komponente der Marke wird durch eine persönliche Beziehung zum Kunden geprägt, Geschäftsbeziehungen bestehen zum Teil schon seit Generationen und ein unbürokratischer Service sorgt für ein nachhaltiges und vertrauenserweckendes Image der Provinzial.

Das Markenversprechen „Immer da, immer nah", kombiniert mit dem Key-Visual des Schutzengels, weckt emotionale Verbundenheit und Nähe. Da der Versicherungsmarkt sich zunehmend zu einem Verdrängungsmarkt entwickelt, ist das Ziel der Marke klar: Eine Festigung der Marktführerschaft in Westfalen, was durch eine entsprechende Bekanntheit und ein klares Markenimage verfolgt werden soll.

Im Zuge dessen entstanden unter anderem drei Imagefilme, in denen das Motiv des Schutzengels als lebenslanger Begleiter thematisiert wird. Die Jury empfand diese Filme mitunter als überemotionalisiert und dadurch teilweise unauthentisch. Dennoch hat das Symbol des Schutzengels das Niveau der Markenbekanntheit unterstützt und sich direkt auf die Werbeerinnerung der Kunden ausgewirkt.

Somit konnte die Westfälische Provinzial einen stetigen Aufbau von Markenpräferenz gewährleisten und sich mit dieser stimmigen und starken Kampagne einen Einzug ins Finale des Deutschen Preises für Wirtschaftskommunikation sichern.

1

2

3

5

4

1-4 Die Fotos zur Kampagne veranschaulichen den Schutzengel als lebenslangen Begleiter.

5 Auf dem Plakat wird deutlich, dass der Schutzengel eine helfende und schützende Position einnimmt. Besonders der Claim „Immer da, immer nah" kommt verstärkt zur Geltung, da sich dies in dem Motiv widerspiegelt. Das Leitbild der Provinzial wird somit in Bildern ausgedrückt.

VOLKSBANKEN UND RAIFFEISENBANKEN
GEWINNER

Bundesverband der
Deutschen Volksbanken und
Raiffeisenbanken BVR
Schellingstraße 4
10785 Berlin
www.bvr.de

Verantwortliche
» Yvonne Zimmermann,
  Abteilungsleiterin Markt
» Marc Weegen,
  Gruppenleiter Markenkommunikation

Partneragentur
Heimat Werbeagentur GmbH
www.heimat-berlin.com

Branchenumfeld
Kreditwirtschaft

Gründungsjahr
1849

Mitarbeiter
160.000 Mitarbeiter

Standorte
1.200 selbständige Banken
14.000 Bankstellen bundesweit

Kundenzahl
16,3 Millionen Mitglieder
30 Millionen Kunden

Zu Beginn der Kampagnenentwicklung „Jeder Mensch hat etwas, das ihn antreibt." der Volksbanken Raiffeisenbanken im Sommer 2008 waren die Ausmaße der Finanz- und Wirtschaftskrise noch nicht abzusehen. Doch Anfang 2009 war die globale Finanzkrise auch in Deutschland auf ihrem Höhepunkt. Das Vertrauen der Menschen in die Finanzinstitute wurde schwer beeinträchtigt. Es machten sich Unsicherheit und mangelndes Vertrauen breit. In diesen Tagen wünschten sich die Kunden vor allem Ehrlichkeit, Offenheit und Transparenz.

Die von Wettbewerbern kommunizierten Botschaften waren austauschbar und boten dem Kunden keine klare Orientierung. Es musste eine klare Differenzierung geschaffen werden. Das erklärte Ziel war daher, den Volksbanken Raiffeisenbanken ein eigenständiges Profil als ernstzunehmende und moderne Bank zu verleihen. Die Kommunikation muss aufrichtig und glaubwürdig, kompetent und selbstbewusst, lebendig, zeitgemäß und unverwechselbar sein.

Der Claim des Bundesverbands der Volksbanken Raiffeisenbanken „Wir machen den Weg frei." ist einer der bekanntesten Claims der Werbegeschichte (Bekanntheitsgrad 98%). Dieser wurde noch einmal emotional aufgeladen, dadurch neu belebt und neu interpretiert. Ergänzt durch das Kampagnenmotto „Jeder Mensch hat etwas, das ihn antreibt." steht somit eine Wahrheit im Mittelpunkt, die jemanden braucht, der eben diesen Weg frei macht. Dafür sind die Volksbanken Raiffeisenbanken da.

Der Kampagnengedanke dreht sich rund um die individuellen Ziele und Wünsche die jeder Mensch im Leben hat. Träume, Anliegen und Sehnsüchte. Auch wenn der Wunsch eines Kunden noch so klein zu sein scheint: Die Volksbanken Raiffeisenbanken setzen sich vertrauensvoll dafür ein.

Die Antriebs-Kampagne, deren Entwicklung bereits im Juli 2008 startete, ist nicht als „Antwort" auf die Finanzkrise gedacht. Auch ohne den Einbruch des Finanzmarktes wäre sie in dieser Ausprägung erschienen, denn sie inszeniert den Markenkern und damit die erklärte Nähe zum Menschen sowie die genossenschaftliche Idee, die in Krisenzeiten natürlich hohe Relevanz für jeden Einzelnen besitzt und die Volksbanken Raiffeisenbanken optimal positioniert.

Die Kampagnenidee basiert auf einer 45-minütigen Dokumentation, die die individuellen Ziele und Wünsche von Grund auf verschiedener Menschen sichtbar und auch erlebbar macht. Aus dieser Dokumentation entstanden eigenständige TV-Spots sowie zehn von insgesamt über 80 Printmotiven. Der dokumentarische Stil belegt die Ernsthaftigkeit der Botschaft und dass es sich um ein echtes Anliegen handelt, also nicht um eine reine „Werbeidee". Die Dokumentation macht diese Botschaft sichtbar, besonders authentisch und glaubwürdig.

Die Basis der Kommunikationskampagne bilden zehn Personen, die einen demografischen Querschnitt Deutschlands darstellen – vom Alter, finanziell und intellektuell. Vom nach Uganda ausgewanderten Fleischermeister über ein Kölner Funkenmariechen bis zum legendären Fußballtrainer Dettmar Cramer. Allesamt geeint durch die Frage nach dem persönlichen Antrieb für das eigene Leben und den daraus resultierenden persönlichen Bedürfnissen.

Die von zehn verschiedenen Dokumentarfilmern geschaffenen Portraits wurden zunächst als „Director's Cut" auf der Webseite veröffentlicht. Ab Herbst 2009 steht der Dokumentarfilm auf der Website als kostenloser Download zur Verfügung. Die Website bietet parallel zur Dokumentation die Möglichkeit, aktiv an der Kampagne teilzunehmen. Über Diskussionen sowie den Upload eigener Antworten auf die Frage „Was treibt Sie an?". Der nächste Schritt der Kampagne summiert alle Portraits zum 45-minütigen Dokumentarfilm „Drang". Von der Veröffentlichung im Kino samt Premiere vor 700 geladenen Gästen in Berlin bis hin zu Promotionevents. Nach der Kinoveröffentlichung erschien „Drang" in Form von Leih-, später dann Kauf-DVDs. Den Höhepunkt bildete die TV-Ausstrahlung auf Tele5 im Dezember 2009. Als vorerst letzter Schritt lag die DVD dem ARTE-Magazin bei.

Die Kampagne wurde vervollständigt durch einen komplexen Print- und Outdoorauftritt sowie promotionale Videoblogs und Onlinemaßnahmen. Für TV- und Kino-Spots wurden die besten Szenen der Dokumentation zu insgesamt 15 unterschiedlichen Interpretationen des persönlichen Antriebs verbunden.

Ein Erfolg auf der ganzen Linie: Die vollständig integrierte Kampagne erreichte bis heute 60 Mio. Menschen auf eine für die Finanzbranche einmalig berührende Art und Weise. Während die deutschen Großbanken mit immensen Imageschäden kämpfen, konnten die Volksbanken Raiffeisenbanken ihr Markenprofil als eine attraktive, kundennahe Bank eindeutig ausbauen. Die für Kundennähe relevanten Imagedimensionen stiegen deutlich an. So gelang es, die Empfehlungsbereitschaft der Kunden sprunghaft zu erhöhen und in Sachen Abschluss-Goodwill den höchsten je erreichten Wert in der Geschichte der Marke zu erzielen. Heute gelten die Volksbanken Raiffeisenbanken als die wahren Gewinner der Krise. Das bestätigt eine repräsentative Studie*, die den Volksbanken Raiffeisenbanken aus Kundensicht die beste Gesamtperformance innerhalb der deutschen Bankenlandschaft attestiert.

* FACIT Marketing Forschung: Studie zur Performance deutscher Banken im Umfeld der Finanzkrise, 19.08.2009 (Performance Monitor)

DIE JURY

Der Bundesverband der Deutschen Volksbanken und Raiffeisenbanken stand im Jahr 2009 vor einer Vielzahl von Herausforderungen. Die Weltwirtschaftskrise ist Anfang 2009 in Deutschland auf ihrem Höhepunkt. Finanzinstitute verlieren das Vertrauen ihrer Kunden.

Bereits im Juli 2008 startete der BVR jedoch die Kampagne „Jeder Mensch hat etwas, das ihn antreibt" mit einem der bekanntesten Claims der deutschen Werbegeschichte „Wir machen den Weg frei".

In einer 45-minütigen Dokumentation berichten verschiedene Menschen aus ihrem Leben und zeigen, was sie dazu antreibt, nach etwas Besserem zu streben. Es werden die individuellen Wünsche, Sehnsüchte und Ziele verschiedener Menschen präsentiert und auf eine sehr gelungene Art und Weise emotionalisiert.

Aus dieser Dokumentation entstanden zehn Printmotive sowie die seit April 2009 ausgestrahlten TV-Werbespots. Nach Meinung der Jury wird mittels der zielgruppenaffinen Kampagne das Markenprofil als kundennahe Bank gestärkt und das wahrgenommene Fremdbild äußerst positiv beeinflusst.

Die Jury wählt daher den Bundesverband der Volksbanken und Raiffeisenbanken zum verdienten Gewinner der Kategorie „Beste Kommunikation in der Markenpolitik ".

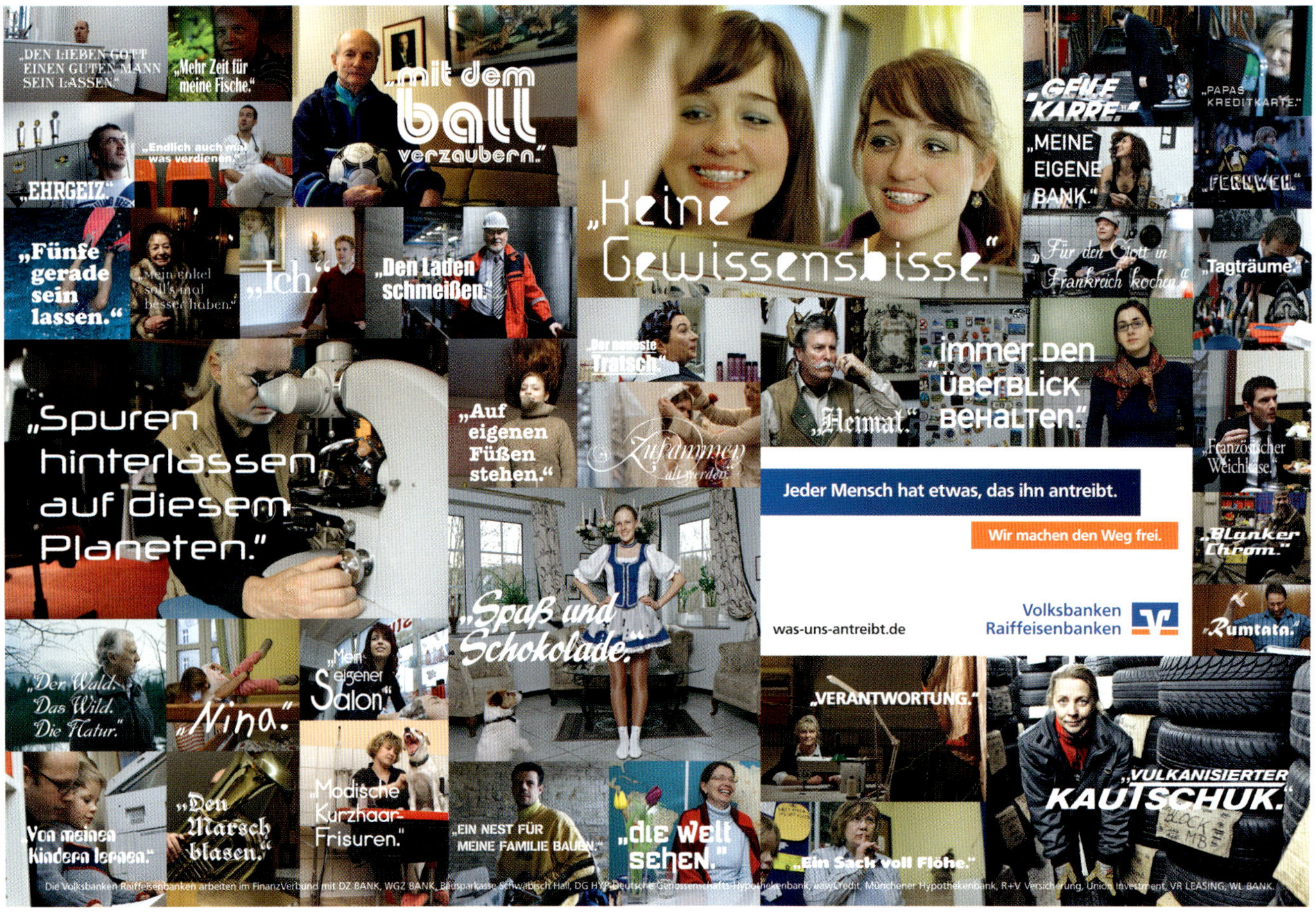
„DEN LIEBEN GOTT EINEN GUTEN MANN SEIN LASSEN."
„Mehr Zeit für meine Fische."
„mit dem ball verzaubern."
„Keine Gewissensbisse."
„GEILE KARRE."
„PAPAS KREDITKARTE."
„MEINE EIGENE BANK."
„FERNWEH."
„EHRGEIZ."
„Endlich auch mal was verdienen."
„Fünfe gerade sein lassen."
„Mein Enkel soll's mal besser haben."
„Ich."
„Den Laden schmeißen."
„Für den Gott in Frankreich kochen."
„Tagträume."
„Der neueste Tratsch."
„Heimat."
„immer den Überblick behalten."
„Spuren hinterlassen auf diesem Planeten."
„Auf eigenen Füßen stehen."
„Zusammen alt werden."
„Französischer Weichkäse."
Jeder Mensch hat etwas, das ihn antreibt.
Wir machen den Weg frei.
was-uns-antreibt.de
Volksbanken Raiffeisenbanken
„Blanker Chrom."
„Rumtata."
„Spaß und Schokolade."
„Der Wald. Das Wild. Die Natur."
„Nina."
„Mein eigener Salon."
„VERANTWORTUNG."
„VULKANISIERTER KAUTSCHUK."
„Von meinen Kindern lernen."
„Den Marsch blasen."
„Modische Kurzhaar-Frisuren."
„EIN NEST FÜR MEINE FAMILIE BAUEN."
„die Welt sehen."
„Ein Sack voll Flöhe."
Die Volksbanken Raiffeisenbanken arbeiten im FinanzVerbund mit DZ BANK, WGZ BANK, Bausparkasse Schwäbisch Hall, DG HYP Deutsche Genossenschafts-Hypothekenbank, easyCredit, Münchener Hypothekenbank, R+V Versicherung, Union Investment, VR LEASING, WL BANK.
1

„Ich denke, dass die Liebe zum Ballspiel – der Ball verzaubert alle, alle verzaubert der Ball – mir in die Wiege gelegt worden ist.", erzählt Dettmar Cramer heute.
Und so wurde aus seinem Hobby sein Beruf, seine Lebensaufgabe.
„mit dem ball verzaubern."
Was den ehemaligen Trainer neben Fußball noch antreibt, ist eine wunderbare und weise Erkenntnis: Freundschaften schließen ist noch viel wichtiger als Tore schießen. Mit Abstand.
Jeder Mensch hat etwas, das ihn antreibt.
Wir machen den Weg frei.
Volksbanken Raiffeisenbanken
2

„Heimat."
Jeder Mensch hat etwas, das ihn antreibt.
Wir machen den Weg frei.
was-uns-antreibt.de
Volksbanken Raiffeisenbanken
„FERNWEH."
3

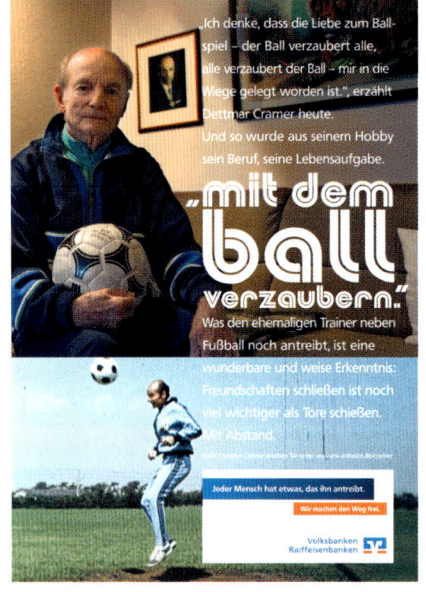

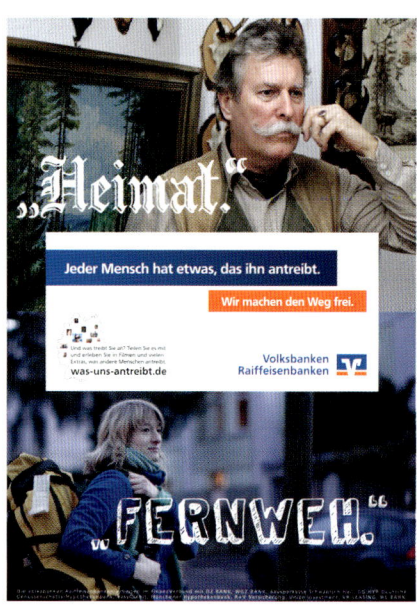

4

1 In den ersten nationalen Schaltungen der Kampagne wurde eine Kombination aus zahlreichen Motiven gewählt, um das Kampagnen-Motto „Jeder Mensch hat etwas, was ihn antreibt." zu beleben und um den Umfang der Kampagne zu veranschaulichen.

2 Im Zuge der Kampagne wurde dann gezielter auf die individuellen Antriebe der Personen eingegangen, um ihre Geschichte persönlicher zu machen und dem Betrachter die Möglichkeit zu geben, sich mit ihnen genauer zu beschäftigen. Dies setze grafisch auch mehr Nähe am Menschen um.

3 In der zweiten Phase der Kampagne wurden in Doppelmotiven gegensätzliche Ziele und Wünsche gezeigt, um die Vielfalt menschlicher Antriebe zu verdeutlichen. Zugleich forderten die Volksbanken Raiffeisenbanken die Menschen auf, ihre ganz persönlichen Antriebe auf der Website www. was-uns-antreibt.de mitzuteilen und involvierten so mehr und mehr Menschen in die Kampagne.

4 Ein 20-seitiger Beikleber in auflagenstarken Publikumszeitschriften fragte die Menschen ganz direkt, was sie antreibt. Und untermauerte durch zahlreiche Fakten das Versprechen der Volksbanken Raiffeisenbanken, Menschen den Weg frei zu machen.

SONDERPREIS

Der Deutsche Preis für Wirtschaftskommunikation verleiht in jedem Jahr einen Sonderpreis für herausragendes Engagement im Hinblick auf ein gesellschaftlich relevantes Thema. Im Fokus stehen hier keine wirtschaftlichen Zielsetzungen, sondern der wertvolle Beitrag an der Allgemeinheit.

GEWINNER

Max-Planck-Gesellschaft

MAX-PLANCK-GESELLSCHAFT
GEWINNER

DAS UNTERNEHMEN

Max-Planck-Gesellschaft
Generalverwaltung
Hofgartenstr. 8
80539 München
www.expedition-zukunft.org

Verantwortliche
» Dr. Andreas Trepte
  Projektleiter
» Dr. Peter M. Steiner
  Projektmanager

Gefördert vom Bundesministerium für Bildung und Forschung / BMBF

Umsetzung
» Max-Planck-Gesellschaft
  Generalverwaltung
» Ausstellungsagentur
  ArchiMeDes (www.archi-me-des.de)
» Deutsche Bahn AG
» PR-Agentur iserundschmidt

Gründungsjahr
Wissenschaftsjahr 2009

Mitarbeiter
Kernteam 5 plus 3,
plus 29 Mitarbeiter im Zugteam

Standorte
63

Besucher im Zug
über 260.000

MAX-PLANCK-GESELLSCHAFT

DIE KAMPAGNE

DER WISSENSCHAFTSZUG „EXPEDITION ZUKUNFT"

Das menschliche Wissen nimmt beschleunigt an Umfang zu – von den kleinsten Bausteinen der Materie bis hin zu den größten Strukturen im Weltall. Die Max-Planck-Gesellschaft betreibt Grundlagenforschung im gesamten Spektrum der Wissenschaften. In den 80 Max-Planck-Instituten widmen sich rund 4.300 Wissenschaftler und 11.000 Gast- und Nachwuchswissenschaftler aus aller Welt innovativer Forschung. Seit Gründung der Max-Planck-Gesellschaft 1948 sind 17 Max-Planck-Wissenschaftler als Nobelpreisträger ausgezeichnet worden.

Die Max-Planck-Institute öffnen regelmäßig die Türen zu ihren Laboren, Großgeräten, Bibliotheken und Werkstätten. Alle drei Monate erscheint das Wissenschaftsmagazin MAX PLANCK FORSCHUNG mit Einblicken in alltägliche Forschungsaktivitäten und Arbeitsergebnisse der Max-Planck-Institute. Die Schulmaterialien BIO-, GEO- und TECHMAX unterstützen Lehrer, aktuelle Forschungsergebnisse in den Unterricht zu integrieren. Seit dem Jahr 2000 fasziniert die Wanderausstellung „Science Tunnel" Besucher auf allen Kontinenten mit neuesten Einsichten aus der Grundlagenforschung (www.sciencetunnel.de).

Mit dem Ausstellungszug „Expedition Zukunft" wurde den Besuchern und speziell jungen Menschen ein Überblick dazu angeboten, welche Wissensgebiete sich heute weltweit besonders dynamisch und vielversprechend entwickeln und wie diese in den kommenden zwei Jahrzehnten unser Leben beeinflussen. Doch der Wissenschaftszug macht Forschung und Entwicklung nicht nur jungen Menschen als beruflichen Weg schmackhaft. Die „Expedition Zukunft" erzählt davon, dass wir die modernen Natur- und Lebenswissenschaften brauchen, um dem Einzelnen und unserer ganzen Zivilisation eine gute Zukunft zu sichern. Mit einem Anteil von bald drei Prozent der nationalen Wertschöpfung sind Wissenschaft und Forschung nicht nur in Deutschland ein eigener Wirtschaftszweig.

Wissenschaft und Technologie spielen in einem rohstoffarmen Land wie Deutschland eine ganz besondere Rolle. Erst recht, wenn in der Zukunft viele Naturressourcen der Erde zur Neige gehen und nicht mehr den Bedarf einer wachsenden Weltbevölkerung befriedigen können. Das betrifft nicht nur Erdöl, Erdgas, Nahrungsmittel oder Trinkwasser, sondern auch Erze, Salze für Düngemittel oder medizinisch relevante Naturstoffe.

Die „Expedition Zukunft" entführt ihre Besucher in die Welt von morgen, informiert vorausschauend über Themen und Entwicklungen, die gerade erst im Entstehen sind. Es geht also nicht darum, bereits vorhandenes Wissen besser zu erläutern oder bestimmte Technologien zu rechtfertigen. Es geht um Entwicklungstrends und -möglichkeiten, denen wir uns in Zukunft stellen müssen.

Wie ein begehbares Buch werden die Themen des Zuges erzählt. Nach dem Prolog im ersten Wagen stimmen die nächsten vier Wagen auf Entwicklungen in der Grundlagenforschung, die allen anderen Bereichen zusätzliche Impulse verleihen, ein. Die folgenden fünf Wagen beleuchten die Veränderungen in Medizin und Ernährung, unserer Lebensweise, unserer Arbeit und unserer Art zu kommunizieren. Digitalisierung, Miniaturisierung und Personalisierung benennen die Trends bei Produkten und Leistungen. Schließlich lädt der Wagen 11 zum Nachdenken über die Herausforderungen für Individuum und Gesellschaft ein. Der Epilog führt zum Ausgang und zum Mitmachlabor.

Der Ausstellungszug erreichte im „Wissenschaftsjahr 2009 – Forschungsexpedition Zukunft" viele Bürger und Jugendliche in Deutschland, flächendeckend und in kurzer Zeit. Mit der Bahn ließen sich fast alle großen und mittelgroßen Städte und selbst entfernte Regionen in Deutschland gut erreichen. Die Ausstellung entfaltet eine völlig neuartige Kombination aus Multimedia, interaktiven Exponaten und spektakulären Objekten. Ein komplettes Mitmachlabor lädt ein zum Entdecken und Staunen. Der Besucher erhält eine Momentaufnahme aus Laboren und Experimentierhallen und wird zum Zeugen von Entwicklungen, deren Dynamik sonst oft verborgen bleibt.

Die Max-Planck-Gesellschaft hat die Ausstellung „Expedition Zukunft" in kürzester Zeit konzipiert und organisiert und wurde vom deutschen Bundesministerium für Bildung und Forschung gefördert. Viele der Inhalte und Ausstellungsstücke stammen von Partnern aus Wissenschaft und Wirtschaft: Neben der Max-Planck-Gesellschaft beteiligten sich die Fraunhofer-Gesellschaft, die Helmholtz-Gemeinschaft, die Leibniz-Gemeinschaft, die Deutsche Forschungsgemeinschaft und zahlreiche Universitäten und Hochschulen. Als Sponsoren waren die Unternehmen Bayer AG, Siemens AG und Volkswagen AG Zugpartner. BASF SE, Bosch GmbH, Deutsche Bahn AG, Deutsche Telekom AG, Osram GmbH, der Stifterverband für die deutsche Wissenschaft und der Verband der forschenden Arzneimittelhersteller waren Wagenpartner. Als Medienpartner beteiligten sich Spektrum der Wissenschaft und „W wie Wissen" vom NDR.Design und Szenographie stammen von der Agentur ArchiMeDes, die auch die Ausstellung gebaut hat. Für Werbung und PR war die Agentur iserundschmidt zuständig. Gemeinsam mit der Deutschen Bahn entstand ein Tourplan mit 63 Städten, in denen der Zug für jeweils etwa drei Tage Halt machte.

Im Jahr 2010 und 2011 wird der Wissenschaftszug voraussichtlich im Ausland für Forschung in Deutschland werben.

DIE JURY

Die Zukunft in der Gegenwart erfahrbar machen – die Max-Planck-Gesellschaft hat sich dieser Aufgabe mit dem „SciencExpress – Expedition Zukunft" gestellt. Ihr ist es gelungen, die unglaublich komplexe Aufgabe der Vermittlung von Innovationspotenzialen in Wirtschaft, Forschung und Politik sowohl anschaulich und interaktiv, als auch auf hohem Niveau einer breiten Öffentlichkeit in Deutschland zugänglich zu machen.

Mit der „Expedition Zukunft" hat die Max-Planck-Gesellschaft nicht nur einen Wissenschaftszug auf die Gleise gestellt, sondern auch ein demokratieförderndes Projekt realisiert. Denn nur wer weiß, in welche Richtung sich die Wissenschaft bewegt und warum, kann einen Beitrag zur ethisch motivierten Forschung und der Innovation im Sinne aller Bevölkerungsschichten leisten und sich eine Meinung bilden.

Technischen Zeichnungen wurden durch Visualisierungen und überlebensgroße Nachbildungen ersetzt. Dinge, die sonst nur Wissenschaftlern unter dem Mikroskop sehen brachte die Expedition Zukunft vereinfacht an die Ausstellungsbesucher.

Desweiteren überzeugte die Jury die Nutzung verschiedener Kommunikationskanäle, der selbstverständliche Einsatz audio-visueller Medien und die Einbeziehung der Besucher durch Installationen, die zum Mitmachen einluden. Dies alles ist Zeugnis der herausragenden Kommunikationskompetenz der Max-Planck-Gesellschaft.

1 Feierliche Eröffnung der „Expedition
   Zukunft" am 23. April 2009, mit Bundes-
   kanzlerin Merkel, Bundesforschungsmi-
   nisterin Schavan und Max-Planck-Präsi-
   dent Gruss

© „Expedition Zukunft"/ArchiMeDes Wia

2 Die Lok des Wissenschaftszuges „Expedition Zukunft" im Berliner Hauptbahnhof

© „Expedition Zukunft"/ArchiMeDes Wia

4

5

6

3

4 Blick in Wagen 8:
Landwirtschaft – Ernährung
© „Expedition Zukunft" C. Schneeweiß

3 Blick in Wagen 11:
Zukunft des Menschen
© „Expedition Zukunft"/ArchiMeDes Wia

5 Blick in Wagen 2:
Astro- und Teilchenphysik
© „Expedition Zukunft" U. Richter

6 Blick in Wagen 5:
Computer, Internet und
Wissensgesellschaft
© „Expedition Zukunft" U. Richter

MONITOR WIRTSCHAFTS KOMMUNIKATION 2010
DER AKTUELLE STAND DER WIRTSCHAFTS KOMMUNIKATION IN DEUTSCHLAND

Falk Tennert, Jg. 1974, Dr., Studium der Kommunikationswissenschaft und Linguistik. 2006 Promotion zum Thema mediale Politikdarstellung und Medienpsychologie. 2001-2005 Wissenschaftlicher Mitarbeiter an der Hochschule für Film und Fernsehen in Potsdam-Babelsberg. 2006-2008 Projektleiter für Medien-Analysen bei AUSSCHNITT Medienbeobachtung. Seit Wintersemester 2008/09 Vertretungsprofessor für Kommunikationstheorie und -psychologie am Fachbereich Wirtschaftswissenschaften II der HTW Berlin.

Dr. Falk Tennert
Professor für Kommunikationstheorie und -psycholgie
HTW Berlin

VERÄNDERTE KOMMUNIKATIONSBEDINGUNGEN VERLANGEN NACH BEGLEITFORSCHUNG

Erfolgreiche Wirtschaftskommunikation basiert auf guten Ideen, durchdachten Strategien und angemessenen Situationseinschätzungen. Immer mehr Kommunikationsverantwortliche müssen die Erfolge ihrer Arbeit und ihrer Aktivitäten an den übergeordneten Organisationszielen ausrichten: Was leistet das kommunikative Handeln zum Gesamterfolg des Unternehmens? Mit dieser Kernfrage sind Kommunikatoren im Arbeitsalltag häufig konfrontiert – vor allem, wenn es um die Begründung von Strategien, die Verteidigung von Budgets und um personelle Ressourcen geht. Die Kommunikationsarbeit rückt damit immer stärker in den Fokus des Controllings. Dies stellt einen stärkeren Zwang zur Rechtfertigung dar, führt aber auch zu einer höheren Professionalisierung der Markt- und Unternehmenskommunikation.

Anlässlich des zehnjährigen Jubiläums des Deutschen Preises für Wirtschaftskommunikation hat sich die Hochschule für Technik und Wirtschaft Berlin für die Einführung eines kontinuierlichen Branchenmonitors entschieden, um die Segmentierung, Relevanz und Zukunftstrends der Wirtschaftskommunikation detailliert festzuhalten. Der Monitor Wirtschaftskommunikation wird zukünftig Ergebnisse aus derselben Grundgesamtheit generieren, so dass sich Entwicklungen und Veränderungen abbilden lassen.

Wir haben Auskünfte über eingesetzte Kommunikationsinstrumente, das berufliche Selbstverständnis und die Mitarbeitersituation erbeten. Viele interessante und teilweise überraschende Resultate sind aus dieser ersten Befragungswelle hervorgegangen. Wir können auf Basis der Untersuchungsergebnisse genau sagen, welche Instrumente und Strategien in Unternehmen eingesetzt werden, welches längerfristige Entwicklungspotenzial gesehen wird und welche Evaluationstools eingesetzt werden. Der Monitor der Hochschule für Technik und Wirtschaft erbringt Leistungen in mehrfacher Hinsicht:

» Die Untersuchung liefert einen Beitrag zur Grundlagenforschung. Defizite in der Erforschung zur Unternehmenskommunikation lassen sich nicht nur in der Theoriebildung, sondern auch in kontinuierlichen empirischen Studien ausmachen. Daher ist es ein Ziel der Untersuchung, eine aktuelle Zustandsbeschreibung der Wirtschaftskommunikation in Deutschland zu generieren. Im Zentrum steht das Wechselverhältnis von Kommunikationsaktivitäten und Organisationsbedingungen. Ein besonderes Augenmerk liegt zudem auf den Fragen des kommunikativen Wandels.

» Der Monitor zeigt Lösungen für die Kommunikationspraxis auf. Damit reiht sich die Untersuchung in den Bereich der Kommunikatorforschung ein und liefert wichtige Entscheidungsdaten für Organisationen, (Medien-)Unternehmen, Verbände und Agenturen. Wir bilden das inhaltliche Profil und berufliche Selbstverständnis der Kommunikationsakteure ab.

»Dokumentiert werden die Anforderungen von Unternehmen an ihre Mitarbeiter. Kommunikations- und wirtschaftswissenschaftliche Studienangebote tragen wesentlich zur Ausbildung für den Mediensektor bei, insbesondere in den Bereichen Kommunikationsberatung, Markt- und Medienforschung, Medienmanagement, Werbung und Public Relations. Die Ergebnisse der Befragung fließen in die Konsolidierung des Faches Wirtschaftskommunikation ein und dienen somit der Ausbildung zukünftiger Mitarbeiter.

THEMEN DES MONITORS WIRTSCHAFTSKOMMUNIKATION

Der Monitor Wirtschaftskommunikation liefert wichtige Informationen zu Strukturen, Strategien, Machern und Entwicklungen in den Marketing- und Kommunikationsabteilungen. Die Untersuchung fokussiert folgende Themen:

» Strukturen: Hinsichtlich der Strukturen in der Wirtschaftskommunikation werden die von den befragten Unternehmen eingesetzten Kommunikationsinstrumente und -strategien beschrieben. Wir möchten zudem herausfinden, inwieweit Unternehmen Social Media-Plattformen und interaktive Möglichkeiten, wie beispielsweise Foren und Blogs, für den Dialog mit ihren Anspruchsgruppen nutzen. Einen weiteren Schwerpunkt der Untersuchung bildet die Frage nach der Zusammenarbeit und der Zufriedenheit mit externen Dienstleistern, die Kommunikationsmaßnahmen konzipieren, durchführen und gegebenenfalls evaluieren.

» Entwicklungen: Der Monitor ermittelt die von den Kommunikationsverantwortlichen eingeschätzten Trends. Zum einen haben wir nach den markanten Herausforderungen des Arbeitsalltages, beispielsweise die zunehmende Arbeitsbelastung oder eine verstärkte Internationalisierung, gefragt. Zum anderen interessiert uns die Einschätzung der Bedeutung einzelner Kommunikationskanäle wie Fernsehen und Print oder von Konzepten wie Corporate Responsibility. Solche mittel- bis längerfristigen Entwicklungen lassen sich nur durch den kontinuierlichen Einsatz von Fragen nachzeichnen.

» Anforderungen: Die Frage nach dem gewünschten Ausbildungs- und Qualifikationsniveau der Mitarbeiter stellt ein weiteres Thema der Untersuchung dar. Erfragt werden erstens die Skills, also Fertigkeiten und Wissen, die Relevanz des Studienfachs, der Abschlussnote und die gesammelten Erfahrungen im Ausland. Zweitens interessieren uns die Smarts im Berufskontext wie Kreativität, Konfliktfähigkeit und Organisationstalent. Drittens bilden wir ab, welche Fähigkeiten und Kompetenzen in den Unternehmen zusätzlich ausgebaut werden (müssen).

» Evaluation und Controlling: Kommunikationsprofis in Unternehmen müssen zunehmend die eingesetzten Instrumente und die ihnen zugeteilten Ressourcen legitimieren und kontrollieren. Daher gewinnt das Thema Evaluation und deren stra-tegischer Beitrag im Unternehmen an Bedeutung. Vor diesem Hintergrund wird erkundet, in welchem Umfang die Befragten solche Evaluationstools einsetzen. Wir unterschieden dabei zwischen Verfahren zur Wirkungskontrolle von Kommunikation auf der Output-Ebene und komplexen Verfahren auf der Outcome- und Outflow-Ebene.

Für alle Themen und Dimensionen gilt ein besonderes Augenmerk den gruppenbezogenen Unterschieden bezüglich der jeweiligen Unternehmensmerkmale. Hierunter fallen Branche, Unternehmensgröße, Größe und Aufgabenbereich der Kommunikationsabteilung sowie die wahrgenommene Relevanz der Unternehmenskommunikation. Auch die Höhe des zur Verfügung stehenden Budgets und die Position der Befragten sind an dieser Stelle relevant.

METHODISCHES DESIGN

Die Daten der ersten Befragungswelle wurden durch eine schriftliche, postalische Befragung erhoben. Der Fragebogen umfasst mehrere Fragekomplexe mit 26 Einzelfragen, die insgesamt 214 Kategorien enthalten. Die Befragung wurde vom 26. Februar bis zum 31. März 2010 durchgeführt. 1.069 Unternehmen und Organisationen erhielten eine Einladung zur Befragung. 130 Kommunikationsverantwortliche haben den Fragebogen ausgefüllt und uns zurückgesandt. Das entspricht einer Rücklaufquote von 12,2 Prozent. Respondiert haben mehrheitlich Verantwortliche aus den Bereichen Marketing und Unternehmenskommunikation, so dass sich der Monitor Wirtschaftskommunikation auf Führungskräfte in diesen Bereichen konzentriert. Repräsentativität für den gesamten Bereich der Wirtschaftskommunikation strebt die Untersuchung nicht an. Der Response sowie das breit gefächerte Themenspektrum der Untersuchung lassen jedoch einen differenzierten und präzisen Blick auf die Ausgestaltung der Wirtschaftskommunikation zu.

ERGEBNISSE DER ERSTEN BEFRAGUNGSWELLE

An dieser Stelle veröffentlichen wir punktuell die wichtigsten Ergebnisse der ersten Untersuchungswelle. Insgesamt zeigt sich, dass die befragten Unternehmen und Organisationen ein breites Spektrum an Kommunikationsinstrumenten und -strategien einsetzen.

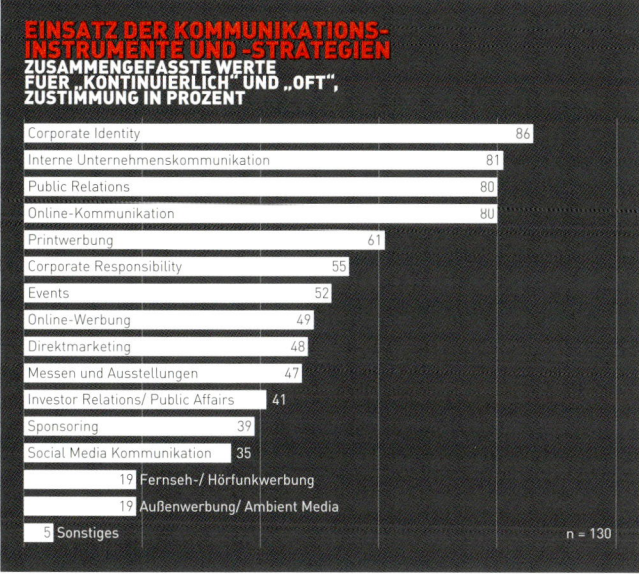

EINSATZ DER KOMMUNIKATIONS-INSTRUMENTE UND -STRATEGIEN
ZUSAMMENGEFASSTE WERTE FUER „KONTINUIERLICH" UND „OFT", ZUSTIMMUNG IN PROZENT

Corporate Identity	86
Interne Unternehmenskommunikation	81
Public Relations	80
Online-Kommunikation	80
Printwerbung	61
Corporate Responsibility	55
Events	52
Online-Werbung	49
Direktmarketing	48
Messen und Ausstellungen	47
Investor Relations/ Public Affairs	41
Sponsoring	39
Social Media Kommunikation	35
Fernseh-/ Hörfunkwerbung	19
Außenwerbung/ Ambient Media	19
Sonstiges	5

n = 130

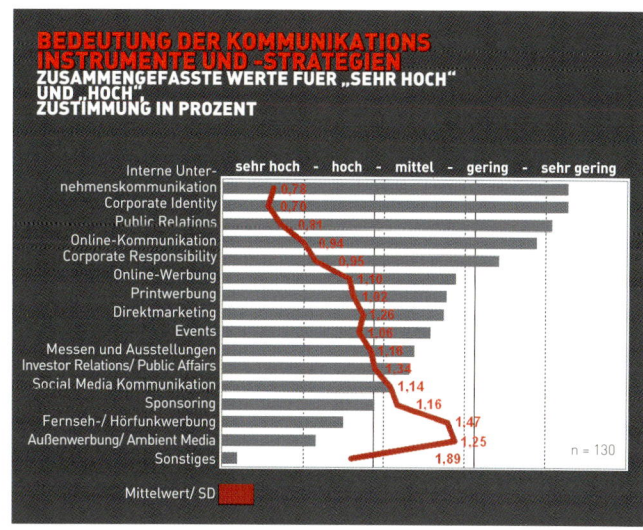

BEDEUTUNG DER KOMMUNIKATIONS-INSTRUMENTE UND -STRATEGIEN
ZUSAMMENGEFASSTE WERTE FUER „SEHR HOCH" UND „HOCH", ZUSTIMMUNG IN PROZENT

sehr hoch - hoch - mittel - gering - sehr gering

Interne Unternehmenskommunikation 0.78
Corporate Identity 0.78
Public Relations 0.81
Online-Kommunikation 0.94
Corporate Responsibility 0.95
Online-Werbung 1.60
Printwerbung 1.32
Direktmarketing 1.26
Events 1.06
Messen und Ausstellungen 1.78
Investor Relations/ Public Affairs 1.33
Social Media Kommunikation 1.14
Sponsoring 1.16
Fernseh-/ Hörfunkwerbung 1.47
Außenwerbung/ Ambient Media 1.25
Sonstiges 1.89

n = 130

Mittelwert/ SD

Nahezu jedes befragte Unternehmen nutzt kontinuierlich grundlegende identitäts- und beziehungsschaffende Strategien wie Corporate Identity, Public Relations und interne Unternehmenskommunikation, um zentrale Botschaften an die Stakeholder zu vermitteln. Printwerbung als Instrument setzen sechs von zehn der befragten Unternehmen regelmäßig ein, auf Online-Werbung greift knapp die Hälfte der Befragten zurück. Die viel diskutierten Social Media-Plattformen werden hingegen nur von gut 40 Prozent der befragten Organisationen regelmäßig eingesetzt. Die gegenwärtige Bedeutung von Social Media wird in Abhängigkeit von den organisationalen Bedingungen sehr unterschiedlich beurteilt. Lediglich 16 Prozent der Unternehmen schätzen momentan die Bedeutung von Social Media als sehr hoch ein, weitere 25 Prozent sehen eine hohe Bedeutung. Social Media-affin ist vorrangig der Consumer- und Dienstleistungsbereich. Das verarbeitende Gewerbe setzt bisher weniger die spartenbasierten Onlinekanäle ein. Branchenübergreifend kommt eine sehr hohe Bedeutung der internen Kommunikation sowie den zentralen Konzepten Corporate Identity und Corporate Responsibility zu. Für 51 Prozent der befragten Unternehmen haben Events eine markante Bedeutung, bei den Messen und Ausstellungen sind es 48 Prozent. Somit sind für jedes zweite Unternehmen diese Instrumente ein integraler Bestandteil, um für Produkte und Dienstleistungen ein öffentliches Forum zu schaffen.

Nach den längerfristigen Erwartungen gefragt, werden diese vor allem in der digitalen Kommunikation verortet. Nahezu alle befragten Unternehmen glauben, dass Online-Kommunikation, Online-Werbung und Social Media als Instrumente der Wirtschaftskommunikation in den nächsten Jahren stark an Bedeutung gewinnen werden. Diese Einschätzung wird branchenübergreifend formuliert: 48 Prozent der Unternehmen gehen davon aus, dass Online-Kommunikation sehr wich-

tig wird, weitere 45 Prozent schätzen dies als wichtig ein. Bei Social Media-Anwendungen haben diese Position 42 Prozent (wird wichtig: 40 Prozent), und 34 Prozent glauben, dass Online-Werbung in den nächsten Jahren sehr wichtig wird (wird wichtig: 49 Prozent). Zwei Drittel der Befragten Unternehmen und Organisationen sehen Relevanzzuwächse im Bereich der externen Unternehmenskommunikation. Die klassischen Massenmedien werden nur von einer Minderheit als zukunftsträchtig eingestuft, wobei das verarbeitende Gewerbe diese Kanäle auch zukünftig als relevant einstuft.

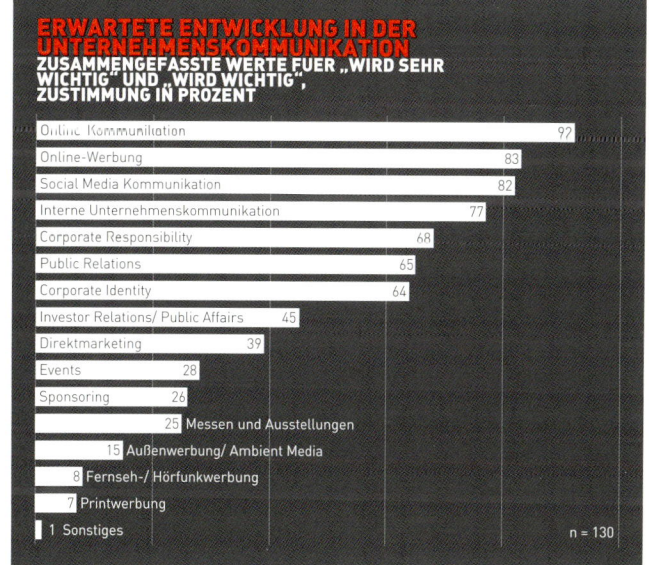

ERWARTETE ENTWICKLUNG IN DER UNTERNEHMENSKOMMUNIKATION
ZUSAMMENGEFASSTE WERTE FUER „WIRD SEHR WICHTIG" UND „WIRD WICHTIG", ZUSTIMMUNG IN PROZENT

Online-Kommunikation	92
Online-Werbung	83
Social Media Kommunikation	82
Interne Unternehmenskommunikation	77
Corporate Responsibility	68
Public Relations	65
Corporate Identity	64
Investor Relations/ Public Affairs	45
Direktmarketing	39
Events	28
Sponsoring	26
Messen und Ausstellungen	25
Außenwerbung/ Ambient Media	15
Fernseh-/ Hörfunkwerbung	8
Printwerbung	7
Sonstiges	1

n = 130

Neben den erwarteten Veränderungen haben wir nach den zukünftigen Herausforderungen in den Marketing- und Kommunikationsabteilungen gefragt. Die Selektion und Aufbereitung relevanter Informationen wird von der Mehrheit als Herausforderung angesehen. Die Intensivierung von Aktivitäten im Onlinesegment wird von 60 Prozent der Befragten genannt. Dass die klassischen Massenmedien Fernsehen, Print und Hörfunk an Bedeutung verlieren, vermutet jedes zweite Unternehmen. Immerhin 36 Prozent sehen in der verstärkten Wirkungskontrolle ihrer Kommunikationsaktivitäten demnächst ein zukünftiges Betätigungsfeld. Detailliertes Branchen- und Produktwissen wird dagegen nur partiell als Herausforderung eingestuft. Diese Einschätzung trifft vor allem für die Dienstleistungsbranche zu. Ein zunehmender Rechtfertigungsdruck eingesetzter Kommunikationsaktivitäten und Ressourcen gegenüber der Geschäftsleitung wird nur bei einer geringen Anzahl von Unternehmen und Organisationen als herausforderndes Thema eingestuft.

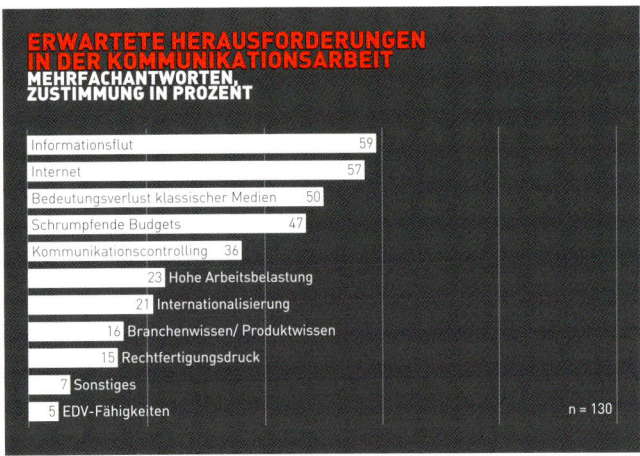

Kommunikationsprofis setzen bei der Auswahl ihrer Mitarbeiter mehrheitlich auf Smarts, also soziale Kompetenzen und emotionale Intelligenz. Hierzu zählen vor allem Team- und Kommunikationsfähigkeit, die Fähigkeit Konflikte zu lösen und Kompromisse zu schließen. Gut zwei Drittel der Unternehmen schätzen Selbständigkeit (sehr wichtig: 69 Prozent), Verantwortungsbewusstsein (sehr wichtig: 65 Prozent) und Teamfähigkeit (sehr wichtig: 65 Prozent) als prioritär ein. Im Bereich des Wissens und der Fertigkeiten (Skills) spielen ökonomisches Denken (sehr wichtig: 37 Prozent, wichtig: 55 Prozent), Fachwissen (sehr wichtig: 35 Prozent, wichtig: 57 Prozent) sowie interdisziplinäres Wissen (sehr wichtig: 35 Prozent, wichtig: 54 Prozent), eine große Rolle. Das Studienfach, die Abschlussnote sowie Praktika und Auslandsaufenthalte sind hingegen weniger entscheidungsrelevant für die Auswahl von Mitarbeitern.

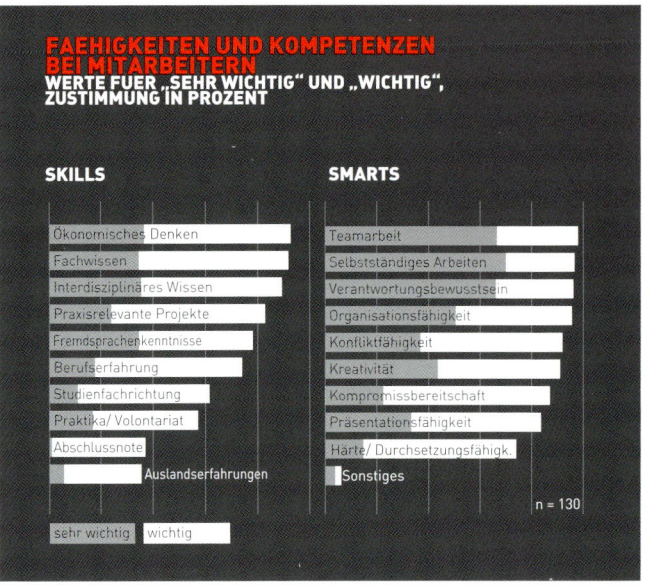

Die Mehrzahl der befragten Unternehmen setzen innerbetrieblich auf Weiterbildung. In den Kommunikations- und Marketingabteilungen werden dabei schwerpunktmäßig Konzeption, Text- und Präsentationsfähigkeiten ausgebaut. So sehen je-weils 52 Prozent der Befragten einen Professionalisierungsbedarf beim konzeptionellen Arbeiten und Präsentieren, 46 Prozent beim Texten. Vier von zehn Unternehmen und Organisationen verorten einen Weiterbildungsbedarf für Evaluations- und Controllingtools - und damit im Bereich der standardisierten Methoden der Markt- und Medienforschung. In den spezialisierteren Bereichen Medienmanagement, Kommunikationsdesign und Mediaplanung fällt der zusätzlich eingeschätzte Weiterbildungsbedarf etwas geringer aus.

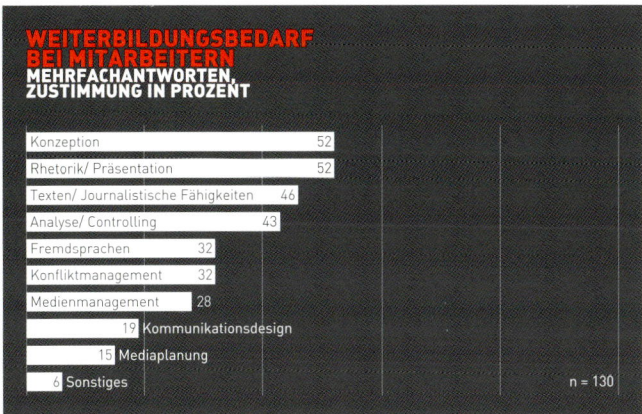

WEITERBILDUNGSBEDARF BEI MITARBEITERN
MEHRFACHANTWORTEN, ZUSTIMMUNG IN PROZENT

Konzeption	52
Rhetorik/ Präsentation	52
Texten/ Journalistische Fähigkeiten	46
Analyse/ Controlling	43
Fremdsprachen	32
Konfliktmanagement	32
Medienmanagement	28
Kommunikationsdesign	19
Mediaplanung	15
Sonstiges	6

n = 130

ZUSAMMENFASSUNG

Die Ergebnisse dokumentieren die große Bandbreite an Aktivitäten und Strategien von Kommunikationsverantwortlichen und Marketingexperten. Vor allem der internen Kommunikation und den online-basierten Kommunikationsformen wird eine zunehmende Relevanz bescheinigt. Wir denken, dass die Ergebnisse des Monitors der Hochschule für Technik und Wirtschaft nicht nur Einzelnen bei der Absicherung ihrer Kommunikationsarbeit, sondern in Form von Vergleichsdaten der gesamten Branche zu gute kommen. Die Resultate, die im Idealfall über Feedbackschleifen wieder in den Kommunikationsprozess einfließen, bilden eine Entscheidungs- und Handlungsgrundlage für die Anpassung konkreter Vorgehensweisen und verbessern die Ausgestaltung zukünftiger Kommunikationskonzepte.

Grafiken: Hochschule für Technik und Wirtschaft Berlin, Monitor Wirtschaftskommunikation 2010

IT'S POLITICS, STUPID

Johannes Marten (33) absolvierte die Journalistenschule Axel Springer und war Politik- und Wirtschaftsredakteur bei BILD und BILD am SONNTAG. 2005 wechselte er in die Unternehmenskommunikation der Dresdner Bank und leitete dort zuletzt die Externe Kommunikation. Im Januar 2009 schied er nach der vollzogenen Übernahme der Dresdner Bank durch die Commerzbank aus dem Unternehmen aus. Seit 1. Oktober 2010 ist er Head of Political Issues Management der Deutschen Bank. Er berichtet an Stefan Baron, Global Head of Communications & CSR.

Johannes Marten
Head of Political
Issues Management
Deutsche Bank AG

James Carville, Medienberater von US-Präsident Bill Clinton im Wahlkampf 1992, hatte in seinem Team eine ebenso schlichte wie richtige und mittlerweile berühmt gewordene Strategie ausgerufen, um den bis wenige Monate vor der Wahl deutlich führenden George Bush doch noch aus dem Weißen Haus verjagen zu können: „It's the economy, stupid."

Für Unternehmen galt lange Zeit ein ähnliches Motto, das man am besten mit dem Claim „It's the results, stupid" beschreiben kann. Wird das Ergebnis, sei es nun gut, mittelmäßig oder schlecht, in der Öffentlichkeit ordentlich verkauft, ist der Job aus Kommunikationssicht getan. Mit dem Ausbruch der Finanzmarktkrise hat sich jedoch die Welt auch für Kommunikatoren dramatisch geändert. Während die Politik getrost bei Carvilles Strategie bleiben kann, müssen sich gerade Banken mit einem für sie ungewöhnlichen Gedanken vertraut machen: „It's politics, stupid."

Diese Erkenntnis gilt gerade für die Deutsche Bank. Kein Unternehmen steht in der Bundesrepublik so im Fokus der politischen und gesellschaftlichen Öffentlichkeit. Jede Äußerung des Vorstandsvorsitzenden, aber auch zunehmend anderer Mitglieder des Vorstands, wird auf ihre politische Relevanz und gesellschaftliche Sensibilität überprüft. Allein die Tatsache, dass die Bank ihr Heimatland im Namen trägt und damit auch hinaus in die Welt, sorgt für besondere Aufmerksamkeit.

Diese Erwartungshaltung und auch die permanente Beobachtung, unter der die Bank steht, hat im Zuge der Finanzmarktkrise noch einmal deutlich zugenommen. Die Deutsche Bank kann es sich daher nicht leisten, politischen Debatten über das eigene Haus freien Lauf zu lassen. Denn was im Geschäft gilt, gilt ebenso für die Kommunikation: Stärke im Heimatmarkt ist die Grundlage für Erfolg in der Welt. Die Reputation in Deutschland beeinflusst sehr stark auch das Image im Ausland.

Welche Konsequenzen sind daraus zu ziehen? Was muss vor diesem Hintergrund ein Political Issues Management leisten? Drei Ansatzpunkte sind hier wichtig: Der erste Fokus sind die Hauptstadtkorrespondenten. Über die Deutsche Bank berichten nicht mehr allein die Finanzkorrespondenten in Frankfurt (sowie London, New York, Tokio, Hong Kong oder Dubai), sondern mehr und mehr auch Politikjournalisten in Berlin. Sie stellen andere Fragen und verlangen andere Antworten als ihre Kollegen aus den Wirtschaftsressorts. Diesem Anspruch kann man mit einer vor allem kennzahlen-, produkt- und kapitalmarktgetriebenen Kommunikation und „Denke" nicht gerecht werden. Noch dazu funktioniert wirkliches „Agenda Setting" nur über die Politikredaktionen der Medien. Was wichtig ist, landet vorne, und vorne ist in den Zeitungen wie auch auf den wichtigen Internetseiten nun einmal der Politikteil.

Die Bankenmetropole Frankfurt und die Hauptstadt sind zwei sehr unterschiedliche Welten. Gute Kommunikation hat genauso wie guter Journalismus aber viel mit Gefühl für Stimmungen und persönlichen Kontakten zu tun – viel mehr als mit strategischen Papieren und offiziellen Sprachregelungen, so wichtig diese auch sein mögen. Das heißt, man muss vor Ort sein, um wirkungsvoll zu kommunizieren. Und das heißt: Man muss auch in Berlin sein.

Der zweite Fokus sind die Multiplikatoren in der politischen Arena, also diejenigen, die tagtäglich mit Journalisten sprechen und damit maßgeblich die Berichterstattung beeinflussen: Kommunikatoren in der Politik, den Verbänden, den Gewerkschaften, anderen Unternehmensrepräsentanzen und nicht zuletzt Politiker selbst. Auch zu ihnen muss das Politische Issues Management einen engen Kontakt pflegen. Hier geht es um einen ständigen Dialog, auch um mögliche Fehlwahrnehmungen über das eigene Unternehmen zu korrigieren. So manches gegenseitige Missverständnis kann durch einen „kurzen Draht" schnell ausgeräumt werden, bevor es in den Medien landet.

Der dritte Fokus ist die Politik selbst. Sie wünscht sich, dass die Unternehmen mehr an der politischen und gesellschaftlichen Debatte teilnehmen. Die Erwartungen an die Deutsche Bank sind hier besonders groß. Das Political Issues Management muss diese Erwartungen, Stimmungen und Trends in das eigene Unternehmen hineintragen und auch kreativ Vorschläge erarbeiten, ihnen gerecht zu werden. Auf der anderen Seite kann eine globale Bank nicht immer allen Erwartungen der Berliner Politik gerecht werden. Sie ist auch vielen anderen Stakeholdern verpflichtet: Den Mitarbeitern und Kunden, nicht nur in Deutschland, sondern in der ganzen Welt. Genauso haben die Eigentümer der Bank, viele davon ebenfalls nicht in Deutschland, hohe Erwartungen an ihr Unternehmen. Und nicht zuletzt hat die Bank auch eine Verpflichtung gegenüber Politik und Gesellschaft in den mehr als 70 Ländern, in denen sie weltweit tätig ist. Dem Political Issues Management muss es darum gehen, diese Zusammenhänge zu erläutern und in die Politik hinein zu kommunizieren.

In London und Paris treffen die wirtschaftlichen und politischen Eliten des Landes Tag für Tag aufeinander, weil sie in derselben Stadt leben und arbeiten. In Berlin dagegen ist kein einziger Dax-Konzern zuhause, auch keiner der zahlreichen „hidden champions" des Mittelstands. Das erschwert den so wichtigen Dialog zwischen Politik und Wirtschaft. Aufgabe des Political Issues Management ist es, eine Brücke zwischen beiden Welten zu schlagen. Für die Unternehmen muss es deshalb heißen: „It's both – the results and politics, stupid."

IST DIE FUEHRUNGSKRAFT EIN HIDDEN ISSUE?

Dr. Achim Kinter
tabula rasa
corporate communication

Dr. Achim Kinter ist als Kommunikationsberater (tabula rasa corporate communication in Frankfurt am Main) für namhafte Unternehmen tätig und verfügt über langjährige Erfahrungen in der Kommunikation, u.a. als Leiter Issues Management und Pressesprecher der Deutsche Bank AG. Dr. Kinter ist Gründungsmitglied und Vorstand der Issues Management Gesellschaft (IMAGE) Deutschland e.V. Zusammen mit Prof. Dr. Jürgen Schulz von der Universität der Künste in Berlin gründete er 2009 das Leadership Reputation Institute (LRI). Seine neuesten Veröffentlichungen sind: A. Kinter u.a. (Hg.): Strategisches Issues Management, Frankfurt/M. 2009 und A. Kinter u.a.: Führungskräftekommunikation, Frankfurt/M.

Was macht ein Issues Manager? Er fahndet nach Risiken und Chancen für ein Unternehmen, versucht seine Annahmen durch empirische Befunde zu stützen (etwa Ergebnissen von Medienresonanzanalysen oder Mitarbeiterbefragungen) und macht Vorschläge, wie man Risiken vermeiden oder Chancen nutzen könnte. Er hat ein wenig von einem Trendscout, einem Börsianer, einem Ideenmanager, einem Meinungsforscher und einem Mediator. Aber wäre es nicht auch sinnvoll, seine Rolle als eine apodiktische Instanz zu interpretieren? Wenn die Aufgabe lautet, alles auf Risiko- und Chancenpotentiale hin zu prüfen, heißt das nicht zugleich, alles skeptisch zu betrachten, fundamentale Urteile zu vermeiden und die Möglichkeit von Irrtümern einzukalkulieren? De omnibus dubitandum, so formulierten es die antiken Skeptiker: An allem ist zu zweifeln. Gerade in Krisen ist die Fähigkeit des Zweifels ein hohes Gut. Wir sind zu aufgeklärt, wir haben zu oft „Ich gebe Ihnen mein persönliches Ehrenwort" gehört, um an vollmundige, scheinbar einfache Lösungen und heldenhafte Attitüden zu glauben. Der Issues Manager kann hier, gerade auch für das Management, zu einer wertvollen skeptischen Instanz werden.

Da der Issues Manager in der Regel aus dem Bereich der Unternehmenskommunikation stammt, gehört es zu seinen Pflichten, auch die eigene Profession zu hinterfragen. Hat diese etwas vergessen? Gibt es ein hidden issue, das noch nicht ausreichend Beachtung fand? Wo sind die Lücken in den gängigen Modellen, mit denen die kommunikative Welt erklärt wird? Ein Beispiel: Die Unternehmenskommunikation hat in den letzten zehn Jahren verschiedene Schwerpunkte gesetzt: die Anteilseigner (shareholder value), die Kunden (Kundenzufriedenheit) oder die Mitarbeiter (Mitarbeiterzufriedenheit) wurden in ihrem Beitrag zum Unternehmenserfolg herausgestellt. Inzwischen sind weitere Themen hinzugekommen, etwa Corporate Social Responsibility oder Corporate Governance, und die Herausforderungen, die sich durch eine globalisierte und durch das Internet grundlegend veränderte soziale und Geschäftswelt stellen. Interessanterweise ist aber eine entscheidende Gruppe nie thematisiert worden: das Management, die Führungskräfte. Das gängige Stakeholder-Modell beschränkt sich auf Kunden, Mitarbeiter, Anteilseigner und Öffentlichkeit. Dabei beeinflussen Führungskräfte doch wie niemand anders das Unternehmen positiv oder negativ. Argumentiert man betriebswirtschaftlich, so muss man zugestehen, dass im Sinne einer optimalen Ressourcenallokation durch die Optimierung der Führungskräfteperformance der Organisation am besten gedient ist. Wie sähe etwa eine Unternehmenskommunikation aus, die Führungskräfte als Schwer- und Mittelpunkt der Kommunikation bestimmte? Denn immerhin, so legt eine Studie der Harvard Business Review nahe, besteht die Aufgabe einer Führungskraft zu bis zu 80% in Kommunikation. Die Optimierung ihrer kommunikativen Performance würde notwendigerweise zu einer deutlichen Steigerung ihrer Performance insgesamt führen. Die skeptische These lautet: Die Stakeholdergruppe „Führungskräfte" wurde bislang ignoriert, und ein Issues Manager sähe in ihnen einen hidden issue, der sowohl ein hohes Risiko-, als auch Chancenpotential aufweist.

In der Praxis wird in vielen Unternehmen die Führungskräftekommunikation nicht als eigenes Handlungsfeld verstanden, sondern in die vielfältigen Aufgaben von Kommunikation und Personal eingegliedert. Man kann dagegen die These aufstellen: Führungskräftekommunikation ist in weiten Teilen ein eigenständiges Tätigkeitsfeld, nicht nur bezüglich der Methoden und Instrumente, sondern – was weit wichtiger ist – dem Selbstverständnis und Vorgehen nach. Nicht zuletzt begründet sich diese These durch die besondere Stellung der Führungskräfte in der Organisation: Kaum eine andere Komponente der Unternehmenswirklichkeit ist so entscheidend für Erfolg oder Misserfolg wie die Führungsriege.

Unbestritten ist, dass die Führungskräftekommunikation keine neue Form der corporate communications ist. Auch die Instrumente sind nicht neu. Die Berechtigung, von einer eigenen Disziplin sprechen zu können, leitet sich aus zwei Erkenntnissen ab.

» Zum einen – auch wenn in der Branche gebetsmühlenartig von den „Mitarbeitern als wichtigstes Kapital des Unternehmens" geredet wird, - muss man doch nüchtern feststellen, dass die Führungskräfte, und zumal das Topmanagement, diejenigen Personen im Unternehmen sind, die den größten Einfluss auf den Unternehmenserfolg besitzen. Sie können den größten Schaden anrichten und den größten Nutzen stiften. Nicht umsonst spricht man in den letzten Jahren häufig von CEO-Kommunikation, weil Wohl und Wehe vieler Unternehmen eng mit den Leistungen ihres höchsten Entscheidungsträgers verknüpft sind.

» Zum anderen ist es ein hartnäckiges Vorurteil, dass Mitarbeiter sich dann optimal für ihr Unternehmen einsetzen, wenn sie perfekt informiert, überdurchschnittlich vergütet oder sich wie Unternehmer fühlen dürfen. Die schlichte Tatsache ist, dass die Zufriedenheit von Mitarbeitern, nicht anders als unsere Zufriedenheit im Privatleben, in erster Linie von dem Grad der Wertschätzung abhängt, der ihnen entgegengebracht wird. Und zuerst und zuletzt erfahren (oder erfahren eben nicht) Mitarbeiter Wertschätzung von ihrem Vorgesetzten. Wertschöpfung durch Wertschätzung ist die zentrale Aufgabe einer Führungskraft.

Führungskräftekommunikation basiert also auf zwei Säulen: Zum einen auf der starken Hebelwirkung der Handlungen von Führungskräften, die dazu führt, dass sichtbare Veränderungen durch sie möglich sind; zum anderen durch ihre Primärleistung, nämlich die Wertschätzung der ihnen anvertrauten Mitarbeiter. Daraus folgt, dass Führungskräftekommunikation dazu beitragen muss, Führungskräften Veränderungspotentiale sichtbar zu machen, deren Realisierung zu unterstützen und Optionen und Instrumente bereitzustellen, die Wertschätzung der Mitarbeiter kontinuierlich zu verbessern.

Der Ansatzpunkt für eine erfolgreiche Führungskräftekommunikation ist also nicht ein Medium, Prozess oder eine Aktion. Es ist immer der Situation geschuldet, welches Kommunikationsinstrument (oder Ensemble) wie zum Einsatz kommt. Ansatzpunkte sind Themen und Konstellationen, die optimiert werden müssen, um die Hebelwirkung für Veränderungen und den Grad der Wertschätzung zu erhöhen. Eine Führungskräftekommunikation, die sich instrumentalisieren lässt, kann nicht erfolgreich sein. Sie muss analytisch, präventiv und auf der Höhe des Geschehens agieren. Sie muss Surveys, persönliche Kontakte und Diskussionen nutzen, um an die Informationen zu gelangen, die notwendig sind, den richtigen Ansatz zu finden. Und sie muss dabei der Tatsache gewärtig sein, dass sie an langfristigen Entwicklungen mitwirkt. Permanente Korrekturen und Justierungen der Führungskräftekommunikation sind kein Zeichen von Konzeptschwäche, sondern ein Qualitätsmerkmal. Mit einem Wort: Führungskräftekommunikation ist Issues Management.

Die Entdeckung der Stakeholdergruppe „Führungskräfte" geht einher mit zwei Trends im Issues Management. Zum einen ist eine immer stärkere Personalisierung von Issues erkennbar. Wirtschaftsprozesse verhalten sich wie Boulevard- oder Society-Prozesse. Oft wird die Sachdiskussion völlig abgekoppelt von der Personendiskussion. Zum anderen wird immer deutlicher, dass praktisch alle Issues, die ein Unternehmen betreffen, eine Mixtur aus Sach- und Kommunikationsproblemen darstellen. Immer mehr Unternehmen bilden daher konzertierte Prozesse und Verfahren, die es erleichtern sollen, Issues zu managen: Issues Management wird immer mehr zur konzer-tierten Aktion. Für diese Trends ist das Thema „Führung" und „Führungskräftekommunikation" exemplarisch. Es geht sowohl um Personen, die für die Vermittlung von Issues, das Management von Krisen und ganz allgemein für die nachhaltige Sicherung der Reputation geschult, gecoacht und unterstützt werden müssen. Und es geht um Prozesse und Instrumente, die bereichsübergreifend optimiert werden müssen, um effizient eingesetzt werden zu können. Man denke nur an das (in der Regel mangelhafte) Zusammenspiel von Kommunikations- und Personalabteilungen. Beim Thema Führung treffen beide permanent aufeinander. Wäre es nicht logisch, sich über ein gemeinsames Aktionsgerüst Gedanken zu machen?

VOM ISSUES MANAGEMENT ZUM DIALOG OF INTERESTS

CARSTEN ROSSI
Geschäftsführer
Kuhn, Kammann
& Kuhn GmbH

Seit 2007 verantwortet Carsten Rossi die Bereiche Strategie, Business Development, Marketing und Finanzen. In diese Aufgaben bringt Carsten Rossi internationale Erfahrungen und Beratungskompetenz aus allen Bereichen der Unternehmenskommunikation ein. Die Schwerpunkte seiner Arbeit liegen in der methodischen Ausrichtung und Beratungskompetenz der Agentur. Sein Schwerpunkt liegt dabei auf der Weiterentwicklung von Strategien und Tools für ein aktives Reputation Management.

Unter anderem fungierte der studierte Komparatist als Berater bei großen Unternehmen in Deutschland, Frankreich, der Schweiz, Belgien und den USA.

In Zusammenarbeit mit einer Kölner Agentur hat Carsten Rossi Projekte der EU-Kommission in Brüssel, Lissabon, London, Madrid, Leipzig und Köln realisiert. Bis 2005 war Carsten Rossi ebenfalls einer der Geschäftsführer der Yonto GmbH, einer gemeinsamen Tochter der Kuhn, Kammann & Kuhn GmbH und der NetFederation Interactive Media GmbH. Gleichzeitig war Carsten Rossi geschäftsführender Gesellschafter der NetFederation Interactive Media GmbH.

EINE BETRACHTUNG UND ZEHN THESEN ZUR RENOVIERUNG EINER DISZIPLIN

Schon in den 80er Jahren äußerte sich zum ersten Mal ein gewisses semantisches Unbehagen an der Unangemessenheit des hier zu untersuchenden Begriffs. „Issues Management" – verstanden als eine Kernaufgabe der strategischen Unternehmenskommunikation – betont durch seinen Teilterminus „Management" meist recht einseitig die darin enthaltenen „Regelungs-, Kontroll- und Steuerungsmechanismen" (Ingenhoff 2004; 18) im Hinblick auf unternehmensrelevante gesellschaftliche Themen. Schon 1988 bewiesen jedoch Hainsworth & Meng, dass ein Issue zwar beeinflusst werden kann (Hainsworth & Meng 1988; 26), der Erfolg eines solchen Versuchs jedoch von vielen kontextuellen Faktoren abhängig ist. Als solche Faktoren genannt werden häufig das durch immer kürzere Innovationszyklen gekennzeichnete Wettbewerbsumfeld, die Intensivierung des Wettbewerbs durch gestiegene Markttransparenz sowie die sogenannte „Mediatisierung" der Gesellschaft. Diese beschreibt Diana Ingenhoff in ihrer Dissertation 2003 als zusehends schnelleres „fluktuierendes Nebeneinander aufmerksamkeitsfordernder Themen", nicht zuletzt hervorgerufen durch den Siegeszug des Internets und die damit einhergehende Fragmentarisierung der Themen- (und Medien-) Landschaft.

Diese an sich richtige Analyse führte in den letzten Jahren zu einer durchgängigen Professionalisierung des Issues Managements in den deutschen Unternehmen, vor allem im Hinblick auf die Mechanismen zur Beobachtung und Auswertung von „Issues". Immer schnellere, umfassendere und günstigere Verfahren zum Monitoring und zur Evaluation von Medien und Themen führten dazu, dass den Unternehmen selbst die schwächsten der vielzitierten „weak signals" kaum noch entgehen können.

Das ist eine Entwicklung, die ironischerweise den „Management"-Begriff eher stärkte als schwächte. Scheint doch heute jeder Kommunikationschef das Internet als eine Art mediales Data-Warehouse zu betrachten, dessen in Dashboards aggregierte Planzahlen die Welt übersichtlich und die Probleme mit Hilfe einiger professioneller Kunstgriffe lösbar erscheinen lassen. Die Anliegen und Probleme der Stakeholder – nichts anderes sind Issues – erscheinen nun einmal klein, wenn man das Fernrohr umdreht.

Ist diese komprimierte Perspektive schon vor dem Hintergrund der Nullerjahre dieses Jahrtausends gefährlich genug, weil sie Sichtbarkeit mit Handhabbarkeit verwechselt und somit häufig genug zu einer systematischen Unterschätzung der zum „Bearbeiten" von Issues nötigen Aufwände in einer exponentiell wachsenden und ebenso schnell sich vernetzenden Medienlandschaft führt, so führt sie dort vollends in die Irre, wo an die Stelle der Medien und ihrer Gatekeeper nun Menschen treten. Die Rede ist von der zunehmenden „Personalisierung des Internets" im sogenannten Web 2.0, angefangen mit der mittlerweile schon fast antik wirkenden Sphäre der meinungsbildenden Blog-Dickschiffe über die Einrichtung von Communities mit mehreren hundert Millionen Dialog-Teilnehmern bis hin zu den Echtzeit-Konversationen in Microblogging-Diensten à la Twitter.

Die eigentliche Herausforderung dieser Entwicklungen ist dabei aber nicht die erneute Kalibrierung der „Antennen" der Unternehmen auf Echtzeit-Geschwindigkeit. Dieses prozessuale Problem wird sich durch die Bemühungen der entsprechenden Anbieter von alleine lösen – zumindest für denjenigen, der bereit ist, Geld dafür auszugeben.

Wesentlich entscheidender ist, dass die Art der Kanäle die Art des Diskurses zu verändern beginnt. Wo, wie bei Facebook und Twitter, das Medium hinter den Autor, die Persönlichkeit und die Person zurückzutreten beginnen, sind die klassischen Strate-gien und Ausdrucksformen der Corporate Communication plötzlich unsensibel, peinlich und gestrig. In einem Universum, in dem Dialog und Konversation an die Stelle von Statements treten, trägt ein Facebook-Update in Form einer Pressemit-teilung, einer FAQ-Liste oder eines CEO-Videos geradezu psychopathische Züge, vergleichbar einem Speed-Dater, der sein Gegenüber mit Hilfe eines Romeo- und Julia-Dialogs (im Ori-ginaltext) zu gewinnen versucht.

Provokativ formuliert könnte das heißen: der Professionalisierung des Monitorings muss eine Entprofessionalisierung des Managements (oder besser: des „Managens") folgen. Einer aggregierten Erfassung von Issues und Meinungen darf eben keine summarische Reaktion des Unternehmens folgen. Der Erkenntnisgewinn der Evaluierung muss vielmehr als Basis für einen echten, menschlichen, kenntnisreichen und persönlichen Dialog dienen. Eine glaubwürdige Kommunikation setzt nunmehr voraus, dass das (entpersonalisierte) Issue als (persönliches) Interesse und das Management dieses Themas grundsätzlich als Dialogsituation verstanden wird.

Aus dem „Issues Management" wird dann der „Dialog of interests". Oder, wenn Sie hip klingen wollen, das „Issues Management 2.0".

Es mehren sich die Zeichen, dass diese Veränderung zu einem Paradigmenwechsel wird und der „Corporate Citizen" sich genau zu diesem wandeln und eine wirkliche Persönlichkeit im Dialog werden muss. Die umfassende Bedeutung dieses Prozesses zu erläutern (oder eher: zu erschließen), würde den Rahmen dieses Textes sprengen. Deshalb soll er sich zum Abschluss auf einige (möglichst hilfreiche) Thesen für jenes Dialogumfeld beschränken, das als Katalysator dieser Entwicklung betrachtet werden kann, nämlich der eben zitierte Medien- und Personenraum der „Social Media". Als Stichwortgeber für den „Dialog of interests" dient dabei eines der ideen- und ahnungsreichsten Manifeste im an Positionspapieren nicht armen Internet, das „Cluetrain Manifest", das eine großartige Beschreibung und manchmal provozierende, immer aber hilfreiche Handreichung für Unternehmen ist, die das Abenteuer Dialog wagen wollen. Zehn seiner 95 Thesen müssen allerdings genügen, um die elementaren Regeln und die nötige Renovierung der Disziplin „Issues Management" zu beschreiben. (Die Klammern geben die Originalnummer der These auf http://www.cluetrain.com/ an.)

1. Markets are conversations. (1)

Sollten Sie diese These nicht verstehen, hat dieser Text sein Ziel verfehlt. Aber noch einmal zum Mitschreiben: der Begriff der Konversation ist ernst zu nehmen. Wenn Sie sich mit den Issues Ihrer Stakeholder auseinandersetzen, tun Sie dies ab jetzt im Dialog. Antworten Sie auf Fragen, stellen Sie selber Fragen, und verlangen Sie Antworten. Sie sind nicht der Schiedsrichter, Sie sind Mitspieler. Das Streben nach „Lufthoheit" und Dominanz gewinnt in diesem Fall vielleicht eine Schlacht, aber kaum den Krieg. Man wird Sie immer wieder herausfordern.

2. In just a few more years, the current homogenized "voice" of business — the sound of mission statements and brochures — will seem as contrived and artificial as the language of the 18th century French court. (15)

Statements und Positionspapiere können die Grundlage einer Diskussion, niemals aber der Beitrag dazu sein. Sie können intern Ihre Position abstimmen, aber Medien wie Facebook oder Twitter verlangen von Ihnen die Paraphrasierung des Festgelegten mit Ihrer authentischen Stimme und im sensiblen Wechselspiel von Frage und Antwort. Ihre Berufsbezeichnung lautet Sprecher, nicht Notar. Stil ist in dieser neuen Welt mehr als eine Formfrage.

3. We know some people from your company. They're pretty cool online. Do you have any more like that you're hiding? Can they come out and play? (84)

Ihre Mitarbeiter sind in diesem Umfeld WIRKLICH Ihr bestes Kapital. Sie sind drinnen und draußen zugleich und damit die perfekten Botschafter. Wenn Sie Ressourcenprobleme beim Issues Management im „Web 2.0" haben, fragen Sie keine PR-Agentur oder einen Studentenservice, sondern binden Sie Ihre Mitarbeiter und Ihr Management ein. Deren Authentizität wird viele Vorbehalte abbauen. Machen Sie aus der One-Voice-Policy eine Versatile-Voice-Strategy. Und sollten Sie aus rechtlichen Gründen Angst vor Vertraulichkeitslücken haben, halten Sie Geheimes auch intern geheim. Ist es den Mitarbeitern erst bekannt, weiß es auch schon der Markt. Die alte Firewall wirkt nicht mehr. Nicht mal die große chinesische.

4. There are no secrets. The networked market knows more than companies do about their own products. And whether the news is good or bad, they tell everyone. (12)

Apropos Vertraulichkeit: Vermeiden Sie es unter allen Umständen, Ihr Gegenüber für dumm zu verkaufen. Niemand verlangt von Ihnen, dass Sie auf Ihre Schwächen aufmerksam machen. Aber sollten sie entdeckt oder thematisiert worden sein, stellen Sie sich ihnen im Gespräch. Social Media kennen keine Geheimnisse, und es ist unmöglich, die Büchse der Pandora zu schließen. Stellen Sie sich 400 Millionen Reporter vor.

5. Companies attempting to "position" themselves need to take a position. Optimally, it should relate to something their market actually cares about. (23)

Issues sind nicht immer eine Gefahr. Issues sind auch eine Chance, vor allem dann, wenn Sie Ihre ins Gespräch bringen, egal ob proaktiv oder reaktiv. Sie stehen nicht alleine auf der Welt, sondern Sie werden in der vernetzten Konversation immer auch ungeahnte Unterstützungspotenziale finden. Wenn Sie ein interessantes Thema finden, gibt es keinen Grund, auf der Social Media-Party nur mit dem Glas in der Hand in der Ecke zu stehen. Klassischer ausgedrückt: Proaktives Agenda Setting unterstützt das Issues Management auch im Web 2.0.

6. Bombastic boasts — "We are positioned to become the preeminent provider of XYZ" — do not constitute a position. (24)

Lesen Sie doch aufmerksam: es ging um INTERESSANTE Themen, die Ihre Märkte wirklich berühren. Relevanz ist das Zauberwort. Und Relevanz wird vom Adressaten definiert, nicht vom Absender.

7. Don't worry, you can still make money. That is, as long as it's not the only thing on your mind. (80).

Noch ein letztes Mal das Thema „Thema": präsentieren Sie sich als multidimensionale Persönlichkeit mit vielen Facetten. Damit gewinnen Sie viele Freunde, statt wenige, und im besten Fall werden Ihnen diese zur Seite stehen, wenn es hart auf hart kommt.

8. We'd like it if you got what's going on here. That'd be real nice. But it would be a big mistake to think we're holding our breath. (87)

Nein, warten Sie nicht auf die Amerikaner. Issues Management im und mit Hilfe des Social Web ist schon jetzt eine Chance. Der Dialog findet statt. Ob mit Ihnen oder über Sie, diese Entscheidung haben Sie selber in der Hand.

9. You're too busy "doing business" to answer our email? Oh gosh, sorry, gee, we'll come back later. Maybe. (77)

Natürlich ist Issues Management im Social Web ein Ressourcenproblem. Der Dialog an vielen Fronten erfordert mehr Aufwand als der alte Monolog. Aber dieses Geld, dieses Personal dafür muss her, da gibt es kein Vertun. Wenn Ihnen niemand die Chancen abnimmt, argumentieren Sie mit dem größeren Risiko, und verlangen Sie eine höhere Prämie.

10. We want you to take 50 million of us as seriously as you take one reporter from The Wall Street Journal. (83)

Dem ist nichts mehr hinzuzufügen. Das ist die Essenz des „Dialog of interests".

Literatur:

» Diana Ingenhoff (2004):
Corporate Issues Management in multinationalen Unternehmen,

» Hainsworth, Brad E./Max Meng (1988):
How Corporations Define Issues Management in: Public Relations Review, 14, No. 4: 18-30

FOERDERER

Hochschule für Technik und Wirtschaft Berlin

University of Applied Sciences

Vielfältig und innovativ – diese Merkmale charakterisieren die Hochschule für Technik und Wirtschaft (HTW) Berlin. Rund 10.000 Männer und Frauen studieren hier in 70 Bachelor- und Masterstudiengängen in den Bereichen Technik, Informatik, Wirtschaft, Kultur und Gestaltung.

Das Fächerspektrum reicht von den klassischen Disziplinen Maschinenbau, Fahrzeugtechnik und Betriebswirtschaftslehre bis zu neueren Studiengängen wie Interaction Design/Game Design und Arbeits- und Personalmanagement. Die HTW Berlin wurde mehrfach ausgezeichnet und genießt einen guten Ruf. Das Studium orientiert sich an der beruflichen Praxis; große Bedeutung kommt Fremdsprachen sowie Schlüsselqualifikationen zu. Die HTW pflegt Kontakte zu über 100 Hochschulen weltweit und kooperiert mit Unternehmen, Verwaltungen, Verbänden, Forschungs- und Bildungseinrichtungen.

Die HTW hat in Berlin zwei Standorte in räumlicher Nachbarschaft. Eine gut ausgestattete Bibliothek, ein modernes Rechenzentrum sowie Sportangebote runden das Angebot ab.

HTW Berlin
Treskowallee 8
10318 Berlin
Ansprechpartnerin: Gisela Hüttinger
Leiterin Presse- und Öffentlichkeitsarbeit
Tel.: 030 501 924 42
Web: www.htw-berlin.de

MEDIENPARTNER

Warum stehen einzelne Unternehmen im Kreuzfeuer der Medien? Welche PR-Strategie verfolgen Deutschlands Dax-Konzerne? Welche Trends beschäftigen die Agenturszene? Wie gut ist die Öffentlichkeitsarbeit der Bundesregierung? Jeden Monat beleuchtet das prmagazin das oft verborgen ablaufende Wechselspiel zwischen PR und Medien und bietet:

» Strategien von PR-Chefs deutscher und internationaler Großkonzerne sowie einflussreicher Verbände
» Die Geschichten hinter den Krisen: Warum entstand der Skandal?
» Einblicke in die Szene der PR-Agenturen: Wer bietet welchen Service?
» Den Pressestellentest: Welches Unternehmen macht die beste Pressearbeit seiner Branche?
» Nationale und internationale Nachrichten: Wer wechselt wohin und warum?
» Neues aus Wissenschaft & Ausbildung: Welche Forschungstrends gibt es, welche Wege geht der Nachwuchs?
» Einen branchenspezifischen Stellenmarkt

Verlag Rommerskirchen GmbH & Co. KG
Mainzer Straße 16 -18
53424 Remagen-Rolandseck
Tel.: 02228 931 0
Fax: 02228 931 149
Mail: info@rommerskirchen.com

media.net berlinbrandenburg ist das branchenübergreifende Bündnis für Unternehmen der Kreativwirtschaft in der Hauptstadtregion. Zu den mehr als 220 Mitgliedern zählen renommierte und weltweit bekannte Unternehmen ebenso wie junge Start-ups.

media.net berlinbrandenburg e.V.
Andrea Peters | Geschäftsführerin
Bundesallee 171
10715 Berlin
Tel.: 030 212 531 31
Fax: 030 212 531 40
Mail: info@medianet-bb.de
Web: www.medianet-bb.de

SPONSOREN

Kuhn, Kammann & Kuhn
All for Reputation.

Wir sind eine umsetzungsorientierte Agentur für Wirtschaftskommunikation aus Köln. Wir entwickeln und produzieren Medien (Berichte, Magazine, Broschüren, Websites), Kampagnen, Identitäten, Designs, Brands und Events. Und wir schaffen langfristig erfogreiche Beziehungen zwischen Unternehmen und ihren Zielgruppen auf der Basis von drei Leitmotiven:

1. Wir hören nicht nur den Firmen zu, sondern auch ihren Stakeholdern – und arbeiten so auf der Basis umfassender Kenntnisse ihrer Reputation.

2. Wir denken nicht nur in Projekten, sondern zugleich auch in Kampagnen – und ermöglichen so die Integration aller Kommunikationsmaßnahmen.

3. Wir leben nicht von der Theorie, sondern von ihrer Umsetzung in der Praxis – und machen dabei durch Innovation in der Kreation auf die Botschaften unserer Kunden aufmerksam

Kuhn, Kammann & Kuhn AG
Maria-Hilf-Straße 15-17
50677 Köln
Tel.: 0221 976 541 0
Fax: 0221 976 541 10
Mail: info@kkk-ag.de
Web: www.kkk-ag.de

Johannes Lehniger und Holger Schuhmann sind JOHANN GOTTFRIED SOUND SYSTEM. Seit 2005 produzieren sie Soundtracks, Musik für Theater, TV, Kino, Werbung und Audio Brands. Zu ihren Kunden gehören Marken wie Lufthansa, Ebay, Allianz und Premiere. Spezialisiert auf Corporate Sound sind sie jedoch keinesfalls begrenzt auf Custom Made Music. Mit Studioproduktionen und Remixes für angesehene Projekte wie Torpedo Boyz, Capsule, Pepe deluxe und Peter Folk erhalten sie sich ihre künstlerische Kreativität.
Nun entstand, unterstützt von Marken- und Klangberater Alexander Wodrich, der Sound des Goldenen Funken.

Johann Gottfried Sound System
Liegnitzer Straße 10
10405 Berlin
Tel.: 030 698 193 30
Mail: info@johanngottfried.de
Web: www.johanngottfried.de

Erfahren – zuverlässig – kompetent: seit 1993 ihr Partner im Eventmarketing. Wir freuen uns, auch in diesem Jahr Partner des Deutschen Preises für Wirtschaftskommunikation zu sein

TdO Theaterproduktions GmbH
Am Tierpark 64
10319 Berlin
Tel.: 030 501 582 09
Fax: 030 500 124 59
Mail: kontakt@tdo-theaterproduktion.de
Web: www.tdo-theaterproduktion.de

Das Berliner L4-Institut hat sich in 14-jähriger Marktpräsenz als privates Medieninstitut für Aus- und Weiterbildung etabliert und in der Produktion von 3D, Web, Film und Video profiliert. In Kooperation mit der IB-Hochschule Berlin bietet das L4-Institut seit 2009 Bachelor-Studiengänge zum Kommunikationsdesigner an. Schwerpunkt ist dabei die theoriebasierte Konzeption und Realisierung der Kommunikation mit Schrift, Bild, Grafik, Visual-Design, 2D- und 3D-Animationen, Sound, Video und Game.

L4 – Institut für Digitale Kommunikation GmbH
Lorenzweg 5
12099 Berlin
Prof. Dr. Peter Schisler
Tel.: 030 443 629 10
Mail: peter.schisler@L-4.de
Web: www.L-4.de

Mit einem ausgezeichneten Team, modernster Technik, 24-h-Support, einem Schatz an Erfahrung und vor allem vielen Ideen realisieren wir ihre Wünsche für ihre Veranstaltung.

GATE Veranstaltungstechnik GmbH
Reuchlinstraße 10-11
10553 Berlin
Frank Hahn
Marcus Zurdo Butz
Tel.: 030 393 440 0
Web: www.gate-av.de

Andreas Kettenhofen ist ein Berliner Designbüro. Wir bieten Ihnen hochwertige Lösungen im Bereich Kommunikationsdesign an. Kompetent planen und realisieren wir Ihre Projekte aus den Gebieten Fotografie, Video, Postproduction und Webdesign.

Andreas Kettenhofen
Josef-Orlopp-Straße 48
10365 Berlin
Tel.: 030 551 529 58
Mobil: 0175 348 635 7
Mail: myself@kettenhofen.me
Web: www.kettenhofen.me

Berliner Produktionsfirma, spezialisiert auf Videos im Event- Mode und Musikbereich. Wir bieten komplette Projektbetreuung von Produktion bis Postproduktion: Videodreh, Videoschnitt, Compositing, Animation, DVD Authoring und vieles mehr.

Revolver Studios
Auguststraße 26
10117 Berlin
Mail: mo@revolverstudios.de
Web: www.revolverstudios.de

Als deutsche Tochtergesellschaft des internationalen Spirituosenkonzerns Groupe Pernod Ricard vermarkten wir auf dem hiesigen Markt ein Portfolio von bekannten Premiumsprituosen.
Unser Sortiment umfasst u. a. Marken wie Ramazzotti, Havana Club, Absolut, Ballantine´s und Pernod.

Pernod Ricard Deutschland GmbH
Universitätsstraße 91
50931 Köln
Tel.: 0221 430 909 0
Fax: 0221 430 909 43
Mail: info@pernod-ricard-deutschland.com
Web: www.pernod-ricard-deutschland.com

Berliner Pilsner ist die junge Metropolenmarke „Made in Berlin". Mit Stolz trägt Berliner Pilsner als einzige Biermarke die Reichstagskuppel im Logo. Sie steht wie kein zweites Symbol für das Berliner Lebensgefühl, die Aufbruchstimmung in der Metropole und Weltstadt Berlin.

Berliner-Kindl-Schultheiss-Brauerei
Indira-Gandhi-Straße 66 – 69
13053 Berlin
Ansprechpartner:
Bettina Pöttken
Tel.: 030 960 958 0
Fax: 030 960 959 8
Mail: b.poettken@radeberger-gruppe.de
Web: www.berliner-pilsner.de

Die BIONADE GmbH ist ein junges, innovatives Familienunternehmen, das alkoholfreie Erfrischungsgetränke ausschließlich biologisch herstellt und unter der Marke BIONADE vertreibt.

BIONADE GmbH
Nordheimer Straße 14
97645 Ostheim/Rhön
Tel.: 09777 910 122
Fax: 09777 358 081 6
Mail: info@bionade.de
Web: www.bionade.de

Am 26. September 1856 gründeten die Brüder Moritz und Julius Kloss gemeinsam mit ihrem Freund Carl Foerster inmitten von Deutschlands nördlichstem Weinbaugebiet, in Freyburg an der Unstrut, eine Weinhandlung. Sie befassten sich mit der Herstellung und Vermarktung heimischer Weine und erkannten schnell die wachsende Bedeutung der moussierenden Weine. So entschlossen sie sich, neben dem Weingeschäft eine Champagner-Kellerei zu errichten. 1858 verließen die ersten nach der Original-Champagnermethode hergestellten Flaschen die Kellerei.

Rotkäppchen-Mumm Sektkellereien
Sektkellereistraße 5
06632 Freyburg an der Unstrut
Tel.: 034464 34 0
Web: www.rotkaeppchen.de